850 JOURS POUR ABATTRE
RENÉ LUCET

Jean Montaldo

850 JOURS POUR ABATTRE RENÉ LUCET

LES SECRETS D'UNE EXÉCUTION POLITIQUE

Albin Michel

22, rue Huyghens, 75014 Paris
ISBN 2-226-01559-0

« (...) Le suicide est l'effet d'un sentiment que nous nommerons, si vous voulez, *l'estime de soi-même*, pour ne pas le confondre avec le mot *honneur*. Le jour où l'homme se méprise, le jour où il se voit méprisé, le moment où la réalité de la vie est en désaccord avec ses espérances, il se tue et rend ainsi hommage à la société devant laquelle il ne veut pas rester déshabillé de ses vertus ou de sa splendeur. Quoi qu'on en dise, parmi les athées (il faut excepter le chrétien du suicide), les lâches seuls acceptent une vie déshonorée. Le suicide est de trois natures : il y a d'abord le suicide qui n'est que le dernier accès d'une longue maladie et qui certes appartient à la pathologie ; puis le suicide par désespoir, enfin le suicide par raisonnement. Lucien voulait se tuer par désespoir et par raisonnement... »

Honoré de BALZAC, *Illusions perdues*.

Sommaire

1

Un suicide accusateur

Se tuer pour vaincre

A Marseille, le 4 mars 1982. Il est 5 h 49 du matin. Sur les hauteurs de la ville, derrière les murs épais de sa villa hollywoodienne, unique symbole de sa réussite sociale, un homme de trente-huit ans va, dans quelques secondes, se suicider... pour gagner son combat. Il s'empare d'un revolver à barillet, Taurius 38 spécial, version brésilienne du Smith et Wesson américain. Arme de fort calibre, au maniement incommode, avec laquelle il s'entraîne souvent... pour le plaisir.

Depuis son arrivée à Marseille, le 5 novembre 1979, 850 jours auparavant, René Lucet, patron brillant et dynamique de la Caisse primaire centrale d'assurance maladie des Bouches-du-Rhône, livre une bataille sans merci. La nuit qui s'achève a emporté avec elle ses dernières raisons de vivre. Ecœuré par la veulerie d'une société à laquelle il a consacré depuis son plus jeune âge le meilleur de lui-même, blessé à mort par les attaques abjectes, ignobles, d'un adversaire infâme ; abîmé, brisé par les longues et amères réflexions qui, durant toute cette nuit folle, ont emporté ses ultimes espoirs, René Lucet se pose, à sa manière, et pour une ultime fois, la question de Montherlant, le plus grand de nos stoïciens, lui aussi disparu, suicidé :

« Est-ce une lâcheté que de se tuer ? »

La réponse revient toute sèche, comme une vérité irréductible.

La réponse est... non ! !

Sa mort sera, en définitive, son acte héroïque. Celui qui se considère comme un « Soldat de la Liberté », n'entrevoit plus désormais pour vaincre, en soldat, d'autre solution que son immolation à la Liberté. Il applique les quatre pouces du canon de l'arme sur le trou de son oreille droite et, sans plus attendre, tire un premier coup..., un second coup.

Il est 5 h 50.

Ces deux détonations retentiront si fort partout en France qu'elles ébranleront, jusqu'à le lézarder pour la première fois, le régime socialo-communiste au pouvoir depuis mai-juin 1981.

Si tel était du moins son dessein, René Lucet a gagné. Ce qui embarrasse terriblement l'armée de ses adversaires. Par des manipulations grossières, ceux-ci ont tout de même réussi à donner un côté « *suspect* » à un suicide qui les accuse.

Pendant plusieurs jours, l'examen minutieux, inlassable, obsessionnel de ses dossiers, a permis à Lucet de mesurer les conséquences de son geste : toute la France politique allait être mise à nu, les plus hauts responsables de l'Etat devraient lui rendre des comptes posthumes, ses vrais et faux amis allaient apparaître au grand jour, ses adversaires allaient être mis au pilori et son œuvre enfin reconnue comme « *exceptionnelle* ».

Ses adversaires ?

Le Parti communiste, la C.G.T., la bureaucratie de la mafia syndicale, tous les racketteurs de Marseille.

Ses vrais amis ?

Ses collaborateurs, l'écrasante majorité de ses quelque trois mille cinq cents employés, la quasi-totalité des dirigeants de la Sécurité sociale française, et André Bergeron, secrétaire général de la Confédération Force ouvrière.

Ses faux amis ?

A leur tête, Gaston Defferre, maire de Marseille, ministre d'Etat, ministre de l'Intérieur et vétéran du Parti socialiste.

Les plus hauts responsables de l'Etat ?

Nicole Questiaux, ministre de la Solidarité nationale (ayant sous sa coupe la Sécurité sociale) et, à travers elle, tout le gouvernement qui vient de le destituer *illégalement*.

Tel est le cadre de l'« affaire Lucet » qui ne cessera de se développer et de montrer les aspects occultes, jusqu'à ce 4 mars 1982, des mœurs socialistes et communistes.

Malgré l'immense retentissement de ce suicide qui a pesé très lourd lors des dernières élections cantonales (fin mars), les Français, même les mieux informés, n'ont pas encore perçu le nombre et la gravité des questions qu'il soulève, l'étendue des vraies découvertes faites par Lucet.

Notre enquête se propose précisément de les soumettre crûment à la connaissance de tous, afin de redonner à l'« affaire » sa véritable dimension politique, économique, sociale... et morale.

Pour ce faire, nous sommes allés chercher, *là où ils étaient,* les dossiers de René Lucet et ceux de ses ennemis.

1979 : l'analyse saisissante d'un expert graphologue

Quand, au matin du 4 mars 1982, l'annonce de ce suicide retentit sur toutes les chaînes de radio comme un coup de tonnerre, à l'autre bout de Marseille un graphologue fameux ressort, par curiosité, l'analyse qu'il fit, à l'automne 1979, de l'écriture de Lucet.

Saisissant, ce document établi, le 6 décembre 1979, à la demande des patrons de ce dernier. Aujourd'hui entré

René Lucet
22, RUE MARRIER
77300 FONTAINEBLEAU

Melun le 11 mai 1979

Monsieur le Président

Comme suite à l'avis de vacance du poste de Directeur de la Caisse Primaire de Marseille que vous présidez j'ai l'honneur de vous faire savoir que je suis candidat à cette fonction.
Le motif de ma candidature est simple. Ayant actuellement un grade identique (coefficient 200) à celui vacant dans votre Organisme je ne suis guidé par aucune recherche d'avantages matériels ; je souhaite seulement essayer dans un contexte différent de parvenir aux mêmes résultats de gestion que ceux obtenus à MELUN.

qui peuvent vous fournir des renseignements complémentaires sur mon activité actuelle.
Restant à votre disposition,

Je vous prie de croire, Monsieur le Président, en l'assurance de toute ma considération

P.J. : curriculum vitae.

DOCUMENT N° 1

dans les mœurs, ce genre d'analyse se révèle cette fois-ci particulièrement instructive.

850 jours d'un travail acharné, 850 jours d'épreuves ô combien déroutantes, 850 jours de guerre, 850 jours passés à encaisser les coups les plus bas, ont, petit à petit, exacerbé, jusqu'à l'explosion, le tempérament de ce battant que l'on croyait inusable. Lucet nous est ici scientifiquement présenté. La ressemblance est frappante, stupéfiante, avec le personnage que nous allons voir évoluer, parler, agir, au cours de notre enquête.

« *6 décembre 1979*

« ANALYSE GRAPHOLOGIQUE [1]

« DOSSIER : Pc 1990

« OBJET

Analyse graphologique faite dans l'optique d'un bilan [*de personnalité.* N.d.A.].

« CARACTÈRE

« La personnalité est émotive et le retentissement des choses et des événements est important en elle, mais cette émotivité est contrôlée, endiguée et se transforme en ardeur, en puissance, en énergie.

« Bien qu'ayant un fond anxieux et un vécu assez tendu, le scripteur est équilibré et sa résistance face aux situations éprouvantes est forte et solide.

« Assez modeste et discret, M. X... n'éprouve pas le besoin de se mettre en valeur et de briller à tout prix. Et

1. Cette expertise graphologique a été établie à partir de la lettre manuscrite ci-contre (document n° 1) par laquelle René Lucet a fait, le 4 mai 1979, acte de candidature à la direction de la « Sécu » marseillaise. Il est de règle que le nom de la personne concernée n'apparaisse pas dans ce genre de communication.

pourtant, sa présence ne saurait passer inaperçue. Cela ne tient pas uniquement à son aisance en relation, à une certaine chaleur, à une écoute intelligente, mais également à sa détermination et à la solidité qui émanent de sa personne.

« Il sera dans une équipe un élément dynamique, peut-être pas forcément accommodant et conciliant, mais dont le point de vue pèsera fort au niveau des décisions prises en commun.

« Sa fermeté s'accompagne de beaucoup de prudence, de méfiance même, de réflexion ; mais une fois la décision arrêtée, il se montrera stable, fidèle, voire assez intransigeant.

« INTELLIGENCE

« Bon niveau d'intelligence.

« On note beaucoup de facilité au niveau de la compréhension et également de l'intuition, ce qui accélère la démarche intellectuelle.

« Le scripteur a une vue d'ensemble des problèmes et il est capable de distinguer l'essentiel de l'accessoire. Ses possibilités d'analyse, puis de synthèse, sont développées.

« Son pouvoir de concentration intellectuel est excellent.

« Bien qu'à l'aise au niveau de l'abstrait, M. X... a du sens pratique et il ne perd pas de vue les réalités concrètes et les données matérielles.

« L'esprit est inventif, ingénieux, imaginatif.

« Le jugement est prudent et réfléchi puis, ensuite, catégorique et peu nuancé.

« TRAVAIL

« Le scripteur a des réserves énergétiques importantes qu'il liquide dans le travail. Son tempérament passionné le pousse à se donner à fond à ce qu'il fait.

« Cependant, avant de se lancer dans l'action, il a réfléchi à toutes les difficultés qui pourraient subvenir et aux moyens de préparer ses arrières, de se protéger, de se rendre invulnérable.

« M. X... est combatif, énergique, obstiné et il a la rancune tenace. Il est volontaire et s'impose à lui-même une discipline stricte. Par contre, il se montre assez exigeant avec son entourage.

« Il est épris de rigueur, de précision, de concision. Il sait prendre des initiatives, des décisions et assumer ses responsabilités.

« CONCLUSION

« Personnalité affirmée, à la fois ardente, tenace, souple et ambitieuse, mais dont le comportement est toujours sous le contrôle de la raison et de l'intelligence. » (*Fin de citation.*)

850 jours après son arrivée à Marseille, le 4 mars 1982, il sera dans la nature de cet homme au caractère sensible et triomphant, déterminé et intransigeant, passionné et courageux, de marquer, par le sacrifice de sa vie, son refus de l'humiliation dans la défaite. Dans un rêve fou, il imaginera que son suicide consacrera, enfin, ses mérites professionnels et sa victoire sur le Parti communiste, sa revanche sur ceux qui, la veille, avaient cru l'avoir définitivement battu...

2

L'empire inconnu des Mutuelles

Sécurité sociale : un déficit lourd et chronique

L'affaire Lucet commence en réalité, et à son insu, le 29 novembre 1978 quand, à Paris, le ministre U.D.F. de la Santé et de la Famille, Simone Veil, adresse à son collègue R.P.R. Maurice Papon, en charge du budget national, une lettre officielle (et *confidentielle*) lui annonçant son intention de rechercher les causes véritables et toujours inconnues du déficit quasi chronique de la Sécurité sociale dont la Cour des comptes ne cesse chaque année, depuis 1945, de dénoncer l'incroyable gabegie. Il lui paraît urgent de lancer un sérieux plan de redressement. Chacun sait au sein de l'administration, du gouvernement, du Parlement et de tous les milieux syndicaux et d'affaires, que les dépenses sociales jouent un rôle croissant dans les déséquilibres économiques et financiers de la France auxquels le Premier ministre Raymond Barre a déclaré la guerre. S'élevant à 405 milliards lourds en 1976 et 469 milliards en 1977, elles représentent déjà alors plus du quart du produit intérieur brut marchand — soit 28,7 % en 1977 — et augmentent à un rythme plus rapide que celui-ci.

La Cour des comptes avait prévu que l'exercice 1978 se solderait par un lourd déficit. De fait, les résultats du premier semestre ont marqué le retour aux tendances antérieures d'augmentation des dépenses sociales dans tous les domaines. Elles se manifestent en particulier du côté des assurances maladie. Au cours du second semestre, la situation n'a fait qu'empirer, provoquant de graves difficultés de trésorerie. Evalué à 480 milliards de centimes pour 1978, le déficit général passera, selon le gouvernement, à au moins 1 020 milliards en 1979, auxquels devront s'ajouter 200 autres milliards destinés à reconstituer la trésorerie. Doublement inquiétant :

— du point de vue financier, et
— du point de vue politique.

Car l'opposition socialo-communiste — coresponsable (avec le pouvoir) de cette faillite, largement provoquée par ses pressions, revendications et agissements ruineux — a beau jeu de nier l'origine du mal et de faire de la question un de ses infatigables chevaux de bataille. Méthode archi-éprouvée.

Ces perspectives tourmentent Raymond Barre, déterminé à réussir, même au prix de l'impopularité, son plan de lutte contre l'inflation. Par rapport au budget général de l'Etat, à l'exclusion des dépenses annexes, les dépenses sociales progressent bien plus vite : + 4 % en 1975, + 8 % en 1976 et + 13 % en 1977. Les experts sont unanimes, il faut infléchir cette courbe ascensionnelle. Sans quoi, ce sera la déconfiture.

Simone Veil est d'accord. Mais avant de procéder à toute opération chirurgicale, la prudence, le bon sens, exigent une analyse minutieuse. Elle se fera sur la base d'une donnée fondamentale :

• 60 % des dépenses de santé sont supportés par les entreprises et les salariés cotisant à la Sécurité sociale, laquelle règle les frais de la santé, des accidents du travail, de la famille et de la vieillesse ; les 40 % restants (aide au logement, formation professionnelle et chômage) sont, en gros, pris en charge par les patrons d'abord, et l'aide publique ensuite.

Une lettre confidentielle de Simone Veil

Ministre de tutelle de la Sécurité sociale, Mme Veil a compris que toutes les études effectuées auparavant pour diagnostiquer la nature de la maladie ont omis des facteurs importants. En cette période de troubles, aggravés par un contexte économique national et international qui va en se dégradant — ce qui provoque dans certains secteurs des retards ou des cessations de paiement des cotisations —, elle ne saurait tolérer le gaspillage des sommes colossales versées par les employeurs et les salariés. D'où cette lettre à Maurice Papon.

Mme Veil prévient son collègue, ministre du Budget, des anomalies qui peuvent être à l'origine de pertes considérables, dangereuses à la fois pour la Sécurité sociale et les finances de la France. Maurice Papon mesure sur-le-champ l'importance de la décision qu'elle l'invite à prendre : confier à la prestigieuse Inspection générale des Finances une enquête sur les mécanismes permettant à nombre d'organisations de vivre et de prospérer aux dépens des Caisses de Sécurité sociale, sous prétexte de leur rendre service.

Simone Veil évoque le système dit du « *tiers payant* ».

Avant de transcrire l'essentiel de sa requête il convient de rappeler, en bref, la notion du « tiers payant ».

Notre régime d'assurance maladie repose sur le principe du paiement direct des soins par chaque assuré, lequel doit être remboursé à son tour dans des délais établis par sa propre Caisse de Sécurité sociale. Or ce principe se trouve de plus en plus vidé de son application. Diverses pratiques évitent aux assurés d'avoir à faire l'avance des frais. Ainsi, aujourd'hui, une grande partie des dépenses de santé n'est plus, en dépit du principe de base, payée par les assurés mais par des tiers : essentiellement les Mutuelles qui constituent un réseau inextricable couvrant tout le pays. Comme le souligne Simone Veil dans sa lettre citée :

« En matière d'assurance maladie, les systèmes du tiers payant ont connu, au cours des années récentes, un développement rapide. La législation actuelle permet à nombre d'organismes [...] de se substituer au bénéficiaire des soins pour en régler, en son lieu et place, le prix.

« L'ampleur réelle du phénomène, les mécanismes suivant lesquels il se développe, ses effets sur la consommation médicale ou l'égalité dans l'accès aux soins restent mal connus.

« Aussi souhaiterais-je demander à l'Inspection générale des Finances de procéder à une enquête approfondie à ce sujet. [...] »

Elle doit comporter, entre autres :

- une description détaillée et quantifiée des mécanismes de tiers payant ;
- une évaluation des effets qu'ils exercent sur la concurrence entre les distributeurs de soins et sur la consommation médicale.

Au fond, la religion de Mme Veil est déjà faite. Mais elle veut avoir la preuve documentée, sérieuse, incontestable du détournement de fonds qu'elle pressent. Car voici la phrase clef :

« Il advient fréquemment qu'afin de s'assurer une clientèle stable, certains praticiens consentent aux organismes gestionnaires de tiers payant une *ristourne* sur leurs honoraires. »

Ce qui, en plus, est une entorse grave à la déontologie des professions médicales.

C'est pour tirer au clair toutes ces *infractions, délits* et *abus,* que le ministre de la Santé s'adresse au ministre du Budget, en lui demandant le concours du service spécialisé le plus apte à se repérer dans cette jungle, service dont son mari, Antoine Veil, directeur de la compagnie aérienne U.T.A., est issu.

La durée d'un ministre à son poste étant par nature inférieure à celle des fonctionnaires qu'il saisit, mieux vaut en pareil cas leur communiquer un plan précis d'investigation. Aussi Mme Veil désigne à Maurice Papon les pistes à suivre.

Il ne fait pas attendre sa réponse... favorable.

« Légalité douteuse » et... « pratiques très anormales »

La mission sera accomplie brillamment par l'inspecteur des Finances François Heilbronner dont les conclusions ont dû paraître si explosives que jamais personne n'en aura vent, en dehors de quelques hauts responsables de l'Etat.

M. Heilbronner n'est pas un fonctionnaire obscur. Ancien conseiller de Michel Debré aux Affaires étrangères, il fut par la suite directeur du cabinet de Jacques Chirac, au ministère de l'Agriculture, puis au ministère de l'Intérieur. Quand Chirac devint Premier ministre, François Heilbronner l'accompagna à l'Hôtel Matignon pour être le directeur adjoint de son cabinet. Il est maintenant réintégré dans son corps d'origine, l'Inspection générale des Finances. Son rapport, fruit d'une enquête très fouillée, aux quatre coins de France, porte la date du 24 juillet 1979. Entre-temps, Simone Veil a quitté le gouvernement pour la présidence du Parlement européen à Strasbourg. Sous le titre générique : « NOTE », ce document comporte 68 pages et 170 cotes. A eux seuls, quelques sous-titres et têtes de chapitres justifient et illustrent aujourd'hui toute la campagne de nettoyage des écuries d'Augias entreprise par René Lucet à Marseille :

- « *Un développement anarchique du tiers payant.* »
- « *Les mécanismes actuels appellent des critiques sérieuses.* »
- « *Légalité douteuse.* »
- « *Méconnaissance de la politique de la santé.* »

- « *Inégalité entre les organismes de protection sociale.* »
- « *Des pratiques très anormales.* »
- « *Supprimer les pratiques anormales* »

etc.

Bien qu'il n'en fît jamais état, René Lucet s'est suicidé en connaissant ce réquisitoire accablant où l'on trouve décrites, par le détail, les pratiques que lui-même n'a cessé de combattre, à Melun d'abord, puis à Marseille, avant comme après l'arrivée de la gauche et de Mme Nicole Questiaux au pouvoir. A ce point du récit on doit aussi retenir qu'il fut élu à la tête de la Caisse des Bouches-du-Rhône en juin 1979, un mois avant que l'inspecteur des Finances Heilbronner remette au gouvernement sa « *note* » à diffusion très restreinte. On ne peut donc imaginer, supposer, prétendre que celle-ci a pu motiver le choix de René Lucet comme directeur général de la « Sécu » marseillaise. Mieux : c'est seul, sans l'aide ou la moindre indication de son ministère de tutelle, que Lucet décèle, en Seine-et-Marne, et plus tard dans les Bouches-du-Rhône, les singulières méthodes — toutes mises en évidence par François Heilbronner — qui permettent au P.C.F. d'orienter chaque année des milliards de fonds publics sur des voies buissonnières. En 1978, Lucet avance, en privé, le chiffre de *34 milliards de centimes.* Bien après son arrivée à Marseille, il recevra communication du rapport Heilbronner, contre son engagement de ne pas le divulguer.

Sûr de lui-même et de ses droits directoriaux, Lucet n'a pas hésité un seul instant, dès sa prise de fonctions en novembre 1979, à donner l'assaut à une citadelle pourtant réputée imprenable, ses défenseurs ayant multiplié à l'infini chemins de ronde, tours de garde, douves, chausse-trapes. Au point qu'aucun service officiel — je dis bien *aucun* — n'est aujourd'hui en mesure d'en fournir une information exacte, précise.

Avant d'entrer dans le maquis procédurier, un tantinet sicilien, qui a permis à un véritable *racket* de se développer (grâce, en partie, à l'inertie et au laisser-aller des pouvoirs qui, étant au courant, n'ont jamais osé s'attaquer aux racines du mal pour ne pas encourir les foudres du P.C. et de sa C.G.T.), il est nécessaire de braquer notre projecteur sur le monde secret, complexe, des Mutuelles, sur leur puissance, leurs moyens, leurs zones d'influence, leur rôle social, économique, financier et politique.

On ne comprendrait pas l'enjeu du combat de René Lucet à Marseille sans s'être penché, au préalable, sur le plan général du gigantesque dispositif mutualiste que les bataillons communistes ont infiltré, noyauté, et, dans certaines zones névralgiques, complètement investi... sans que nul y voie et même y entende goutte. Travail remarquable, impressionnant.

1 200 milliards légers de recettes dans 7 000 Mutuelles

15 juillet 1850 : une loi reconnaît les sociétés de secours mutuel nées au début du XIXe siècle avec l'industrialisation, les changements économiques et sociaux qu'elle provoque. Le monde ouvrier prend alors conscience de la précarité de sa condition. Il s'unit pour mieux se protéger. Héritières des confréries et compagnonnages, les Mutuelles se multiplient. C'est sous leur couvert que s'organise alors la défense des intérêts purement professionnels et matériels des salariés. Bref, les sociétés de secours mutuel apparaissent comme les ancêtres (apolitiques) de nos syndicats politisés, à côté desquels elles continuent de mener une vie discrète.

La liberté d'association et de réunion, la liberté syndicale sont les conquêtes de haute lutte de la « *Mutualité* », c'est-à-dire de l'ensemble des Mutuelles.

19 octobre 1945 : une ordonnance du gouvernement provisoire de la France libérée leur donne un nouveau

statut. Il arrive à point nommé. Le surlendemain les Français doivent se rendre aux urnes pour décider de la reconduction ou de l'abrogation, par référendum, de la Constitution de la IIIe République et élire l'Assemblée constituante chargée de donner vie aux institutions de la IVe République. Or les Mutuelles représentent une puissance électorale non négligeable. Parallèlement, le gouvernement de la Libération crée la Sécurité sociale qui prend à sa charge la couverture des risques de santé, le secteur principal d'activité détenu jusque-là par la Mutualité. Du même coup, celle-ci est autorisée à créer une catégorie nouvelle de sociétés mutualistes d'entreprises et interentreprises. Associations à but non lucratif, elles ont pour avantage d'échapper pratiquement au contrôle fiscal et pour mission de mener, dans l'intérêt de leurs adhérents, une action de prévoyance, de solidarité et d'entraide visant :

- la prévention des risques sociaux et la réparation de leurs conséquences ;
- l'encouragement de la maternité, ainsi que la protection de l'enfance et de la famille ;
- le développement moral, intellectuel et physique de leurs membres (formule vague, dont les Mutuelles aujourd'hui sous la coupe du P.C.F. profitent pour agir comme de véritables instruments d'infiltration, de mise en condition des individus et de propagande marxiste).

Petit à petit, par un inlassable travail de taupes, les communistes arrivent à prendre le contrôle, direct ou indirect, d'un nombre considérable de Mutuelles. Conquête capitale : l'ensemble de la Mutualité française couvre aujourd'hui quelque 30 millions de bénéficiaires dans environ 7000 sociétés d'importance très inégale (certaines comprenant une dizaine de membres et d'autres bien plus d'un million). Ces sociétés emploient plus de 50000 personnes, elles-mêmes secondées par 100000 bénévoles. Le tout brasse, en 1980, 1200 milliards légers de recettes, dont 800 milliards pour les remboursements complémentaires de maladie, le solde étant représenté par les cotisations des adhérents.

1957 : le P.C.F. lance la C.G.T. à l'assaut de la Mutualité

A n'en pas douter, les Mutuelles constituent un véritable empire. Il était dans la nature des choses que le P.C.F. y conquière des places fortes, par C.G.T. interposée, suivant sa stratégie du noyautage tous azimuts.

Investir une Mutuelle réputée apolitique permet à la C.G.T. d'offrir à ses cotisants une foule de services. Quelle meilleure propagande... par la bande. D'autant qu'elle ne lui coûte rien, puisque les Mutuelles qu'elle contrôle vivent très largement aux crochets de la Sécurité sociale.

Bien sûr, s'affilier à une Mutuelle à direction C.G.T. n'implique nullement pour l'adhérent de base qu'il souscrive aux options révolutionnaires de cette centrale. Du reste, il ignore en principe les arrière-pensées politiques des dirigeants de la Mutuelle.

Les responsables C.G.T. se servent des sociétés mutualistes à leur main :

- comme les laboratoires expérimentaux de la politique sociale et de santé qu'ils veulent instaurer partout en France en cassant la médecine libérale, conformément à leur programme (à ne pas confondre avec leurs discours soporifiques) ;
- comme un moyen efficace d'intervention auprès des masses, la presse et les différents services des Mutuelles servant à véhiculer les conceptions collectivistes et la propagande du P.C. ;
- comme employeurs et instructeurs de permanents communistes, le Parti ayant pour habitude de laisser à la charge des collectivités qu'il domine les frais énormes de son appareil tentaculaire ;

• comme des centres de financement du Parti, puisque les Mutuelles sont, en fait, à l'abri des contrôles tatillons de l'administration fiscale.

Les communistes sont demeurés longtemps en dehors du mouvement mutualiste, dont l'inspiration purement humanitaire était très différente de la leur. C'est lors du 31e Congrès de la C.G.T., en 1957, qu'ils expriment pour la première fois leur volonté de l'investir. A leurs yeux, « la mutualité traditionnelle n'est que le camouflage d'une politique de collaboration de classe ». Aussi l'attention des militants cégétistes est attirée sur :

> « la nécessité de reconquérir la Mutualité qui est un mouvement presque totalement de salariés »... sous la coupe de « réactionnaires ».

Regroupés dans la Fédération nationale de la Mutualité française (F.N.M.F.) qui, fondée en 1902, a pour principe de fonctionnement la neutralité et l'indépendance à l'égard de l'action politique et syndicale, les mutualistes appartiennent à toutes les professions et milieux politiques, sans aucune exclusive. Mais, globalement, la F.N.M.F. est « à dominante socialiste ». Autant dire libérale, la S.F.I.O., ancêtre du P.S., étant dirigée par des modérés franchement opposés au P.C. Le 31e Congrès de la C.G.T. donne la consigne de mener simultanément une action externe et interne au mouvement mutualiste :

• en créant, contre la F.N.M.F. des « Mutuelles ouvrières », animées par l'esprit marxiste de classe ;
• en — je cite textuellement — « luttant au sein des groupements mutualistes adhérents à la F.N.M.F., en vue de l'élimination des patrons de sa direction, de sa démocratisation, du changement nécessaire de son orientation par sa mise au service des intérêts essentiels des travailleurs ».

Les choses vont aller très vite.

1959 : le 32e Congrès de la C.G.T. invite ses « Fédérations, Unions départementales et syndicats, à créer partout où c'est possible des sociétés mutualistes ouvrières [...] et à coordonner leur activité par une Mutualité ouvrière... » On annonce du même coup aux militants la fondation prochaine d'une Fédération nationale des Mutuelles ouvrières, première mouture de l'actuelle Fédération nationale des Mutuelles de travailleurs (F.N.M.T.) ... concurrente de la grande F.N.M.F.

Faire de la Mutualité une activité du P.C.

Pour réussir leur opération, les communistes ont concocté un plan bien dans leur style.

En janvier 1959, la Sécurité sociale a instauré une « franchise » qui lui permet de ne plus rembourser aux assurés les premiers 3 000 francs (anciens) des dépenses maladie. Les Mutuelles de la F.N.M.F. ont réagi en proposant de prendre à leur charge le règlement de ces 3 000 francs, contre une augmentation de la cotisation de leurs adhérents. Les communistes n'ont plus qu'à rameuter les mécontents des Mutuelles « indépendantes » pour grossir leurs propres troupes.

1965 : l'escalade continue. Le Parti est de plus en plus désireux d'accroître son implantation dans les Mutuelles. Les rendements politiques et financiers sont satisfaisants. Il y a tout lieu de penser qu'ils peuvent être encore meilleurs. La décision est prise — je cite encore — de :

> « *faire de la Mutualité une activité de la C.G.T. à tous les échelons du mouvement syndical* ».

Décodons : « *et une activité du P.C.F. à tous les échelons du mouvement communiste* ».

Le 35e Congrès de la Confédération ajoute qu'il faut « *développer une large action de recrutement, de propagande et d'information* ». Et, loin de renoncer au noyautage de la Fédération nationale de la Mutualité française (F.N.M.F.), il recommande expressément « *aux militants de la C.G.T., dans toutes les entreprises et administrations où existe une Mutuelle adhérente à la F.N.M.F., d'y prendre, dans sa direction, la place qui leur revient... pour y défendre et y faire triompher leurs options mutualistes* ».

Remarquons, au passage, que les dirigeants communistes de la C.G.T. condamnent le « travail fractionnel » au sein de leur Confédération comme contraire à la démocratie syndicale. Mais ils usent largement de cette technique pour s'emparer de la direction des organisations et institutions qui échappent encore à la domination directe ou indirecte du P.C.F.

La manœuvre consiste :

- à organiser en noyaux (ou « *fractions* ») disciplinés les communistes, les cégétistes et leurs compagnons de route appartenant à des Mutuelles affiliées à la F.N.M.F., afin d'influer de l'intérieur sur son évolution et ses orientations ;
- à créer parallèlement une organisation mutualiste concurrente qui attaque la F.N.M.F. de l'extérieur.

Pour coordonner ces deux actions intimement liées : une Commission nationale de la Mutualité, directement rattachée aux hautes instances confédérales de la C.G.T.

1967 : la F.N.M.F. engage des pourparlers avec les grandes Confédérations ouvrières. Collaborer avec elles lui paraît le meilleur moyen d'assurer l'extension de la Mutualité dans les entreprises. La C.G.T. est la première (en 1971) à accepter de passer avec elle un accord. Il lui permettra de placer encore plus de communistes au sein de la F.N.M.F.

Ainsi, petit à petit, les deux Fédérations amorcent un processus d'unification. Et, sous l'impulsion des communistes et de leurs agents, toute la famille mutualiste se politise. La neutralité chère à la F.N.M.F. se retrouve battue en brèche. En 1976, son président appelle même « les citoyens que sont les vingt millions de mutualistes à tenir compte des atermoiements inadmissibles des pouvoirs publics, qui bafouent les libertés, lors des élections prochaines, tant municipales que législatives ».

Le P.C.F. a tout lieu d'être satisfait.

Les socialistes se réveillent, momentanément

Avec la rupture de l'Union de la gauche, en 1977, tout change à nouveau. De manière radicale.

Si le rapprochement des deux Fédérations mutualistes avait coïncidé, après 1970, avec la « renaissance » du socialisme français et la signature du Programme commun de gouvernement, le divorce des deux partis de gauche et les querelles qui s'ensuivent amènent les socialistes ayant des responsabilités dans la Mutualité à dénoncer les dangers de la pénétration cégéto-communiste dans les organes de la F.N.M.F.

Leader de F.O. et membre du P.S., André Bergeron redoute que le million d'adhérents environ des Mutuelles ouvrières (de la F.N.M.T.-C.G.T.) qui forme un bloc politiquement homogène et bien mieux formé que la masse des autres sociétés mutualistes (au demeurant divisées), ne prenne, en fait, le contrôle de la plupart des structures de la F.N.M.F. (à dominante socialiste). Les communistes ont déjà consolidé leur implantation en ravissant le commandement de la puissante M.A.C.I.F. [1] dont la présidence est revenue au camarade Pierre Juvin, vice-président national de la F.N.M.T.

De surcroît, il n'échappe pas à André Bergeron (ami personnel de René Lucet, lui-même à F.O.) que la modérée F.N.M.F. a apporté sa caution à la F.N.M.T.-

1. M.A.C.I.F. : « Mutuelle d'assurances pour les commerçants et industriels de France et des cadres et salariés de l'industrie et du commerce. »

C.G.T. La respectabilité ainsi acquise lui a permis de poursuivre, dans ses Mutuelles, une politique d'exploitation honteuse de la Sécurité sociale. Au seul bénéfice, non des adhérents, mais du Parti communiste dont la F.N.M.T. est une des nombreuses branches collatérales.

Tout cela, René Lucet le sait parfaitement. Sa tâche va très vite consister à faire tarir, dans les Bouches-du-Rhône, cette source abondante de profits.

Homme de dossiers, le jeune directeur (il a alors trente-six ans) commence, avant de s'y atteler, par prendre l'exacte mesure des forces en présence. Mais, lorsqu'il arrive à Marseille, ce n'est pas ce qui le motive. Il mesure ce que le « *détournement de clientèle* », opéré par certaines Mutuelles à leur avantage et au détriment de la Sécurité sociale, coûte à cette dernière. Que ces Mutuelles soient d'obédience communiste, socialiste, patronale, qu'elles soient politiques ou apolitiques, peu lui importe. Il n'entre pas dans les missions de la Sécurité sociale de faire leur trésorerie. Les fonds énormes provenant des cotisations sociales (salariales et patronales) ne doivent pas être détournés de leur destination, fût-ce au profit d'honorables institutions de prévoyance.

La Sécurité sociale ? Voilà près de seize ans qu'il y est entré... par la petite porte, comme modeste « employé aux écritures ». Il y a occupé toutes les fonctions. Il en connaît les règlements, l'organisation et les mœurs sur le bout des doigts.

Les Mutuelles ? Il connaît leur fonctionnement, mais leur univers (celui que nous venons de présenter) ne lui est pas très familier. Certes, il est, comme tous les dirigeants de la « Sécu », informé sur les grands courants qui la traversent. Sans plus. Quelques contacts au plus haut niveau de ce monde à part ont tôt fait de l'éclairer :

- Minoritaire dans les Bouches-du-Rhône, la F.N.M.F. est présidée à Paris par le socialiste modéré Pierre Teulade, membre de droit (à ce titre) du Conseil économique et social. Ses Mutuelles à Marseille sont neutralisées par les communistes.

• En revanche, la F.N.M.T. de la C.G.T. occupe la place avec des forces aguerries, toute une armée de révolutionnaires professionnels.

A l'instar de la F.N.M.F. (qui compte au niveau national 12 millions d'adhérents pour 25 millions de bénéficiaires et qui emploie 44 000 personnes), la F.N.M.T. est composée d'Unions départementales. Celles-ci, dans leurs secteurs respectifs, coordonnent l'action des groupements mutualistes et gèrent pour eux des œuvres sociales communes (centres de soins, cabinets d'optique et dentaires, radiologie, chirurgie, etc.). Dans les Bouches-du-Rhône, la F.N.M.T. s'est implantée depuis une douzaine d'années par le truchement de son Union départementale des Mutuelles de travailleurs (U.D.M.T.) dont le président, Louis Calisti, né le 22 décembre 1922 à Marseille, est aussi président national de la F.N.M.T.

L'amiral rouge d'une redoutable armada

En tant que chef suprême de la F.N.M.T., Louis Calisti chapeaute une quarantaine d'Unions départementales et une Union régionale (Rhône-Alpes). Les points forts de son dispositif, tout au service du P.C.F. (dont il est membre depuis 1943), se situent dans la région parisienne, le Rhône, les Alpes, l'Est, le Sud-Est et la région marseillaise d'où sont originaires la plupart des dirigeants de la F.N.M.T., Fédération administrée par 19 militants communistes, 5 permanents C.G.T. donnés comme « proches du P.C.F. » et 23 « sans appartenance connue ».

Auteur du livre *Santé et Cadre de vie,* publié par les Editions sociales du P.C.F. pour vanter les mérites de l' « expérience mutualiste de Marseille », Louis Calisti est le président, depuis 1965, de la puissante U.D.M.T. Membre à Marseille du Comité fédéral du P.C., candidat communiste aux élections législatives de 1973, cet ancien commandant F.T.P. est l'amiral affable, distingué, retors, redoutable, d'une véritable armada considérée par tous — René Lucet excepté — comme invincible. Stalinien de formation, d'allure bourgeoise sous des costumes taillés dans les plus belles étoffes, par les meilleurs faiseurs, ce René Andrieu marseillais (les deux hommes se ressemblent comme des frères) coiffe notamment, dans des locaux souvent communs ou proches :

• La Mutuelle générale de Marseille (M.G.M.), anciennement dénommée « Mutuelle C.G.T. », la plus importante du département.

• Une centaine de sociétés mutualistes d'entreprises qui, avec la M.G.M., regroupent 750 000 adhérents environ.

• 19 centres médicaux et dentaires, organisés selon l'esprit et les règles du marxisme orthodoxe.

• Une banque : le Crédit mutuel de dépôts et de prêts (C.M.D.P.) où s'effectuent les écritures propres aux dynamiques établissements financiers que les communistes abhorrent... quand ils n'y sont pas implantés.

• Un Service mutualiste médical d'urgence (S.M.M.U.).

• Une Fédération des clubs sportifs mutualistes : la F.D.C.M.

• L'important Groupement interprofessionnel mutuel et paritaire du logement social — GIMPLOS, organisme de construction et d'accession à la propriété, au moyen du 1 % patronal, également présent à Paris, Lyon, Grenoble, Saint-Etienne, La Trinité (dans les Alpes-Maritimes) [1].

• Une Mutuelle d'assurances automobiles et autres, la MATMUT.

1. « Au service des Comités d'entreprise et des collectivités locales, le GIMPLOS (et ses filiales) utilisent les sommes qu'ils reçoivent au titre de la participation des employeurs, pour l'édification de logements sociaux, l'acquisition de terrains et la rénovation de l'habitat ancien. » (Voir à ce sujet le livre cité de Louis Calisti.)

• L'antenne locale de Tourisme et Travail, puissante organisation de masse du P.C.F. [1].

• Un luxueux mensuel, *La Vie mutualiste,* remarquablement confectionné en couleurs et tirant à plus de 700 000 exemplaires qui touche, outre les adhérents de l'U.D.M.T. :

• Plusieurs sections de l'administration, par le canal de la Mutuelle (marseillaise) des services publics et de santé.

Etc.

Enfin, René Lucet note que l'ensemble des Mutuelles des Bouches-du-Rhône, qu'elles soient modérées (dans la mouvance de la F.N.M.F.), de la Fonction publique ou de la Mutualité des travailleurs (l'U.D.M.T.), se rejoignent toutes, sans exception, dans un Grand Conseil départemental de la Mutualité, sorte de Sénat local qui date de l'avant-guerre et où les révolutionnaires dictent désormais leur loi d'airain. Habile, Louis Calisti a su aussi le ranimer, pour en prendre la présidence. Ce qui lui confère la haute autorité sur quelque 226 groupements marxistes et modérés (au total 1 250 000 adhérents) parmi lesquels on compte des sociétés mutualistes à forte densité d'adhérents et de nombreuses petites entités locales ou de quartiers.

Et ce n'est pas tout : le seigneur Calisti « gère » les comptes de ses dévots grâce à un ensemble électronique, sans doute le plus puissant de la région. Rien ne peut lui échapper. Parfaitement huilée, sa machine lui permet de tout voir et de bien recouper les activités des multiples châteaux à sa main.

En bref, remarque René Lucet, la prédominance du P.C.F. est indéniable. Que faire, sinon s'en accommoder ? Oui, bien sûr, sauf si elle s'accompagne d'usages dommageables à l'administration dont il est le nouveau directeur. Dans ce cas, on ne doit pas s'attendre qu'il courbe l'échine.

1. Voir mes précédents ouvrages publiés par les Editions Albin Michel : *Les Finances du P.C.F.* (1977) ; *La France communiste* (1978) ; *Les Secrets de la Banque soviétique en France* (1979) ; *La Maffia des Syndicats* (1981)

Or les dossiers de la Sécurité sociale lui réservent d'autres surprises... dans la ligne des découvertes hallucinantes déjà faites (mais cela, il l'ignore encore) par l'inspecteur des Finances Heilbronner.

Un pompage parasitaire par le P.C.F. et la C.G.T.

Vu l'importance des Mutuelles en général et de leurs prestations, on peut d'abord affirmer, sans se tromper, qu'elles sont au cœur du problème posé par le fonctionnement et les structures mêmes de la Sécurité sociale.

Devenue un Etat dans l'Etat, la « Sécu » a éveillé la convoitise des amateurs d'affaires juteuses. Son étendue, le volume des affaires qu'elle traite, la complexité des procédures qui régissent ses activités se prêtent à toutes sortes de manœuvres.

Toujours à l'affût des occasions favorables pour remplir leurs caisses à la faveur des interstices laissés par les lois capitalistes, les communistes ont compris, rapidement, quel profit ils pouvaient tirer d'un organisme où ils comptent du reste — parmi ses dizaines de milliers d'agents — une phalange de fidèles.

Cette opération de pompage parasitaire de la Sécurité sociale est précisément liée à la possibilité dont nous parlions plus haut, qui est offerte à certaines Mutuelles de se substituer à leurs adhérents pour percevoir à leur place le montant des remboursements maladie. S'appuyant sur cette technique, les Mutuelles, les institutions de prévoyance, les groupements de praticiens ont imaginé diverses modalités de « tiers payant ». Cette expression appartient au jargon de la Sécurité sociale. Le tiers payant est, en quelque sorte, une dérogation au principe selon lequel les frais de maladie sont remboursés à l'assuré lui-même, par sa Caisse primaire, sur justification du paiement des actes ou des médicaments ; dès lors, celui-ci n'a plus à faire l'avance de tout ou partie des sommes ouvrant droit à remboursement.

En effet, l'article L 288 du Code de la Sécurité sociale prévoit maintenant que « la part garantie par la Caisse primaire peut être remboursée... à l'organisme ayant reçu délégation de l'assuré ». Ainsi, en concret, au lieu de payer le prestataire des soins, le malade justifie avoir souscrit un accord de « tiers payant » et signe une délégation qui autorise le praticien à se faire régler directement par la Mutuelle. Cela suppose des accords conclus entre les prestataires de soins et les organismes — par exemple lesdites Mutuelles — qui gèrent le système du « tiers payant ». Ces accords prennent mille formes différentes : certains mutualistes ne bénéficient du « tiers payant » que pour les frais d'hospitalisation, d'autres sont aussi couverts pour la biologie, la radiologie, la pharmacie, etc.

En fait, l'extension du « tiers payant » ne tire pas son existence d'une loi claire, mais de différents textes ou dispositions adoptés pour des cas précis :

1. Le « tiers payant » organisé par la Sécurité sociale elle-même ; par exemple, au profit des victimes d'accidents du travail pour qui elle règle directement — et à 100 % — les praticiens, pharmaciens, établissements hospitaliers, dispensaires, centres de soins publics. Encore faut-il que ceux-ci aient passé une « *convention* » avec elle, les habilitant à percevoir les honoraires médicaux, soins, frais de séjour dus par les assurés sociaux.

2. Le « tiers payant » de droit institué par la loi, au bénéfice des fonctionnaires. L'article L 587 du Code de la S.S. stipule que ceux-ci peuvent recevoir les prestations maladie, maternité, invalidité, par l'intermédiaire de sociétés mutualistes, dans la mesure où ils en sont adhérents. Ce qui est généralement le cas.

3. Le « tiers payant » institué par l'article L 27 du Code de la S.S. en faveur de tout groupement mutualiste comptant plus de 100 adhérents. Mais il s'agit là d'une simple faculté laissée à la discrétion des Caisses primaires de la Sécurité sociale qui « peuvent habiliter » — par

« convention » obligatoire — telle ou telle Mutuelle. Elles n'y sont nullement tenues.

Pour avoir une idée de l'importance du « tiers payant », il suffira de rappeler que les frais de journées en hôpital public sont presque intégralement payés de cette manière, ainsi que les honoraires hospitaliers. Le tiers des dépenses de pharmacie, la moitié peut-être des cures thermales et d'appareillage se trouvent dans le même cas. Incroyable mais vrai : l'Inspection générale des Finances assure que « le tiers payant hospitalier [...] manque du moindre fondement juridique ». Dans sa « note » du 24 juillet 1979, M. Heilbronner estime, en définitive, que le « tiers payant » couvre près des trois quarts des dépenses françaises de santé.

A Marseille, lorsque René Lucet prend la tête de la C.P.C.A.M., le montant s'élève à 82,5 %. Chiffre fabuleux, qui remplit de joie les communistes et la C.G.T. Il leur permet de manipuler des sommes colossales et de s'assurer au passage une belle rente.

Comment ? C'est le mérite de René Lucet de l'avoir vu et dénoncé publiquement en termes tout crus. Car pour le jeune et bouillant directeur il était hors de question que, lui présent, la Sécurité sociale soit détournée de sa mission et serve, notamment, à financer les menées marxistes. Dès lors, le voici penché sur les textes. Il examine à fond la législation. Licencié en droit, il s'aperçoit — avec l'aide de ses conseillers — que si les procédures du « tiers payant » dans les Bouches-du-Rhône peuvent être rattachées, par des acrobaties savantes, à tel ou tel article de loi, elles sont le plus souvent juridiquement contestables.

C'est le cas du « tiers payant » hospitalier. L'article L 288, datant de 1968, ne concerne que la délégation de son droit à remboursement qu'un assuré octroie à un *organisme,* et non le versement direct par la Caisse de Sécurité sociale à un établissement de soins avec lequel elle n'est pas liée par « convention ». Par exemple, les quatorze Centres de santé de la grande Mutuelle C.G.T. de

Marseille qui, avant l'arrivée de René Lucet, pratiquaient tous cette méthode, assortie d'autres irrégularités non moins lucratives. Nous y reviendrons.

Le mécanisme d'un « faux »... et d'un « vice grave »

Reprenons ici le rapport Heilbronner. Il confirme tout ce que René Lucet n'a cessé de répéter jusqu'à son limogeage (et pour cause !) par Mme le ministre Nicole Questiaux. Selon François Heilbronner :

> « Le problème le plus délicat concerne tous les mécanismes, gérés notamment par des Mutuelles ou des assurances, mais aussi par la Sécurité sociale elle-même et qui [...] sont fondés sur l'idée d'une délégation ou d'une subrogation. »

L'enquêteur des Finances ajoute :

> « On ne peut, en effet, déléguer, à un voisin, à une Mutuelle ou à une compagnie d'assurances, qu'un droit qui est ouvert. Or le droit de remboursement d'un assuré social ne naît qu'après le paiement effectif du dispensateur de soins.
>
> « Par suite, la délégation suppose que le dispensateur de soins ait effectivement été réglé, non seulement avant que le dossier ait été envoyé pour remboursement à la Sécurité sociale, mais aussi avant qu'il ne porte son acquit sur la feuille de maladie. Faute de quoi l'acquit serait un *faux* et la demande de remboursement serait *privée de toute valeur.*
>
> « Or il est bien clair que les acquits, dans tous ces systèmes de délégation ou subrogation, sont effectivement donnés avant paiement. Sur un strict plan juridique, *il y a là un vice grave.* »

J'espère que, à travers ces explications quelque peu arides, mais indispensables, le lecteur aura compris le mécanisme que, avec sa fougue habituelle, René Lucet veut justement démanteler.

Se faisant « rembourser » par la Sécurité sociale avant d'avoir, elles-mêmes, comme il se devrait, payé les prestataires de soins, les Mutuelles se font une trésorerie et, en outre, touchent des intérêts bancaires considérables, vu les sommes en jeu. D'autant plus que, si la Sécurité sociale s'exécute vite — dans un délai de 10 jours en Seine-et-Marne et dans les Bouches-du-Rhône — les Mutuelles ne règlent, elles, leurs créanciers praticiens qu'au bout de *deux, trois,* voire *cinq* ou *six* mois.

Cette pratique abusive du remboursement précédant le paiement du montant des soins n'est, néanmoins — si grave soit-elle —, ni la plus nocive ni, probablement, la plus rentable de toutes celles qui, à Marseille principalement, ont été utilisées par certaines sociétés mutualistes, chancres de la Sécurité sociale et du monde de la Santé.

Citons, parmi elles :

- les *ristournes ou remises sur honoraires que les praticiens accordent aux Mutuelles ;*
- les *limitations de la concurrence et du libre choix du médecin par le patient ;*
- les *incitations à la consommation médicale.*

Il faut convenir — en dehors de toute considération morale — que l'impunité dont jouissent, depuis toujours, les responsables de ces entorses à la loi et à la déontologie (devenues si fréquentes qu'elles n'étonnent plus personne) a contribué à plonger toutes les professions touchant la santé publique dans une atmosphère malsaine.

Jetons un coup d'œil sur chacun de ces trois chapitres.

Ristournes, rançons et rackets

D'après M. Heilbronner, dans de nombreuses *conventions* passées par des Mutuelles avec les professions de santé, le « tiers payant » assuré par la Mutuelle est assorti d'un engagement du prestataire de soins d'*abandonner* à celle-ci une partie de ses honoraires.

> « Il peut s'agir de *2* ou *3 %,* mais parfois de *5, 10,* voire *20 %.* Un recensement précis est difficile car ces conventions sont rarement communiquées aux Caisses de Sécurité sociale par les Mutuelles. D'autre part, les prestataires de soins hésitent à se plaindre des *ristournes* qui leur sont demandées.
>
> « Mais le nombre des constatations faites, malgré ces difficultés de recensement, laisse penser que la pratique des ristournes est associée au *tiers payant* dans la majorité des conventions mutualistes. »

Soyons clairs : voilà confirmée, par un haut fonctionnaire du ministère des Finances, dûment mandaté par le gouvernement, l'existence à l'échelle nationale (et plus particulièrement à Marseille) d'un authentique racket des professions de santé. Car si un médecin, un pharmacien, un radiologue, un biologiste, un kinésithérapeute accepte, contre les lois de son Ordre (d'où son silence !) de rétrocéder à une Mutuelle un pourcentage variable, pouvant aller jusqu'à 20 % de sa note d'honoraires, c'est uniquement parce qu'il fait l'objet de toutes sortes de pressions, même le chantage. A moins qu'il ne s'agisse d'une fraude concertée à la Sécurité sociale, aboutissant à un détournement de fonds publics.

Pourquoi les Mutuelles ne transmettent-elles pas aux Caisses d'assurance maladie les « conventions » (accords) qu'elles ont passées avec les praticiens ?

Pourquoi ceux-ci « hésitent-ils à se plaindre des *ristour-*

nes qui leur sont *demandées* (et non — la nuance est importante — qu'ils proposent) ?

Parce que les Mutuelles savent que ces conventions sont délictueuses à bien des égards, dès lors qu'elles aboutissent pour elles :

- à sous-payer, voire à *rançonner* les professions médicales en leur arrachant en catimini une partie de leurs honoraires, sous prétexte de leur fournir une clientèle stable, nombreuse : la masse des mutualistes ;
- à rouler la « Sécu », en lui demandant de *rembourser* des actes médicaux « qui n'ont pas encore été payés » (dans les conditions exigées par la loi), tout en lui dissimulant les réductions que les praticiens leur « consentent » ;
- à empocher au passage la différence (jusqu'à 10 à 20 %) entre le prix fort réglé par la « Sécu » et le prix minoré, véritablement payé aux praticiens... avec plusieurs mois de retard, ce délai leur permettant de faire « travailler » en banque un argent indûment perçu.

Bref, déjà réglementairement rétribuées par la « Sécu » au titre de leurs frais de gestion (23,29 francs en 1982, pour chaque dossier maladie traité), les Mutuelles touchent de tous les côtés. Et, soit dit en passant, de bien d'autres manières. De ce point aussi nous reparlerons plus tard. Le film ne fait que commencer.

« Détournement de fonds publics »

Pourquoi a-t-on limogé René Lucet ?

Pourquoi Mme Nicole Questiaux, ministre de tutelle de la Sécurité sociale, a-t-elle même refusé d'entendre les explications que l'infortuné directeur voulait lui fournir ?

Pourquoi, enfin, le P.C.F. et la C.G.T. se sont-ils acharnés sur lui, en utilisant les pires méthodes staliniennes ?

Pourquoi ?

Parce que René Lucet avait tout découvert et qu'il refusait de se soumettre ou de se démettre.

En ses pages 28 à 38 (cotes 72 à 99), le rapport Heilbronner fournit d'autres réponses à ces trois questions, sous le titre : « DES PRATIQUES TRÈS ANORMALES ». Encore une fois, ses observations recoupent les trouvailles de René Lucet. Voici confirmée, oui, voici vérifiée, l'existence d'une véritable entreprise impunie de détournement de fonds publics, dans les conditions que nous venons de décrire... sur la base de documents opportunément laissés par le « suicidé » de Marseille :

« Il y a d'abord, écrit François Heilbronner, une *infraction* aux règles de la Sécurité sociale. Quand une *ristourne* est retenue par la Mutuelle ou automatiquement reversée par le praticien, ce dernier est conduit *à signer une feuille de maladie pour un montant qu'il n'a pas effectivement et totalement perçu. Or c'est sur ce montant majoré que la Sécurité sociale calcule ses remboursements.*

« Bien plus, quand *la ristourne est faite au malade, il y a même un réel détournement au détriment de la Sécurité sociale* qui est appelée à rembourser plus que ce qui a été payé par le malade et reçu par le praticien. Sans compter l'infraction que constitue au regard du code de déontologie toute *ristourne* au malade.

« On peut même considérer que la situation est identique, et l'*infraction aussi grave,* quand la *ristourne* est faite à la Mutuelle et non au malade. Car la Mutuelle, du fait précisément de son objet mutualiste, est une représentation de ses adhérents. Les ristournes qui lui sont faites bénéficient normalement aux adhérents.

« Il y a, en second lieu, les doutes qu'appellent certaines ristournes particulièrement élevées. On peut à la limite comprendre qu'un laboratoire, pour qui les investissements peuvent être très lourds et qui peut espérer une évolution croissante de ses coûts, puisse avoir intérêt, contre une ristourne même élevée, à s'attacher une clientèle. Mais pour d'autres professions de santé où les mêmes problèmes d'investissement ne se posent pas, des ristournes de *20 %* apparaissent, il faut le dire, difficilement, compatibles avec l'exercice normal des professions de santé et avec le *respect des règles de cotation des actes.*

« Et puis enfin, il y a tous les problèmes que pose, notamment sur le plan déontologique, le *partage d'honoraires.* »

Infraction au code de déontologie

Il est rare, très rare, qu'un document officiel (même *confidentiel*) comporte des jugements aussi durs et, en l'occurrence, si bien référencés. Précisons que l'inspecteur des Finances Heilbronner vise essentiellement, en les citant (voir annexes pp. 269 à 277), les Mutuelles C.G.T. Dont celles des Bouches-du-Rhône qui prélèvent les plus forts pourcentages, causant ainsi un grave préjudice à la Sécurité sociale et aux praticiens dont les revenus sont de ce fait considérablement amputés.

René Lucet avait renversé le pot aux roses avant l'arrivée de la gauche, de Mme Questiaux et du P.C.F. au pouvoir ; il refusait de renoncer à défendre les intérêts des assurés sociaux et des contribuables appelés à combler les trous de la « Sécu » que ces détournements aggravaient.

De même que René Lucet, l'inspecteur des Finances Heilbronner refuse de considérer les *ristournes* — nous dirons les *rançons* — octroyées par les professions de santé aux Mutuelles comme une participation à leurs frais. En effet, précise-t-il, les Mutuelles font valoir que le service du « tiers payant » impose la confection et le suivi des dossiers des assurés et que cette charge de gestion est lourde. Mais, ajoute-t-il, cet argument appelle plusieurs remarques.

D'abord, il lui semble difficile que ces frais de gestion —

dans une Mutuelle normalement gérée — atteignent 5 ou 10 % du chiffre d'affaires[1].

Au pire, il ne pourrait s'agir que de 1 à 2 % de la dépense de santé.

Mais, même à ce niveau, la question peut se poser de savoir s'il est légitime d'en imposer la charge aux prestataires de soins. Le « tiers payant » dans une Mutuelle n'est pas compris comme devant être une aide accordée aux praticiens, mais comme un service assuré aux adhérents mutualistes. C'est *pour eux* que le « tiers payant » est créé. Ce devrait donc être à eux, en application stricte des règles de la Mutualité, de financer ce service par leurs cotisations.

Encore une fois, René Lucet ne disait pas autre chose. François Heilbronner conclut :

> « Le fait pour des Mutuelles de fournir à des tiers [*comprenez : à leurs adhérents.* N.d.A.] des services *déjà* rémunérés, les fait sortir du cadre mutualiste. D'autre part, ces rémunérations devraient sans doute être soumises à la T.V.A.
>
> « De toute façon, dans la mesure où le reversement d'honoraires dépasse le niveau de ce qui peut être considéré comme correspondant à des frais de gestion, il y a partage d'honoraires et *dichotomie.* Celle-ci constitue une grave infraction au Code de déontologie [car la dichotomie est une *violation du serment d'Hippocrate prêté par le médecin devant ses maîtres, le jour où il*

1. Pour l'inspecteur des Finances : « Il ne s'agit en effet que de frais supplémentaires dus à la pratique du tiers payant, et qui s'ajoutent — pour les Mutuelles qui sont Sections locales — aux frais de gestion ordinaires, payés par les Caisses de Sécurité sociale au prix, en 1979, de *17,47 francs par décompte.* Par rapport aux charges de gestion ordinaires (rassemblement des pièces, vérification, liquidation) dont le coût total est de l'ordre de 7 % de la dépense, le seul fait de payer le médecin, au lieu de rembourser le malade, ne paraît pas une charge nouvelle importante. » Il s'agit donc bien là d'une évasion pratiquement injustifiée de fonds publics. Pour y mettre fin, Lucet rapatriera à la « Sécu » la gestion des dossiers « tiers payants », confiés jusqu'alors aux Mutuelles.

soutient sa thèse de fin d'études. N.d.A.]. Et sa motivation, dans l'esprit des médecins qui acceptent de verser des ristournes, parfois même dans les textes qui leur sont adressés, est très clairement celle-là même que le Code de déontologie veut combattre : la limitation du libre choix du médecin par le malade. »

Or, le libre choix du médecin (ou de l'auxiliaire médical du laboratoire, du radiologue...) est reconnu comme un principe de base, un droit sacro-saint, de notre système de santé. Sans cette liberté essentielle, la voie serait ouverte à des méthodes trop commerciales dans l'exercice de la médecine. Au détriment de la qualité des soins.

Les autres révélations de l'inspecteur des Finances Heilbronner

M. Heilbronner a constaté que beaucoup de conventions mutualistes de « tiers payant » impliquent ou même parfois « organisent une limitation du libre choix » de l'assuré. Le système a fait tache d'huile : ainsi une institution de prévoyance promet-elle à un laboratoire qu'il sera « *pratiquement assuré de la clientèle de tous les participants de la région* ». Une autre Mutuelle explique « *qu'il est bien naturel* [...] *que nos mutualistes choisissent les praticiens qui acceptent nos bons de prise en charge* ». Une troisième avoue qu'elle va adresser la liste des infirmiers acceptant ses propositions, pour la transmettre à ses adhérents afin de leur « *éviter toute confusion sur le choix de leur auxiliaire médical* ».

« Mais, remarque M. Heilbronner, même quand les choses ne sont pas dites aussi clairement, le praticien se trouve placé devant le choix, ou d'accepter la convention avec la Mutuelle (et la *ristourne*), ou bien de voir son nom écarté de la liste des praticiens [...] de la Mutuelle, que celle-ci diffuse à ses adhérents ou fait publier par la presse. »

Le chantage est patent !.

Cependant, il n'est pas certain que les adhérents d'une Mutuelle iront, à tous coups, consulter les praticiens qui lui sont affiliés. Pour les y pousser, la Mutuelle ira jusqu'à relever son plafond de remboursement des frais maladie. Et, dans certains cas d'ailleurs, elle augmentera son taux de couverture — pour un même acte — si l'assuré recourt au « tiers payant », via un praticien affilié à la Mutuelle.

Evidemment, les syndicats de prestataires de soins sont, au niveau national, « violemment opposés à ces pratiques », mais localement « souvent contraints de transiger » :

« Ils signent la convention pour éviter que la Mutuelle ne conduise les praticiens à s'y engager individuellement. »

Ce qui n'est pas toujours possible : certaines Mutuelles limitent « *très consciemment* » le nombre des praticiens avec qui elles passent des conventions. Car ces marchés obéissent, eux aussi, à la loi capitaliste de l'offre et de la demande. Pour qu'ils puissent exister, il faut éviter une trop grande disproportion entre l'une et l'autre : un syndicat réunissant la plupart des chirurgiens de sa région ne se laissera pas intimider par une Mutuelle à effectifs plutôt modestes et à prétentions exorbitantes. Pour ne pas essuyer un refus et se garantir un bénéfice égal, celle-ci contourne l'obstacle en s'adressant directement à un petit nombre de chirurgiens qui, alléchés par l'offre d'une clientèle fixe (plusieurs milliers de familles) et d'un beau chiffre d'affaires, acceptent de céder à la Mutuelle une partie de leurs honoraires payés par la « Sécu ».

Quand on sait que « 60 % des Français sont couverts par des Mutuelles » encore une fois, répétons-le, à tendances modérées dans leur majorité, mais souvent pénétrées par le

P.C., on peut, on doit s'inquiéter des effets de toutes ces combines sur la consommation médicale, en expansion constante. En 1978, une enquête officielle dans trois Caisses primaires de Sécurité sociale a montré que le « tiers payant » ainsi appliqué induit une augmentation massive des prestations médicales, et donc des dépenses françaises de santé.

René Lucet ne s'exprimait pas autrement que François Heilbronner... ou Simone Veil. Mais il avait, lui, sur le terrain, la compétence, la possibilité, les moyens juridiques et matériels d'en finir avec un laxisme, ô combien coûteux. Il accusait les Mutuelles marseillaises, en général, et celles de la C.G.T. en particulier, d'être responsables d'agissements intolérables. L'exploration des dossiers de sa Caisse l'avait mis en présence des cas de figure rencontrés par François Heilbronner lors de ses propres recherches. Sans doute se serait-il senti plus fort s'il avait pu faire état publiquement du rapport de l'Inspection générale des Finances. Lié par le secret administratif, et ne voulant donner à son ministre, Mme Nicole Questiaux, le moindre motif de reproche, il se privera de cette arme redoutable.

Des mauvaises mœurs, typiques du P.C.

Les mauvaises mœurs inventoriées par François Heilbronner et René Lucet se retrouvent dans toutes sortes de Mutuelles. Mais elles sont surtout typiques de nos marxistes et de leur cathédrale édifiée à Paris, en verre opaque, place du Colonel-Fabien.

J'ai montré dans mon livre sur *Les Finances du P.C.F.* (pp. 49 à 54) comment le directeur de la fête de *L'Humanité* fait connaître aux centaines de milliers de militants et fidèles du Parti la liste rouge de ses « *fournisseurs agréés* » et la liste noire des « *firmes* » commerciales (dont « *Kronenbourg, Stella-Artois, Evian, Nicolas, Régilait, Danone,*

Cointreau, Schweppes, Bière 33, Lesieur, Martini, Saint-Raphaël, Taittinger, Thé Lipton, Bel, Porto-Cruz ») « *qui n'ont conclu aucun marché avec nous* ».

Aux quatre coins du territoire, les dirigeants du P.C. procèdent de la même manière... pour remplir leurs escarcelles. Hostiles à la liberté des échanges, du commerce et de l'industrie, notion fondamentale sur laquelle repose tout notre système économique et social, ils n'hésitent pas, sous prétexte d'anticapitalisme, à recourir aux procédés les plus sauvages du capitalisme dévoyé. La crainte qu'inspire, partout, leur gigantesque appareil politico-syndical leur confère une impunité totale. Chaque fois que le P.C. prend le contrôle d'une organisation de masse (par exemple une Mutuelle) dont les membres ne sont pas tous — loin de là — communistes, sa tactique est d'en tirer en permanence le maximum de profits... tout en donnant aux adhérents l'impression d'être bien défendus, bien servis... par une institution apolitique.

Un mutualiste qui paie une cotisation élevée (souvent plus de 1 200 francs par an) voit dans la liste des praticiens qui lui sont recommandés par écrit ou verbalement — pour ne pas dire imposés (indirectement) — un excellent moyen de ne pas avoir à supporter la totalité des frais de maladie. Il a ainsi le sentiment d'être convenablement remboursé du montant de sa souscription. Mais il ne connaît pas l'envers du décor. Et, d'ailleurs, comment pourrait-il même entrevoir l'exploitation faite de son adhésion, quand, d'un bout à l'autre de la chaîne, ceux qui savent, qui pâtissent de ces usages (l'Etat, ses Finances, la Sécurité sociale, les entreprises, les professions de santé...) se voilent les yeux ?

Doit-on condamner le médecin, le dentiste, le radiologue, le chirurgien, le laboratoire lié à une Mutuelle (C.G.T. ou autre) dans les conditions décrites par M. Heilbronner ? Au sens strict de la loi, oui. Mais au sens non moins strict de leurs intérêts, certainement pas. Ces professionnels sont dans le même cas que les sociétés privées démarchées, rançonnées, rackettées par le P.C.F.

et la C.G.T., ainsi que je l'ai déjà révélé en 1981[1]. Se déclarant illégalement propriétaire des Comités d'entreprise où sa Confédération domine, Georges Séguy a passé, ès qualités, un « *accord* » avec une société commerciale du P.C. en vue d'exploiter « le soutien actif des syndiqués et des travailleurs en général ». L'esprit, les termes de ce contrat C.G.T.-P.C. se retrouvent dans l'argumentation des Mutuelles exposée plus haut par M. Heilbronner. Lisons, étant entendu que les praticiens médicaux s'appellent ici « annonceurs » et les Mutuelles des Comités d'entreprise (C.E.) :

— « Il est évident que les activités de *nos C.E.* prises globalement leur confèrent les caractéristiques de larges diversifications des besoins, leurs activités font de ceux-ci une " clientèle " de premier choix.

— « Il se dégage de ces activités des volumes d'achats considérables.

— « Il serait *inconcevable* que nous n'utilisions pas ceci comme un *moyen financier au service de notre presse.* [*P.C.-C.G.T.* N.d.A.].

— « LES FOURNISSEURS DE CES DIFFÉRENTES COLLECTIVITÉS DOIVENT SAVOIR QUE NOUS NE CONSOMMERONS QUE DANS LA MESURE OÙ NOUS SERONS HONORÉS PAR LA PUBLICITÉ. »

« Les droits ne se demandent pas, ils se prennent »

Encouragé auparavant par la lâche incurie des pouvoirs exécutifs et judiciaires, le Parti et la C.G.T. jouissent maintenant de l'appui actif du gouvernement. Cela rend encore plus délicate la résistance à leurs pressions, à leurs menaces, à leurs tentatives de détournement de fonds publics et privés.

1. Voir mon précédent livre *La Maffia des syndicats,* publié par les Editions Albin Michel, pp. 93 à 102.

Quel que soit son secteur d'intervention, le P.C. emprunte les mêmes schémas, les mêmes phrases, les mêmes mots. Ainsi, en créant des habitudes, grâce à des consignes répétées à l'unisson par son armée de permanents, le Parti touche une dîme de ses « ennemis de classe », même là où nul ne soupçonne sa présence.

Les dirigeants de la C.G.T. recommandent ouvertement à leurs mandants de violer la loi. Gérard Gaumé écrit le 21 septembre 1981 dans *Le Peuple*, l'organe officiel de la Confédération :

> « Aujourd'hui pas plus qu'hier, les droits ne se demandent, ils se prennent... »

Henri Krasucki, successeur de Georges Séguy, déclare dans *L'Humanité* du 5 décembre suivant :

> « Il faut faire passer un air nouveau dans les entreprises. Le droit syndical, ça se prend. Souvent, chez nous, le fait a précédé la loi. »

Ni plus stalinien, ni moins bolchevique que son prédécesseur, Krasucki a un langage plus franc. Le 10 janvier 1982, le Comité confédéral national de la C.G.T. l'entend proclamer... à huis clos :

> « Les patrons sont durablement affaiblis par le résultat du changement politique intervenu au printemps dernier. [...] *La répression aujourd'hui est impossible* ou peut être rendue impossible.
>
> « *Qui peut envoyer les C.R.S. au secours d'un patron ?* Contre les travailleurs qui mettent en avant des revendications qui ne sont pas extravagantes ? Que peut-on faire pour nous empêcher de faire respecter les droits ? *Comment peut-on nous empêcher de prendre les droits ?* [...]. Les libertés syndicales, la classe ouvrière n'a jamais attendu la loi pour les prendre. Elle les a prises et ensuite elles ont été consacrées par la loi.

« Nous n'avons pas l'intention de faire des choses qui ne soient pas raisonnables, mais *est-ce qu'il faut vraiment attendre que la loi soit votée* pour prendre les libertés que nous voulons y voir inscrites ? Qu'est-ce qui peut arriver si on les prend avec la volonté des travailleurs, et s'ils sont décidés à ne pas se laisser intimider ? Nous avons été capables de le faire quand il y avait des risques, [...] et *aujourd'hui, il n'y en a pas.* »

Le propos ne manque pas de cynisme, mais il a l'avantage de la clarté. Il confirme que les continuelles violations de la légalité par la C.G.T. sont bien le résultat d'une stratégie mûrement conçue, d'un mot d'ordre sans équivoque... applicable à toutes les formes d'action.

Quand, par exemple, la C.G.T. coiffe une Mutuelle de travailleurs appelée à coopérer avec les Caisses d'assurance maladie, les règlements en vigueur qui régissent celles-ci doivent être battus en brèche. S'il le faut par « la force qui prime le droit ».

D'ordinaire, la Centrale communiste obtient sans coup férir la capitulation des impudents qui ont l'audace de contrecarrer ses manœuvres. Avec René Lucet, il lui faudra — événement rarissime — livrer un combat acharné. Exaspérée par la hardiesse de son challenger, estomaquée (surtout après le 10 mai et la victoire électorale de la gauche) par le toupet de ce directeur impavide, ulcérée d'avoir été si longtemps tenue en échec, la C.G.T. sera autorisée par le P.C. à pointer sur lui les orgues de Staline.

3

Un sacré nid de vipères

La première passe d'armes

Marseille, le 8 novembre 1979, au septième étage du centre de Valmante, siège de la Caisse primaire centrale d'assurance maladie (C.P.C.A.M.). Il est 14 h 15, l'heure habituelle pour Jean-René de Laroche de déclarer ouverte la réunion du Conseil d'administration qu'il préside. L'ordre du jour, en dix-sept points, comporte la « présentation de M. Lucet et la définition, par celui-ci, des principes directeurs de l'action qu'il se propose de mener dans l'organisme ». Autour de la grande table ovale ont pris place tous les protagonistes de la guerre sans merci qui commencera dans quelques instants : outre René Lucet, flanqué de ses trois directeurs adjoints et de son agent comptable, les dix-huit administrateurs de la Caisse, dont, selon la loi, neuf représentent les employeurs, et les neuf autres les Confédérations ouvrières dites les plus représentatives au niveau national. Ici, comme ailleurs, la C.G.T. dispose de trois sièges, la C.F.D.T. de deux, au même titre que F.O., la C.G.C. et la C.F.T.C. se partageant les deux derniers.

Assis à la droite du Président, René Lucet observe l'assemblée. Ses yeux sont noirs, immenses, rapides, tantôt doux, tantôt perçants, éclatants de vie, terriblement rusés. Elégant et à l'aise dans un costume croisé à fines rayures, il se dégage de son long visage musclé, de type méditerranéen sous des cheveux épais, raides, noirs, brillants, impeccablement peignés, une autorité sereine, une intelligence souple, une volonté puissante, un esprit rapide.

> « Il m'est agréable, déclare le Président de Laroche, de commencer ce Conseil par une information se rapportant à la nomination récente de M. Caciotti au grade de chevalier de la Légion d'honneur. Personnellement, je lui adresse toutes mes félicitations, et je pense que vous en ferez de même. »

Le Président donne le signal : l'assemblée applaudit, unanime, toutes familles confondues. Lucet sourit. Il a intercepté un rictus furtif sur la bouche du nouveau légionnaire, manifestement surpris, embarrassé par cet hommage de l'adversaire. Permanent de la C.G.T., Michel Caciotti est un pur produit de la vieille école communiste. Tempes dégarnies, larges lunettes sur des pupilles altérées par l'âge et la fumée, ce Monsieur Tout-le-monde ne se départit jamais de l'agressivité propre à tout apparatchik. Affable, courtois, sportif de tempérament, Jean-René de Laroche a toujours su conserver, face à ce rodomont de service, une impassibilité de bon aloi. Comme il est de règle en pareil cas, le camarade Caciotti va répondre, en communiste de choc, à ce compliment tombé des lèvres de l' « ennemi de classe ». Révolutionnaire professionnel, il ne doit pas laisser croire, ni même supposer, qu'il aurait sollicité quelque distinction que ce soit d'un pouvoir giscardien « voué à l'exploitation des masses populaires, pour le compte du grand capital et des grands monopoles ». Sa réplique permet à René Lucet de mieux cerner le personnage et à celui-ci de donner une nouvelle fois la mesure de son engagement militant :

> « Je complète votre information : cette promotion m'a été donnée à titre militaire. C'est une rétribution qui revient à tous ceux qui sont, soit tombés au champ d'honneur, soit frappés d'une incapacité importante. *Le*

Journal officiel le précise d'ailleurs. Il ne s'agit pas d'un hommage personnel et il est attribué sans que l'intéressé le réclame. Toutefois, je remercie le Conseil pour ses félicitations. »

En résumé : cette décoration n'a rien à voir avec ses activités syndicales ; elle ne peut être interprétée que comme une reconnaissance automatique de l'Etat (et non du gouvernement) ; elle ne dément pas sa détermination communiste de ne jamais, jamais, donner dans la collaboration de classe. L'ennemi étant mouché... et le Parti lavé de tout soupçon, son merci tombe sur l'assistance comme le « merde » de Cambronne.

La passe d'armes commencée il y a à peine cinq minutes va subitement prendre une mauvaise tournure... pour le « groupe » C.G.T.

Lucet annonce de suite la couleur

Le Président cède la parole à « Monsieur le Directeur général ». D'un ton ferme, Lucet campe sa personnalité en quatre petites phrases, sans faire de circonvolutions :

> « Je vous remercie de m'avoir accueilli parmi vous. Chacun a pu avoir connaissance de mon *curriculum vitae ;* il est donc inutile que je me présente plus longuement. Cependant, il me paraît bon de préciser que j'ai débuté il y a seize ans à la Sécurité sociale en qualité d'employé aux écritures, ayant poursuivi parallèlement des études secondaires puis universitaires. Le fait d'avoir commencé à travailler dans l'institution à la base permet de mieux comprendre un certain nombre de problèmes, lorsque l'on se trouve à la direction d'un organisme aussi important que la Caisse primaire centrale d'assurance maladie des Bouches-du-Rhône. »

Lourd silence. Michel Caciotti et ses camarades encaissent sans broncher ce premier avertissement sans frais.

Installé dans ses fonctions depuis seulement trois jours, ce fringant jeune homme de trente-six ans vient de leur signifier, en termes sobres mais fermes, parfaitement pesés, qu'ils ne sont pas les seuls qualifiés pour parler au nom des travailleurs. D'origine modeste, il a fait ses classes « à la base » et il connaît donc fort bien les préoccupations, la sensibilité des salariés à tous les niveaux de l'échelle. Pour les syndicalistes présents, ces propos directs traduisent l'intention de ne pas abandonner à la C.G.T. (et à la C.F.D.T., qui est le plus souvent à sa remorque) l'initiative de l'action auprès des employés maison et des 1 500 000 personnes touchées par les activités de la « Sécu ». Veulent-ils en avoir la confirmation ? Voici, sans plus attendre, un programme en forme de défi. Tel un officier sur le front des troupes, Lucet fixe le camarade Caciotti, comme pour mieux le braver :

> « Mon but est très simple. Je compte aider le Conseil, par ma gestion, afin d'atteindre des objectifs précis. J'ai de bonnes lectures. Je reprends à mon compte les propos de M. Caciotti qui figurent p. 443 du procès-verbal du Conseil d'administration du 13 septembre 1979... »

Tête du responsable C.G.T. qui ne s'attendait pas à ce coup de théâtre. D'une voix éloquemment ponctuée par des hochements de tête approbateurs, Lucet lit l'acte d'accusation que Michel Caciotti avait prononcé à l'endroit de son prédécesseur, parti en retraite le 1er octobre :

> « Si l'on reprend les budgets des années antérieures, on retrouve les propos de Monsieur le Directeur toujours basés sur trois thèmes essentiels :
>
> • « Amélioration du service.
>
> • « Amélioration de la qualité de liquidation *des dossiers*.
>
> • « Amélioration de la gestion de la Caisse et des conditions travail.

« Cette année encore, ce sont les mêmes préoccupations que l'on enregistre.

« En définitive, si l'on fait le bilan de ces années passées, il n'y a pas de quoi être fiers. Les observations récentes, tant de la direction régionale que du Trésorier-payeur général, qui insistent sur la nécessité d'améliorer la qualité de la liquidation, des contrôles, etc. sont très pertinentes.

« En effet, il y a beaucoup de choses à revoir. »

Lucet arrête là sa citation. Il parlera désormais sans note. Féru des sciences de la communication, il sait faire court pour ménager ses effets. Réussir son examen de passage implique qu'il manifeste un aplomb imperturbable, une énergie déroutante, une souplesse de chat. Il n'a d'ailleurs prévenu quiconque du contenu de son premier message :

« M. Caciotti suggère, ensuite, certaines solutions. Eh bien, je vais vous proposer les miennes et vous indiquer comment j'entends y parvenir. »

Voilà qui est net : s'il fait siennes les critiques de la C.G.T., c'est pour mieux l'enfoncer en proposant son propre plan de restructuration contraire — il n'en fait pas mystère — aux intérêts du P.C.F. Il rappelle que le décret du 12 mai 1960 lui confère la responsabilité de la gestion, du personnel et de l'organisation d'ensemble de la Caisse, ainsi que des moyens en matériel et en hommes nécessaires à son bon fonctionnement :

« Il est bien certain que les pouvoirs définis par la loi seront appliqués en ce qui me concerne. »

En conséquence, il poursuivra « au bénéfice des assurés sociaux et du personnel » la politique de décentralisation géographique qui a été entreprise avant son arrivée. Les centres de paiement devront avoir des dimensions humaines, égales, ne desservant chacun qu'une population de

25 000 personnes environ. Mais, surtout, surtout (et voici la bombe) :

> « Je souhaite que la Sécurité sociale, dans ce département, assure son service public, qu'elle soit et demeure la première institution qui paie les dossiers de prestations. Il ne faut pas que d'autres fassent à sa place le travail pour lequel elle est prévue. C'est un point sur lequel nous aurons l'occasion de revenir. »

Assainir la gestion, faire des économies, stopper l'hémorragie

Les dix-huit administrateurs sont médusés. Aucun, pas même le Président (pourtant hostile aux intrigues du P.C. et de la C.G.T.), ne s'attendait à cette attaque frontale. Car Lucet vient, tout benoîtement, d'annoncer qu'il allait rapatrier à la « Sécu » les dossiers traités « à sa place » par les Mutuelles. Pour couper court à toute contestation, il se garde de faire un distinguo entre les unes et les autres, qu'elles soient à majorité P.C.-C.G.T. ou socialistes-F.O.-patronat. Une seule chose lui importe : les intérêts, liés, des assurés et de la « Sécu ». C'est pourquoi il ajoute :

> « Je désire, enfin, réaliser des économies de gestion dans certains domaines, notamment celui des paiements aux tiers. » *(C'est-à-dire les Mutuelles qui usent et abusent du « tiers payant ».)*

Encore quelques mots du même calibre et le divorce sera total. Car, au fur et à mesure de son exposé, Lucet voit le camarade Caciotti tenter de contenir une colère inextinguible. Ce qu'entend le chargé d'affaires de la C.G.T. est de bien mauvais augure. Qui eût prévu cet assaut, après tant d'années de quiétude ? Il est vrai que l'appareil du Parti l'avait mis en garde depuis plusieurs mois contre cet extraterrestre. Mais sans le signaler comme un être vraiment dangereux.

« J'envisage, poursuit Lucet, de revoir tous les circuits et modalités de paiement des assurés sociaux. »

En d'autres termes, de reprendre en main les services comptables et de contrôler étroitement les sorties de capitaux. Ensuite :

« Il est aussi indispensable de simplifier sur le plan pratique l'application de la législation, afin de ne pas se laisser enfermer par tous les textes et règlements, ce qui ne peut avoir que des effets bloquants. Il faut donc prévoir des supports de travail plus clairs, plus précis, améliorer les imprimés destinés aux assurés sociaux et réformer les formules de règlement. [...] Je veux savoir exactement ce qui se fait à la C.P.C.A.M. des Bouches-du-Rhône. Pour ce faire, il convient d'introduire un système de comptage des dossiers, " entrée " et " sortie ", à tous les niveaux de la Caisse. [...] Avant ma prise de fonctions, il m'a été possible de venir à la C.P.C.A.M. de Marseille, avec certains de mes collaborateurs, et de me rendre compte sur place, grâce à l'autorisation de MM. les directeur et président, de ce qui se passait. Sans vous abreuver de détails, il est certain qu'il est aujourd'hui impossible de connaître le nombre des dossiers rejetés, des réclamations enregistrées, etc. Or il est indispensable d'avoir une idée exacte de la situation de la Caisse. »

N'y tenant plus, un représentant de la C.F.D.T. l'interrompt.

« Je vous reconnais le droit de préciser votre orientation mais je ne peux accepter, en tant qu'administrateur, que l'on rejette le travail déjà accompli. »

Lucet ne se laisse pas damer le pion :

« Il ne s'agit pas de critiques, mais de constatations chiffrées et récentes que je tiens d'ailleurs à votre disposition. »

Le directeur n'aura pas à les montrer. La cause est entendue... et les clans formés. D'une part, les employeurs, les syndicats F.O., C.F.T.C. et C.G.C., qui approuvent son plan. De l'autre, la poignée des opposants marxistes, constituée par la C.G.T., souvent suivie par la C.F.D.T., alors même que celle-ci n'a cessé depuis des années de fustiger la pagaille à laquelle le jeune directeur veut maintenant donner un coup d'arrêt.

« Nous ne sommes pas sortis de l'auberge », commente à la fin de la réunion un des administrateurs C.F.D.T.

Les représentants de la C.G.T. s'éclipsent discrètement. L'heure est grave : ils vont au rapport.

« J'écoute tous les avis, mais je décide seul »

Désormais, chacun essaiera de s'informer sur ce patron insolite, auteur, le jour même de son installation, d'une lettre circulaire reçue par les 3500 employés de la Caisse. Document étonnant par lequel Lucet, là encore, dévoile sa personnalité hors du commun. On ne connaît pas, même dans le secteur privé, de dirigeants d'entreprises s'adressant aussi courageusement, aussi franchement, aussi simplement à leurs collaborateurs. Et ce, chaque mois à partir du 5 novembre 1979, date de cette première missive. Elle inaugure en France un genre épistolaire dont même la C.G.T. finira, en 1981, après la victoire électorale de l'Union de la gauche, par avouer l'originalité. Là déjà, Lucet annonce la couleur, en désignant ses principaux ennemis, au demeurant étroitement associés : le foutoir administratif et les Mutuelles qui en vivent.

Examinons les passages principaux de ce courrier qui a tant contribué à l'élimination du « suicidé » de Marseille :

« Nommé par le Conseil d'administration le 15 juin dernier, je prends, ce jour, mes fonctions.

« Vous avez donc un Directeur.

« Chacun d'entre vous a entendu sur mon compte de nombreuses histoires plus souvent fausses que vraies.

« Aussi, par la présente note, je tiens à vous faire savoir deux ou trois choses simples qui ont toujours guidé mes actions au travail et dans la vie courante.

« JE SUIS UN HOMME DE CARACTÈRE INDÉPENDANT QUI ASSUME SES RESPONSABILITÉS. J'écoute avec attention tous les avis, *mais je décide seul.*

« J'estime que toute société humaine, sous toutes les latitudes, doit être organisée et que tous, à notre place, nous avons un rôle à jouer pour un avenir meilleur.

« Enfin, ceux qui faillent à leur mission, de la plus humble à la plus importante, n'ont pas leur place dans l'Organisme. »

Introduction brève dont quelques parties de phrases détonnent dans ces milieux. Responsabilité, décision, organisation : tels sont les leitmotiv de cet homme qui, ayant fustigé les saboteurs du service public, annonce tout de go son programme :

- Tous les problèmes concernant les Mutuelles seront « *revus* ».
- L' « importance » de celles-ci sera « *réduite* ».
- Les délais de paiement des assurés sociaux seront du même coup améliorés, « *tout en réalisant des économies de gestion considérables* », profitables aux « agents qui se trouvent au bas de la hiérarchie des salaires ».

Il se propose d' « obtenir une activité *accrue* et *exacte* au niveau du volume et de la qualité du travail, tant sur le plan individuel que collectif... ».

« Pour les services centralisés, de nouveaux imprimés, circuits et méthodes seront mis en place, permettant de réaliser une économie sensible... et d'éviter l'intervention d'organismes intermédiaires. [...] »

La C.G.T. et la C.F.D.T. lui ayant prêté l'intention de procéder à des licenciements massifs, Lucet leur répond, à la manière d'un manager libéral. Non d'un bureaucrate marxiste :

« La gestion du personnel obéira aux principes suivants :

— « Plutôt que de rechercher une augmentation continue des effectifs, il est préférable de mieux payer les agents qui sont actuellement en place [...] ;

— « En fonction des résultats, il est possible de développer une politique qualitative tendant à récompenser les meilleurs et tous ceux qui auront une activité suffisante au service des assurés sociaux ;

— « Par contre, il est certain que des mesures pourraient être prises à l'égard des quelques agents dont l'activité et le comportement ne justifieraient pas le salaire qu'ils perçoivent. »

Assortis d'une photo le représentant à sa table de travail, deux paragraphes manuscrits terminent cette missive « à mes subordonnés » :

« Pour conclure, je verrai dans le courant de l'année qui vient tous les employés de la C.P.C.A.M. des Bouches-du-Rhône qui pourront m'exposer personnellement les sujets qu'ils souhaitent évoquer.

« Tout ce qui est écrit ci-dessus donnera vraisemblablement lieu à de multiples commentaires. Que chacun d'entre vous réfléchisse bien avant de suivre tel ou tel conseil car, pour ce qui me concerne, rien ne me détournera de la route tracée. »

A bon entendeur, salut ! Lucet affirme, d'emblée, son opposition irréductible au laisser-aller. Il estime que l'individu doit retirer de la société des bénéfices proportionnés à sa « mise sociale », qu'il faut éconduire les oisifs, donner à tous une plus grande latitude pour le développement de leurs facultés. A l'instar des saint-simoniens, il pense que le rôle de l'Etat, dont il est le serviteur, consiste à prémunir les travailleurs contre l'improductivité des fainéants, à maintenir sécurité et liberté dans la production. Ensuite : « A chacun selon sa capacité, et à chaque capacité selon ses œuvres. » Et comme Saint-Simon, il dira à ses fidèles dont le nombre ne cessera de gonfler jusqu'à sa mort :

> « Souvenez-vous que pour faire quelque chose de grand, il faut être passionné. »

Valeureux commandant ! Terrible navire !

Dans une nation livrée à la prépotence d'un syndicalisme marxiste et minoritaire (car moins de 20 % des salariés français sont syndiqués, la moitié de ceux-ci appartenant à la C.G.T. ou à la C.F.D.T.), des conceptions de ce type ont difficilement cours. D'autant que, au nom de la lutte contre l' « exploitation capitaliste », la C.G.T. s'efforce de saboter la machine économique en refusant, au beau milieu de la crise mondiale, le consensus social proposé par le Premier ministre Raymond Barre. Au lieu d'y participer, la C.G.T. (et ses coéquipiers falots de la C.F.D.T.) met partout le paquet pour :

- empêcher la transformation, la modernisation indispensables des tissus administratifs et industriels de la France ;
- nier, contre toute évidence, les deux lois économiques régissant l'ensemble du monde « capitaliste » ou « socia-

liste » : l'Etat, les entreprises, ne peuvent distribuer aux employés des sommes supérieures au produit financier de leur travail ; la faillite atteint ceux qui ne veulent ou ne savent pas équilibrer leurs recettes et leurs dépenses, en obéissant aux règles de la concurrence.

A son niveau, René Lucet tente — c'est son devoir — l'ablation d'une tumeur dont les analyses lui ont révélé le caractère malin. Il est, en ce début de novembre 1979, dans la situation du chirurgien qui, le cas n'étant pas encore tout à fait désespéré, doit intervenir d'urgence. Il a le choix entre :

- soit solliciter la collaboration du malade, en lui disant la vérité sur son état ;
- soit le charcuter, en lui mentant sur la nature du mal qui le ronge.

Franc de tempérament, incapable de dissimuler des vérités manifestes, l'honneur et l'efficacité (ses deux moteurs) lui commandent d'opérer sans tricher. D'ailleurs, comment pourrait-il jouer d'hypocrisie avec un corps composé de 3 500 têtes ?

Utilisant une autre métaphore, Lucet dit alors à un de ses visiteurs :

> « Je suis le commandant d'un paquebot sur le point de couler. Je demande à mes 3 500 marins de boucher, avec moi, les voies d'eau. Si nous ne le faisons pas, nous mourrons tous et, avec nous, les assurés sociaux qui sont nos passagers. Mon devoir est de ramener tout le monde à bon port. Je n'y faillirai pas. »

Valeureux commandant ! Terrible navire ! Fantastique équipage ! Qu'on en juge.

Les raisons de sa descente à Marseille

C'est à Fontainebleau, en Seine-et-Marne, que René Lucet prend, le 4 mai 1979, la décision de descendre à Marseille, si le Conseil d'administration de la Caisse primaire centrale d'assurance maladie des Bouches-du-Rhône l'élit au poste de directeur général, vacant à partir du 1er octobre prochain. Sur son papier à en-tête personnel, il écrit à Jean-René de Laroche, le président de la Caisse phocéenne. Lettre sobre, en quatre paragraphes manuscrits, faisant acte de candidature. Ses motivations sont simples :

> « Ayant actuellement un grade identique [...], je ne suis guidé par aucune recherche d'avantages matériels ; je souhaite seulement essayer, dans un contexte différent, parvenir aux mêmes résultats de gestion que ceux obtenus à Melun. »

Lucet se garde de vanter ses qualités. Afin d'éclairer son correspondant « sur le sens de l'action que, explique-t-il, je voudrais mener », il se borne à lui transmettre, comme il est de règle, son curriculum vitae et, en plus, la « fiche technique d'examen » de la Caisse de Melun qu'il dirige.

Né le 30 mai 1943 à Fontainebleau, où il est toujours domicilié, marié et père de deux petits garçons, titulaire du baccalauréat (sciences économiques), licencié en droit et diplômé du Centre national d'études supérieures de la Sécurité sociale, il se considère comme un pur produit de cette institution. Il lui a consacré toute sa vie professionnelle et elle lui a permis de poursuivre parallèlement ses études. A vingt ans, le 15 janvier 1964, il est entré à la Caisse d'allocations familiales — U.R.S.S.A.F. de Melun — en qualité d'employé aux écritures ! Ses supérieurs le poussent à se perfectionner. Meneur d'hommes, il montre dans le travail un dévouement remarquable. Le voici bientôt rédacteur de contentieux, puis juridique. Ses soirées, il les passe à potasser son droit. 15 octobre 1968 : ses efforts sont récompensés. Il monte à Paris où il est nommé chef de service à la Caisse régionale d'assurance maladie. Que de chemin parcouru en quatre petites années !

Actuel directeur de la Caisse primaire d'assurance maladie de la Charente-Maritime, Pierre Crépy garde de lui « le souvenir d'un homme charmant, cultivé et d'une classe certaine ». C'est au cours de cette année 1968 qu'ils sont sortis ensemble, diplômés, du Centre national d'études supérieures de la « Sécu ».

1969 : départ du général de Gaulle de l'Elysée. Gaulliste militant, Lucet se détourne de la politique. Un peu par dégoût. Surtout par fidélité. Elu conseiller municipal de Fontainebleau, en 1971, sur une liste modérée d'intérêt local, il évitera les querelles partisanes. Fils de cette vieille ville où il a passé son enfance et où il s'est marié, en l'église Saint-Louis fondée par Anne d'Autriche, il se veut l'ami et le serviteur de tous.

Paris, le 1er janvier 1971 : nouvelle promotion. A l'agence centrale des organismes de Sécurité sociale, où il devient chef de division. Stage concluant : dix-neuf mois après, il est de retour au pays natal, en Seine-et-Marne où, pendant cinq années, il fera des étincelles en tant que secrétaire général puis directeur adjoint de la Caisse primaire d'assurance maladie. Cité en exemple, même à Paris, il obtient enfin, le 1er juin 1977, le titre nécessaire à la réalisation de ses desseins, à sa revanche sur la bourgeoisie locale qui ne le traite pas comme un des siens, à la mise en pratique complète de ses conceptions : directeur. Merveilleux cadeau d'anniversaire : il vient d'avoir trente-quatre ans.

Une carrière exceptionnelle, un personnage hors du commun

Ses résultats seront jugés « exceptionnels ».

Etablie par la Direction régionale des affaires sanitaires

et sociales de l'Ile-de-France, la « *Fiche technique d'examen* » de la Caisse de Melun la place en tête par rapport à toutes les autres. Elle dépasse celles de Grenoble, Reims, Nancy, Toulouse, Amiens, Lille, Caen, Lyon, Rouen, Nice, Nantes, Bordeaux, Paris et enfin *Marseille,* bonne dernière de la liste. Même chose en ce qui concerne les « prix de revient » : Melun est classée « *première* » (toutes catégories confondues) et Marseille se situe toujours en queue de peloton. C'est donc normal que le Conseil d'administration de celle-ci choisisse le meilleur directeur de France pour redresser la situation.

Successeur de Lucet à Melun, Serge Billon l'a bien connu. Longtemps sous ses ordres, il déclarera le 5 mars 1982 au *Quotidien de Paris,* l'organe qui a le plus contribué à ce que l'affaire Lucet ne soit pas étouffée :

> « Je ne sais pas, de mes sentiments, ce qui l'emporte le plus, entre la peine ou la colère. Il y a trop de lâchetés pour que je ne parle pas. René Lucet était un gestionnaire exemplaire, qui avait une haute idée de sa mission. Sa première qualité était de rester à l'écoute de ses collaborateurs et de son personnel. Ainsi nous avons gardé de sa direction à Melun l'idée d'un entretien annuel avec chacun des 900 salariés.
>
> « Malgré son apparente dureté, il était très sensible aux soucis de chacun. C'est sans doute cette sensibilité qui l'a fait craquer. Lorsque nous nous sommes retrouvés à l'Organisme central de Seine-et-Marne, il a créé un style décontracté, " à l'américaine ", et il a tenu à la fois à améliorer la vie du personnel et celle des usagers. Aujourd'hui la Caisse de Seine-et-Marne est la caisse la moins chère de France en gestion, et l'une de celles où les assurés sociaux sont remboursés immédiatement. Malgré des effectifs stabilisés depuis 1974, le personnel est passé à 37 h 45 de travail, payées 40 heures, bien que nous ayons à traiter deux fois plus de feuilles de remboursement. »

Lucet n'avait pas attendu la gauche et son arrivée au pouvoir pour réduire le temps de travail et maintenir l'emploi, tout en améliorant — ce qui est rare — la productivité du service public.

Membre du Conseil économique et social et ami le plus intime de Lucet, Georges Denizet confirme :

« Oui, René était un gestionnaire remarquable qui, de l'avis de tous, aurait dû prendre, après son passage à Melun, la direction nationale de la Sécurité sociale. C'était un véritable patron et je ne m'explique pas l'acharnement de Mme Nicole Questiaux. Je ne comprends pas que celle-ci ait pu céder à la passion politique et à certaines pressions syndicales.

« Il est difficile, avec de simples mots, de résumer un être tel que lui, un garçon exceptionnel que je voyais fréquemment et avec qui je m'entretenais souvent au téléphone. Certains le présentent comme un homme de droite. Moi, je ne sais pas. Je m'en fous. Je me refuse à le classer politiquement, car il ne correspondait ni aux schémas, ni aux clichés classiques de la politique. C'était un homme d'ordre. Oui, il aimait l'ordre. Il aimait aussi les gens qui se battent et qui réussissent. Il détestait les fainéants, les tièdes, les fils à papa, les pistonnés, les arrivistes et tous ceux qui réussissent sans mérite. C'est peut-être pour cela que certains le détestaient. René était d'une certaine façon très naïf. Il avait un sens de l'amitié énorme et il croyait également à l'amitié des autres. Quelques jours avant de mourir, il évoquait devant moi, sans les préciser, les trahisons de ceux qui l'avaient lâché dans ses moments difficiles.

« René était issu d'une famille très modeste. C'est vrai, il était entré à la Sécurité sociale par la petite porte. Il s'est fait tout seul et son ascension a été fulgurante. Etre directeur à trente-quatre ans de la Caisse de Melun est hors du commun. C'était un fonceur, un battant.

Partout où il passait, il réussissait. C'était un grand patron. Un vrai. »

Les éloges d'André Bergeron

Sénateur-maire de Fontainebleau, Paul Séramy témoigne dans le même sens. De même que Jacques Barrot, ministre de la Santé sous Giscard. Secrétaire général de la Confédération Force ouvrière, le socialiste André Bergeron le couvre d'éloges :

« C'était un personnage volontaire, un battant. Il était des nôtres, à F.O., depuis toujours. En Seine-et-Marne et ensuite à Marseille. Courageux, il est parvenu, non sans peine, à remettre sur pieds la Caisse maladie des Bouches-du-Rhône. Chacun sait qu'elle en avait bien besoin. René Lucet s'en était pris aux Mutuelles des travailleurs et aux correspondants d'entreprise qui assumaient une part excessive des missions relevant naturellement de la Sécurité sociale. Le coût de la gestion des dossiers des assurés était exorbitant et la qualité du service rendu fort discutable ! L'entreprise de remise en ordre de la Caisse ne s'est pas faite sans mal. Elle a provoqué de vives réactions de la C.G.T. et du Parti communiste [...]. Lucet est mort victime d'une campagne de dénigrement et de calomnie, alors que son combat n'avait d'autre objectif que de garder la Sécurité sociale au service des seuls assurés. »

Lors d'un de ses tout premiers entretiens avec le plus haut responsable de la « Sécu » marseillaise, le président de Laroche, représentant du patronat au Conseil, Lucet lâche une petite phrase :

« Je fais partie de votre caste, mais je suis d'origine ouvrière. »

Qu'est-ce à dire ?

Tout simplement qu'il appartenait lui aussi à la race des chefs, mais qu'il se sentait proche de la base.

A ses yeux, les forces de ces deux grands courants qui existent dans chaque entreprise doivent converger. En jumelant ses affiliations sociales, en veillant à ne jamais trahir les ressortissants du milieu humble dans lequel il s'est élevé pour devenir un patron, il croit pouvoir réduire les antagonismes, prouver chez lui, dans ses murs, l'inutilité, l'absurdité, la nocivité de la « lutte des classes ».

« C'était un grand enfant, dit encore Jean-René de Laroche. Au départ, je fus surpris par la rapidité quelque peu brutale de son offensive. Il était volontairement intempestif. Provocateur ? On peut le penser. En réalité, il considérait qu'il est impossible de négocier si on n'est pas en position de force et sans connaître à fond son interlocuteur. Donc, il s'appliquait d'abord à tester ses réactions en essayant de le mettre à l'épreuve. Avec moi, ce fut pareil. Alors même que j'étais son autorité. Nous avons finalement trouvé un modus vivendi et nous sommes devenus amis. Un jour de l'hiver 1979, je dus le convoquer. Je lui avais fait peu de temps avant les recommandations d'usage, qu'il n'avait pas suivies, concernant les rapports de la Caisse avec différentes institutions locales, dont la presse. Comme toute ville, Marseille a ses secrets, ses habitudes, ses familles. Lucet n'en avait fait qu'à sa tête. Comme je le lui reprochai il m'interrompit et me lança : " *Président, nous sommes pareils. Comme moi, vous n'aimez pas qu'on vous marche sur les pieds.* " A partir de ce moment, nous avons travaillé en bonne entente. Ses orientations nous convenaient tout à fait et ses résultats furent excellents. Mais sa manière d'agir était toujours la même : il commençait par un coup de force et ne négociait qu'ensuite. Quoi qu'il en soit, Lucet était l'homme dont la Caisse et les assurés sociaux avaient besoin, et à qui notre Conseil d'administration faisait confiance. Ceux qui l'ont mené à la mort sont ceux auxquels lui-même s'était attaqué. Avec notre accord. C'est-à-dire la C.G.T. et le Parti communiste. »

Audacieux, Lucet était à la hauteur de sa tâche. Peu de temps après avoir débarqué à Marseille, sous le chaud soleil de l'été 1979, il ne fait pas mystère de son programme :

« Je vais mettre fin au cirque cégétiste et à l'emprise des sociétés mutualistes. »

« Ce sera eux ou moi, mais je gagnerai »

Ce n'est qu'après avoir été élu à la direction générale de la Caisse marseillaise, par son Conseil d'administration, que Lucet entreprend un voyage exploratoire, en juillet-août 1979, dans la capitale phocéenne. Accompagné d'un de ses fidèles collaborateurs de Seine-et-Marne, Paul Devilleneuve, venu avec lui de Melun et qu'il gardera à ses côtés comme adjoint, il fait le tour des services, s'entretient avec les personnels, fouille dans les dossiers, prend aussi la température de la ville.

Jusqu'alors, Lucet ne s'était jamais mêlé de politique dans son travail. Elevé, formé par la « Sécu », il comprend maintenant que sa carrière dans la ville de Gaston Defferre sera plus difficile encore qu'il ne l'avait prévu.

Entre Melun et Marseille, tout est différent : la taille des deux cités, l'ambiance, les mœurs locales, le nombre de ses employés, le volume des affaires traitées... ou plutôt de celles qui ne le sont pas, mais qui devraient l'être.

La politisation de la vie quotidienne où l'on trouve partout la trace des caudillos régionaux lui donne à penser immédiatement qu'il va devoir mettre les pieds dans un sacré nid de vipères. D'autant que la Caisse de Marseille est la seconde de France, qu'elle manipule des milliards et que le P.C.F. y fait régner sa loi.

« C'est un véritable capharnaüm », écrit-il dans une de ses correspondances.

Sa décision est vite prise :

« Le navire est rouillé, troué, hors d'état de fonctionner. Nous allons le retaper de suite, en faire une belle unité. »

Le P.C.F. et la C.G.T. ?

« Ce sera eux ou moi. Mais je gagnerai. »

Du côté du patronat, on pense cependant qu'il saura être prudent. Car, disait-il alors, « à Marseille on a vite fait de se retrouver avec une balle de revolver entre les deux épaules... ».

Formule imagée reflétant une cruelle réalité.

Dès lors, les communistes ne cesseront de le harceler. Habile, parfait connaisseur des méthodes d'intimidation et d'agression imaginées par Lénine, Staline et Brejnev, il saura maintenir son cap jusqu'au jour où, battant pavillon (de complaisance) du Parti socialiste, le sous-marin Nicole Questiaux lui décochera une torpille fatale.

Assassiné professionnellement par le tandem P.C.-Questiaux, sanctionné sur le terrain de ses exploits, bouté comme un voleur de poules hors du service public auquel il avait identifié sa vie, René Lucet ira jusqu'au bout de sa logique : en se donnant la mort... après avoir été officiellement battu, il consacrera lui-même sa défaite, tout en conviant ses vainqueurs au bal des maudits.

La pagaille de la Caisse marseillaise

Nous devons à la vérité de reconnaître que les gestionnaires de la qualité de René Lucet ne manquent pas en France. En revanche, rares sont ceux qui, au péril de leur situation professionnelle, et à plus forte raison de leur vie, osent seulement résister aux pressions des maîtres chanteurs communistes dont nous connaissons maintenant parfaitement la mission : bloquer l'appareil de production et d'échanges, par :

- des revendications ininterrompues, déraisonnables,
- des grèves systématiques, voire sauvages,
- des actions violentes (coups, destruction de matériels, prises d'otages...),
- l'incitation au désordre..., partout et toujours,
- l'infiltration dans tous les rouages de la machine économique et administrative.

L'ensemble sous le couvert de ce que les marxistes-léninistes appellent, dans leur jargon : « *les libertés démocratiques* ».

La Sécurité sociale de Marseille fournit, avant l'arrivée de Lucet, un bel exemple de ce travail de sape.

Nous avons retrouvé les notes à partir desquelles le jeune directeur de la « Sécu » de Melun s'était convaincu qu'il avait mieux à faire pour l'heure, en descendant à Marseille, plutôt qu'en montant à Paris où certains voyaient en lui le prochain dirigeant national de la Sécurité sociale. Ces notes ne mentionnent pas le P.C.F. ou la C.G.T. Manifestement Lucet ignorait encore leur emprise sur ses probables futurs services. Elles sont intéressantes à double titre. Elles vont nous permettre de comparer — sur la base d'éléments vérifiables, incontestables et incontestés — la situation de la Caisse avant sa nomination, et au moment où Madame le Ministre « socialiste » (?) Nicole Questiaux le destitue arbitrairement.

Reportons-nous à ces notes jetées en vrac :

- « L'Organisme [la *Sécu*] n'est pas en mesure de faire face à sa tâche. »
- « Les dossiers sont réglés avec énormément de retard : 175 000 à 800 000 dossiers en souffrance suivant les périodes. »

- « Insatisfaction des agents : nombreuses revendications, grèves fréquentes. »
- « Personnel incontrôlé. »
- « Absentéisme énorme — jusqu'à 30 % des effectifs ces dernières années. »
- « Productivité : mauvaise. »
- « Une remise en ordre est nécessaire dans les plus brefs délais : le Conseil d'administration voudrait un directeur éprouvé, capable de dynamiser les services et de revoir les rapports avec les Mutuelles des Bouches-du-Rhône qui, en liquidant des dossiers ne relevant pas de leur compétence, obèrent les finances de la C.P.C.A.M. » [...]
- « Conditions du redressement : obtenir l'appui du Conseil pour l'application d'un programme de restructuration générale ; mobiliser le personnel et restaurer sa confiance par : le rappel des devoirs du Service public ; la définition claire d'objectifs précis ; la volonté ferme du directeur de ne plus tolérer les manquements aux lois et règlements qui régissent les Caisses d'assurance maladie ; la satisfaction des revendications justes ; la promotion des agents qui le méritent ; le refus catégorique de récompenser les inaptes ; la mise au pas des récalcitrants. [...] »

La C.G.T. lui déclare immédiatement la guerre

Quand, le jeudi 14 juin 1979, le Conseil d'administration de la C.P.C.A.M. des Bouches-du-Rhône se réunit pour « examiner les sept candidatures au poste [*à pourvoir*] de directeur », les administrateurs assis autour de la grande table ovale ne connaissent de René Lucet que ses états de service en quinze ans de carrière, et ses derniers succès en Seine-et-Marne. Dressés par le ministère de tutelle, les fameux « indicateurs de gestion » confirment que « Lucet a hissé la Caisse de Melun au premier rang des organismes de Sécurité sociale de France ». Les représentants de la

C.F.D.T. et de la C.G.T. y voient un mauvais présage. D'autant que — ne l'oublions pas — Lucet annonce dans sa lettre de candidature : « Je souhaite seulement essayer dans un contexte différent de parvenir aux mêmes résultats de gestion que ceux obtenus à Melun. »

Après un large échange des points de vue, il est décidé que le vote aura lieu à bulletin secret, et que le candidat élu sera celui qui, parmi les postulants, aura obtenu la majorité relative et le plus grand nombre de voix « pour ». Mais le Président, Jean-René de Laroche, indique que les groupes C.G.T. et C.F.D.T. se retirent. Restent donc en séance 13 votants. Lucet recueille 10 oui et 2 non, contre zéro voix pour 4 autres postulants, 9 non et 4 bulletins blancs pour le sixième candidat, 1 oui, 9 non et 3 bulletins blancs pour le septième.

Le président proclame René Lucet élu.

Michel Caciotti revient en séance. Il prend aussitôt la parole. C'est la guerre :

> « Je tiens à faire connaître les motivations du retrait des administrateurs C.G.T. Nous savions que le groupe patronal appuyait la candidature de M. Lucet. Nous connaissons, par ailleurs, l'envergure de ce directeur qui assure les bases de certaines réalisations au détriment de son personnel, sans respecter la démocratie au sein du Conseil et qui n'a pas trop de respect pour les organisations syndicales. Le personnel aura à en juger, sur le comportement de l'homme qui a été choisi par cette majorité. Ma déclaration sera rendue publique ! »

Un administrateur, M. Laget, se dit « choqué et peiné par cette intervention de M. Caciotti » :

> « Pour deux raisons, explique-t-il : la première, c'est qu'il se permet de dévoiler des positions, des votes ; la deuxième, c'est qu'il me paraît dangereux, voire néfaste, qu'une déclaration soit faite, tendant à troubler l'esprit du personnel à propos d'un homme qui sera le directeur

de cette Caisse. Je suis vraiment désolé qu'il en soit ainsi et qu'un directeur soit nommé sous de pareils auspices. »

Le camarade Caciotti gonfle le ton. Il parle maintenant en homme d'appareil, en communiste :

« La position de la C.G.T. est motivée. Des renseignements ont été pris par nos soins dans le département d'où vient ce candidat. »

Voilà Lucet averti, indirectement... par la C.G.T. elle-même, et ses suiveurs occasionnels de la C.F.D.T. Ceux-ci n'ont pas osé invoquer les mêmes arguments que les communistes pour expliquer leur refus de voter. Ils ont avancé un prétexte aussi futile que vaseux, sans mettre nullement en question Lucet personnellement. Ils auront cette conduite équivoque jusqu'au bout de ce qui deviendra l' « affaire Lucet » : ils ne cesseront de coller aux attaques de la C.G.T., sans pour autant aller aussi loin qu'elle.
La partie de bras de fer commence.

13 septembre 1979 : le Président de Laroche informe le Conseil d'administration que « M. Lucet ne pourra prendre ses fonctions avant le 5 novembre, en raison de ses obligations professionnelles à Melun durant le mois d'octobre ». Michel Caciotti en profite pour placer son mot :

« Je vous rappelle le message que je vous ai adressé, pour vous demander quelques explications relatives aux visites effectuées dans les Centres de paiement, au cours de l'été, par M. Lucet, accompagné de collaborateurs, dont un a été présenté comme étant le futur directeur adjoint. La C.G.T. veut connaître les conditions dans lesquelles ces visites sont intervenues. »

Le Président :

« Je suis formel. A aucun moment un collaborateur de M. Lucet n'a été présenté comme futur directeur adjoint. M. Leouffre, qui a toujours participé à ces visites, est là pour en témoigner [...]. M. le directeur a agi avec mon plein accord. J'estime parfaitement normal que celui qui va prochainement diriger notre Caisse — sa nomination étant irréversible — se rende dans les Centres de paiement, interroge le personnel, afin de déterminer les techniques qu'il sera amené à employer. »

En réalité — mais cela le Président de Laroche l'ignore — Lucet ne veut pas se lancer sur la scène marseillaise sans un bon programme, sans avoir bien répété son rôle, sans s'être convenablement informé sur la qualité des acteurs avec lesquels il va devoir jouer. Car le scénario qu'il est en train d'écrire ne relève pas de la comédie. Ses reconnaissances sur place, ses auditions des responsables de la Caisse, ses entretiens avec diverses personnalités — socialistes notamment — de la ville, ses lectures enfin, l'ont laissé songeur. Sans lui faire perdre sa confiance en lui-même, ses recherches l'ont interloqué. Voici un échantillonnage suggestif de ce qu'il vient de trouver dans les dossiers marseillais et dont il n'a jamais vu l'équivalent ailleurs, pendant ses quinze années de métier.

« En finir avec des procédés inadmissibles »

Le 28 juillet 1977, M. R. Bellanger, son prédécesseur, avait écrit au président du Conseil d'administration qui, le 9 septembre 1976, lui avait réclamé une enquête « visant à déterminer les délais de règlements de la Caisse aux Mutuelles et ceux des Mutuelles aux divers prestataires de services [*les praticiens*] ». Mission accomplie : vu l'urgence, elle a été accomplie dans un délai très court, en deux phases :

• La première s'est terminée le 11 octobre 1976 « par un rapport du Service de contrôle attaché à son cabinet ».

• La seconde, par une enquête du service compétent de la direction régionale de la « Sécu », saisie, à la demande du préfet de la région Provence-Alpes-Côte d'Azur et des Bouches-du-Rhône.

Conclusions : sur 1 193 règlements de « tiers payant » recensés (toutes Mutuelles confondues) « *27 %* » seulement pouvaient être considérés comme vraiment *corrects.* Les 73 % restants avaient été effectués *en violation de la loi,* les Mutuelles payant les praticiens « le jour même ou après la date du chèque » émis par la Caisse primaire au profit de la Mutuelle.

Ultime remarque du directeur R. Bellanger qui, à la différence de son successeur, se montrait particulièrement coulant :

> « Toutefois, si l'on estime qu'une tolérance d'une quinzaine de jours peut être admise pour que les Mutuelles paient les divers prestataires, c'est alors *39 %* des paiements qui peuvent être considérés comme *corrects.* »

Et *61 % comme totalement incorrects.*

Pour Lucet :

> « Cette situation est inacceptable, intolérable : la loi est délibérément violée ! »

Le rapport de Mme Fund, responsable du « corps de contrôle » de la « Sécu » avait signalé, le 11 octobre 1976, que : « [...] des difficultés importantes ont été rencontrées » par ses collaborateurs, lors de leur enquête. Ils n'avaient pu recueillir certains renseignements comptables auprès des Mutuelles, celles-ci se livrant par ailleurs à des jeux d'écriture relevant, ni plus ni moins, si l'on sait bien lire, des tribunaux correctionnels :

« En effet, les bordereaux *de frais d'hospitalisation et de soins externes* et les pièces justificatives ne sont pas datés. Néanmoins, une date d'arrivée [*à la* " *Sécu* "] figure sur un document accompagnant les bordereaux récapitulatifs. Or quelques vérifications ont permis de s'apercevoir que cette date n'est pas toujours fiable ; par exemple, certains bordereaux ont été établis par la Mutuelle postérieurement à [*leur*] date d'arrivée [*indiquée par la Caisse primaire*]. »

Traduisons : pour maquiller leurs infractions, les Mutuelles truquent les écritures. Ne respectant pas la loi qui les oblige à payer les praticiens avant d'être remboursées elles-mêmes par la « Sécu », aux lieu et place de leurs adhérents, elles trichent dans la facturation.

Lucet retient encore que la « Sécu » paie la majorité des actes médicaux présentés par les plus grosses Mutuelles, quatre à neuf jours après leur dépôt « pour remboursement ». Quant à l'U.D.M.T., dont il vient d'apprendre la toute puissance et l'appartenance politique (P.C.F.-C.G.T.) il relève que :

- Sur les 306 règlements contrôlés par la Sécurité sociale des Bouches-du-Rhône, 19 seulement sont *réguliers ;* les 287 autres sont intervenus après la date d'émission des chèques C.P.C.A.M.
- Sur ces 287 paiements différés des praticiens, 123 ont été opérés entre le 61e et le 70e jour qui ont suivi l'envoi du chèque Sécurité sociale.
- Si la loi n'était pas considérée par cette Mutuelle comme un vulgaire chiffon de papier, la totalité de ces 306 dossiers recensés aurait dû être payée aux professions médicales avant leur réception par la Caisse, conformément aux dispositions du Code.
- La situation est identique dans la plupart des autres grandes Mutuelles, la loi y étant délibérément tournée.

« Ce qui se passe à Marseille est incroyable »

En privé — il est encore à Melun, où il prépare son entrée officielle marseillaise — Lucet confie :

> « Ces contraventions, je les empêcherai désormais. Les Mutuelles doivent obéir aux textes. Elles ne sont pas au-dessus des lois. Je vais leur rappeler leur vocation qui est essentiellement d'assurer le complément des prestations de la Sécurité sociale, par le *ticket modérateur.* Ce qui se passe à Marseille est incroyable. Les pièces que j'y ai trouvées montrent, aussi, que les praticiens sont *saignés* par les communistes. »

Lors du Conseil d'administration du 9 septembre 1976 — qui avait déclenché la double enquête dont Lucet vient d'examiner les résultats — l'administrateur André Eiglier avait, en effet, attiré l'attention de ses collègues sur les mœurs des Mutuelles. Président de la Caisse régionale d'assurance maladie, il leur avait expliqué, en substance, que « les professions médicales et para-médicales *s'étaient plaintes* d'être payées, *3, 4, 5* et *6* mois après »... que la « Sécu » eut réglé les Mutuelles.

Comment de telles choses étaient-elles admises ?

Administrateur (C.F.T.C.), M. Resch avait surenchéri :

> « Je me rappelle avoir soulevé ce problème à plusieurs reprises. C'est vrai, les praticiens se plaignent. J'estime tout cela anormal, car dès l'instant où la Sécurité sociale verse des fonds, je ne comprends pas que ces sommes ne soient pas immédiatement reversées, même aux cliniques, comme cela devrait l'être. »

A titre d'indication, le directeur adjoint de la Caisse, Jean Delezon (qui remplacera Lucet après son suicide), avait décrit le système de tiers payant pratiqué par les Mutuelles :

« Il est basé sur la délivrance aux assurés de bons de prise en charge, avec lesquels ils vont se faire traiter, en principe où ils le désirent. Ils ne payent pas d'honoraires (sinon la part obligatoire) ; c'est la Mutuelle qui règle directement le prestataire de l'acte. »

Lucet remarque que, parmi les assurés bénéficiaires du système, un bon nombre d'entre eux ne sont pas des adhérents mutualistes. D'où la question qu'il se pose :

« Comment peut-il se faire que la Sécurité sociale permette ce détournement de clientèle, sous le prétexte fallacieux de se décharger d'une partie de ses dossiers au profit des Mutuelles, devenues ainsi des entreprises de sous-traitance ? Cela aussi devra être revu : il y a suffisamment d'employés à la " Sécu " pour absorber un travail de notre seule compétence.

« De surcroît, ajoute-t-il, de nombreuses professions de santé affirment qu'elles sont rackettées par les Mutuelles de la C.G.T. »

D'autres découvertes dangereuses

Le 25 octobre 1979, quelques jours avant la prise de fonctions de Lucet, une Commission mixte paritaire a entendu les récriminations de deux représentantes des orthophonistes : leur Présidente a « *fait savoir que certaines Mutuelles retiennent des pourcentages sur le montant des honoraires des praticiens* » ; Mlle Belgodère « s'est trouvée personnellement confrontée à cette situation » :

« Pour justifier cette *ponction,* affirme-t-elle, les Mutuelles invoquent leurs frais de gestion. Je m'insurge contre cette mesure, étant donné que les orthophonistes sont conventionnés et leurs tarifs définis avec les Caisses de Sécurité sociale. Je ne pense pas que les Mutuelles aient le droit de prélever un pourcentage et je demande quelles sont les possibilités de recours. Ce procédé des Mutuelles est surtout judicieux lorsque les patients sont pris en charge à 100 %, étant donné que les frais de gestion sont nuls. »

Intervention du vice-président de la Commission, M. Resch, en qualité d'administrateur (C.F.T.C.) de la Caisse :

« La plupart du temps, les professions médicales ou paramédicales ne nous informent pas de ces genres de problèmes ; nous savons pertinemment que cela existe mais nous n'avons aucun moyen officiel d'intervention. A partir du moment où votre profession le fait connaître à la Commission paritaire, deux solutions peuvent être envisagées : soit écrire à la Caisse primaire, avec documents à l'appui, afin que son Conseil d'administration prenne les dispositions qui s'imposent ; soit s'adresser directement à la Direction régionale des Affaires sanitaires et sociales, en citant un certain nombre d'exemples. »

Représentant la Sécurité sociale et le patronat, Michel de Saint-Raymond est scandalisé :

« Est-ce que toutes les Mutuelles agissent de la sorte ? »

Mlle Belgodère :

« Non, ce n'est pas systématique. Mais, quand il s'agit de tiers payant, nous avons des documents indiquant le montant qui nous est attribué, déduction faite de *5 % pour frais de gestion.* »

Lucet a rassemblé contre les Mutuelles du Parti bien d'autres témoignages... écrits, du côté des pharmaciens et biologistes, des masseurs-kinésithérapeutes, etc. Il est résolu à mettre le holà à tous ces « détournements » :

- « de clientèles »,
- « de fonds publics et privés ».

Car, nous l'avons vu avec le rapport de l'inspecteur des Finances Heilbronner, la pratique des « *ristournes* » sur le montant des honoraires médicaux est formellement condamnée par la déontologie des Ordres. Elle est, en plus, une rançon versée aux Mutuelles, devenues officines de racket.

Encore faudra-t-il que Lucet s'assure de la collaboration permanente du préfet qui, dans chaque département, a la tutelle des Mutuelles, par l'intermédiaire de la Direction régionale des Affaires sanitaires et sociales (la D.R.A.S.S.), confiée à Michel Lombardot par le gouvernement Barre au moment même où Lucet arrivait à la direction de la C.P.C.A.M. Nous retrouverons plus loin ce tourne-veste, acharné à perdre Lucet qui, après le 10 mai 1981, commettra l'erreur de ne pas se dédire.

Nous allons le voir : tant que les libéraux seront au gouvernement, tout se passera normalement ; les Mutuelles seront progressivement matées, la C.G.T. et le P.C.F. démasqués, la pratique du « tiers payant » assainie, le racket des praticiens combattu, réprimé, interdit... autant que possible. Mais, quand la gauche prendra le pouvoir, la D.R.A.S.S. de Michel Lombardot se mettra à tourner... pour le compte du P.C.F., de la C.G.T. et de Madame le Ministre de la SOLIDARITÉ nationale, Nicole Questiaux.

Entre-temps, Lucet aura fait d'autres découvertes... dangereuses...

4

En avant toute contre les « arnaqueurs »

Un tacticien accompli

Le René Lucet qui prend possession de son poste, le 5 novembre 1979, est au mieux de sa forme. Optimiste, jovial, séducteur en diable, on remarque chez lui un singulier pouvoir de fascination, d'entraînement. Employés, cadres, techniciens, administrateurs croient, de plus en plus nombreux, en ce jeune patron qui ose dire tout haut ce que chacun pense tout bas. Beaucoup éprouvent une sympathie immense pour celui qui, formé sur le tas, dans la « boutique », prône la rigueur contre les faussaires, les incapables, les pilleurs du Service public. Lucet ne fait pas peur, il rassure :

« Il avait l'instinct d'apprendre », dit un cadre.

« Il savait écouter, mais aussi communiquer son acharnement au travail », surenchérit une secrétaire.

« Il ne supportait pas la mauvaise foi, le mensonge. Avec lui la C.G.T. est mal tombée. Elle n'avait pas en face d'elle une marionnette qui se laisse manipuler, intimider, séquestrer, ou ridiculiser par des coups de force, raconte un syndicaliste F.O. Le Parti communiste ne l'impressionnait pas : fort de ses prérogatives et de l'appui sans réserve du Conseil d'administration, Lucet pensait pouvoir le tenir en échec. Sa tactique obéissait aux règles de la boxe : souplesse, rapidité, ténacité, patience, intelligence, souffle, courage. C'était un sportif. Il a perdu son match contre le P.C. quand, au beau milieu de la rencontre, le ministre arbitre s'est avisé de prêter main-forte au perdant. Il comprit alors qu'il ne pourrait résister à autant de coups bas. Mais il n'a pas levé le gant. Il a attendu que le gong annonce sa défaite, devenue inévitable, pour sortir en beauté... en saluant " *loyal, la victoire de nos adversaires communistes* ". En résumé, il est parti comme il est arrivé : la fleur au fusil. »

Le 4 mars 1982, au 850ᵉ jour de son voyage infernal à l'intérieur du monde communiste, Lucet utilisera, contre la lâcheté de ses démons, sa cartouche imparable : la mort.

A Melun, Serge Billon fera aussitôt afficher sur les murs de la Caisse d'assurance maladie, dont il est le directeur, un communiqué proclamant la défaite de ceux qui « n'ont pas caché leur intention d'avoir la peau » de son prédécesseur.

A Marseille, le bulldozer Lucet avait proprement déraciné ses ennemis, alliant la manière forte à la « concertation personnalisée » :

> « Chaque agent le rencontrait au moins une fois par an, racontent ses collaborateurs. René a tenu toutes ses promesses. »

Après sa première lettre (citée) au personnel et son adresse au Conseil d'administration, le 8 novembre 1979, Lucet communique aux administrateurs une note sur la « Mission de service public de la Caisse ». Invité à la commenter devant eux, le 12 décembre 1979, il indique que cette mission « doit s'accompagner de dispositions matérielles et techniques pour assurer la qualité de l'accueil, des renseignements, du règlement, que l'assuré est en droit d'attendre, tout en faisant bénéficier notre personnel de conditions de travail, voire de rémunération meilleures dans le cadre d'une politique de gestion bien comprise ».

Il implantera de nouveaux locaux aussi proches que

possible des lieux d'habitation de la population desservie. Les dossiers seront regroupés dans des unités à dimensions humaines, de 35 à 50 agents, bien formés, bien encadrés, bénéficiant des meilleurs outils informatiques. Lucet insiste :

« On s'est rendu compte qu'environ 10 % des adresses de nos fichiers étaient erronées, soit par la faute de l'assuré social, soit par la faute de l'employé qui ne l'a pas rectifiée au fichier magnétique. »

« Des situations qui n'ont pas un caractère légal »

La machine Lucet est en route. Rien ne peut plus la freiner ! Deuxième point à l'ordre du jour :

« *Les relations entre la Caisse et les Sections locales mutualistes.* »

Le président de Laroche :

« Je rappelle qu'une étude très complète de M. le directeur a été communiquée aux membres du Conseil. M. Lucet va, en quelques mots, exposer le problème. »

Le regard fixé sur les administrateurs C.G.T., Lucet s'explique :

« Je viens de constater que nous agissons sur la base de situations qui n'ont pas un caractère légal. [...] Des décisions ont été prises par les différents Conseils d'administration de la Sécurité sociale, dans un cadre qui n'était pas toujours régulier. Les conditions d'habilitation de ces Sections locales mutualistes n'étaient pas toujours vérifiées, leurs missions mal définies, les contrôles de la Caisse aléatoires, les circonscriptions territoriales des Sections locales mutualistes et de leurs bureaux payeurs mal précisées. [...] Puisqu'il y a une situation de fait, *et non de droit,* insiste-t-il, il faut — sur un plan conventionnel — définir la mission, d'une part de la Sécurité sociale, d'autre part de ces sociétés mutualistes. »

Lucet spécifie :

« En résumé, la transmission des dossiers des assurés sociaux à des Sections locales mutualistes est, jusqu'à ce jour, entachée d'irrégularité. »

Mieux : c'est « *illégalement* » que les sociétés mutualistes créent des bureaux payeurs en dehors du siège social de la Section locale.

Pour la C.G.T., Michel Caciotti observe :

« Sur le plan géographique rien n'ayant été défini, ces Sections avaient la possibilité de se développer car, dans le droit français, dès que les choses ne sont pas déterminées, c'est le droit coutumier qui prime. »

Lucet veut bien admettre que l'U.D.M.T. (l'Union départementale C.G.T. des Mutuelles de travailleurs) est la seule qui ait une habilitation légale :

« Mais, seulement une habilitation, sa mission et sa circonscription territoriale n'ont pas été définies. »

Bataille juridique ? Le président de Laroche intervient :

« M. Caciotti évoque le droit coutumier. J'estime que ce n'est pas parce qu'il y a eu jusqu'à présent un laisser faire que l'on doit poursuivre dans ce sens. »

Laisser faire ?

Quatre jours seulement après son installation à Marseille, Lucet a pris une série de « mesures conservatoires », propre à enflammer les financiers du P.C.F.

Représentant la Mutualité, toutes tendances confondues — le P.C.F. et la C.G.T. manipulant l'ensemble dans les conditions que nous avons vues plus haut, pp. 35 à 39 — M. Graffard lit au Conseil une courte déclaration de guerre reproduite, illico, à plusieurs milliers d'exemplaires, placardée dans tout le département, reprise par tous les organes du P.C.F. Motion dictée par le camarade Louis Calisti. Lucet se délecte :

« Au nom de l'ensemble du mouvement mutualiste des Bouches-du-Rhône, représentatif de *60 %* des assurés sociaux, nous tenons à vous faire part de la grande émotion suscitée par la décision du nouveau directeur de la Caisse primaire centrale d'assurance maladie, en date du 9 novembre 1979, de *suspendre* les demandes de transfert de dossiers d'assurés sociaux vers les Sections locales mutualistes et de retirer à ces mêmes Sections locales la totalité de la gestion du risque accident du travail et maladies professionnelles.

« Ces décisions ont été prises, sans aucune concertation avec les représentants du mouvement mutualiste, en dépit des traditions de collaboration étroite que notre mouvement a toujours entretenues avec les organismes de Sécurité sociale.

« Les mesures décidées par le directeur, sous couvert de la confiance qui lui avait été accordée par la majorité du Conseil d'administration sortant, sont contraires à l'esprit de la loi, aux intérêts des assurés sociaux et des mutualistes. [...]

« C'est pour dénoncer ces mesures et exiger le respect de la loi que la Mutualité a eu recours à une manifestation de rue, qui a rassemblé près de 5 000 personnes, vendredi 14 décembre. [...]

« Au nom de l'ensemble des sociétés mutualistes des Bouches-du-Rhône, représentées au sein de l'Union départementale des Sociétés et Groupements mutualistes, dite " Grand Conseil de la Mutualité ", nous demandons au nouveau Conseil d'administration l'annulation pure et simple de ces mesures.

« Les mutualistes ont enregistré, avec satisfaction, les prises de position de plusieurs groupes de partenaires sociaux représentés au sein du Conseil d'administration de la Caisse primaire. »

En réalité, seule la C.F.D.T. s'est rangée du côté de la C.G.T.

Pour conclure, Graffard tente l'intimidation :

« Je porte à la connaissance du Conseil que depuis ce matin 9 heures il y a, dans le hall, une délégation des syndicats représentatifs des personnels de la Mutualité [*et non de la*" *Sécu* ", N.d.A.] touchés dans leur emploi. Cette délégation, porteuse de nombreuses pétitions et motions, aurait souhaité les remettre directement aux membres du Conseil. »

Le président, d'un ton ferme :

« Il ne peut être question de la recevoir. C'est une chose qui n'a jamais été admise, le Conseil devant délibérer dans le calme, hors des pressions, fussent-elles de délégués de personnel. »

Le débat s'engage... et les positions se figent une fois pour toutes. Rien ne changera plus jusqu'à la destitution et la mort du directeur.

André Hébraud donne la réponse de F.O. C'est un oui franc et massif à Lucet :

« Nous ne voulons pas que le monopole de la Sécurité sociale se perde à droite et à gauche. [...] Nous pensons même que les Mutuelles de la Police, des P.T.T., par exemple, ont des prérogatives qui devraient être uniquement celles de notre institution. [...] 25 % des dossiers sont décomptés par des organismes étrangers à la Sécurité sociale. Pour F.O., le Conseil doit : regretter cette situation ne correspondant pas à ce que l'assuré attendait d'un service public ; exprimer sa confiance dans les objectifs fixés par M. Lucet ; engager celui-ci à prendre toutes mesures nécessaires pour rétablir la Caisse dans son entière mission. »

La voix du *cédétiste* Claude Gensollen retentit :

« [...] il faut admettre que depuis quelques années la Sécurité sociale ne remplit pas le rôle qui lui avait été dévolu au moment de sa création, à savoir couverture sociale et droit à la santé pour tous. Actuellement, les Mutuelles sont là en complémentarité, pour pallier la carence du pouvoir public. Je reproche à M. le Directeur d'essayer de monter les travailleurs de la Sécurité sociale contre ceux qui gèrent certains dossiers au sein des Mutuelles, en leur disant que si cette situation demeure, des licenciements seraient nécessaires à la Caisse primaire. »

René Lucet, furieux :

« Mensonge ! Je n'ai jamais tenu de tels propos. Il est bien certain cependant que, dans le cas où l'hémorragie enregistrée actuellement se poursuivrait, des problèmes d'emploi naîtraient à la Caisse des Bouches-du-Rhône. Dans ce domaine-là, je représente l'ensemble des travailleurs de l'organisme et même ceux de toute la France. J'ai participé à de nombreux débats sur ce sujet, dans d'autres lieux, avec des organisations syndicales, et je puis vous dire que chacun a conscience du travail, de la mission qui lui est dévolue et souhaite l'accomplir. Si vous agissez contre cette tendance, vous êtes en contradiction avec les orientations syndicales nationales de vos Confédérations. »

Arrêtons là. Le Conseil vote par 13 voix contre 5 (C.G.T. + C.F.D.T.) le plan Lucet obligeant les Mutuelles à passer par ses fourches caudines.

Les communistes perdent un trésor

L'offensive de Lucet a été fulgurante : en quelques semaines il a acculé les Mutuelles au pied du mur, sans faire de distinguo entre celles qu'on dit communistes et celles qu'on dit à la botte des socialistes, de F.O. et du patronat.

Au P.C.F., à Paris, le coup de force du directeur irrite les trésoriers. Non seulement il leur extirpe un énorme paquet d'argent — « *en récupérant,* dira Lucet plus tard, *5 à 6 milliards de centimes par an dans les seules Bouches-du-Rhône* » — mais il risque, s'il n'est pas démoli à temps, de se trouver des émules parmi ses nombreux collègues et amis des autres Caisses. D'ailleurs, le P.C. est averti que Lucet compte le frapper au portefeuille, de bien d'autres manières.

Suivant leurs procédés habituels, les communistes voudraient abattre Lucet, en exploitant ses points faibles. Mais l'enquête qu'ils ont commandée aux services compétents du Parti n'a rien révélé de croustillant. Inattaquable sur le plan de la probité, car « il a toujours montré une honnêteté scrupuleuse tout au long de sa carrière », sa vie privée ne prête pas davantage le flanc à une attaque en règle. La seule ouverture possible, pour le mettre en difficulté, pourrait provenir de son appartenance à la franc-maçonnerie, avec ce que cela comporte, à Marseille, de fraternités peu recommandables... à leurs yeux.

C'est surtout à travers les loges que les socialistes marseillais, du clan Defferre, lui apportent discrètement leur soutien, dès ses premières escarmouches avec les communistes. Mais, rien de cela ne constitue une bonne cible. Le Parti en sera réduit à lancer des opérations ponctuelles, sur le terrain, à Marseille.

Les pires calomnies, pour salir

La Marseillaise, quotidien matinal du P.C., s'évertue à le discréditer par tous les moyens. Le 20 juin 1980, cette *Humanité* de plage entasse dans ses colonnes un ramassis de bobards, dépourvus de tout fondement, sous le titre énorme, à la une :

« *Révélations — Marseille : Recrutés par la direction de la Caisse primaire d'assurance maladie, des truands aux relations humaines.* »

En dernière page, l'article rebondit sur le même thème :

« *Les truands du patronat de la Sécu. A Marseille, d'authentiques truands émargent sous le couvert de la direction générale de la C.P.C.A.M. C'est au bureau des relations humaines qu'ils ont été illégalement affectés. Et leurs activités sont multiples.* » (Voir fac-similé, p. 102.)

Fabriquée dans les cuisines de *La Marseillaise,* la ragougnasse qui accompagne ce hors-d'œuvre est représentative des centaines d'autres cochonneries — il n'y a pas d'autres mots — étalées, avant et après la mort de René Lucet, dans les colonnes de ce quotidien. Voici avec quelles armes nobles les communistes agressent ceux qui ont le tort de se dresser devant eux. Le lecteur comprendra que, reproduisant un article diffamatoire, nous y gommions les noms des personnes vivantes qui y servent d'épices. Goûtons :

« A Marseille dans les locaux de la Caisse primaire centrale d'assurance maladie des Bouches-du-Rhône, ils sont une dizaine à arpenter les couloirs avec une arme à la ceinture. " *Calibrés* ", comme ils disent dans le milieu. Qui sont-ils ? Pas des employés modèles en tout cas. Pas des vigiles fournis par une société quelconque non plus.

« Ce sont tout bonnement des truands et pour la plupart

MARSEILLE

Les « truands du patronat » de la Sécu

A Marseille d'authentiques truands emargent sous le couvert de la direction générale de la CPCAM. C'est au « bureau des relations humaines » qu'ils ont été illégalement affectés. Et leurs activités sont multiples.

A Marseille dans les locaux de la Caisse primaire centrale d'assurance maladie des Bouches du Rhone, ils sont une dizaine a arpenter les couloirs avec une arme a la ceinture « Ca libres » comme ils disent dans le milieu Qui sont-ils ? Pas des employes modeles en tous cas Pas des vigiles fournis par une societe quelconque non plus

Ce sont tout bonnement des truands et pour la plupart bien connus des services de police S'ils n'ont pas goute aux trafics de drogue ou de fausse monnaie, c'est dans le recel et le vol a grande echelle qu'ils purent acquerir leurs lettres de noblesse

Aujourd'hui, ils deviennent pratiquement des dignitaires Operant sous la haute protection du directeur regional de la CPCAM chapeautes par un attaché de cabinet au passe bien rempli Leur rôle ? Servir de milice maison d'abord

Par ailleurs ils peuvent representer une precieuse officine, certainement utilisable lors de la campagne des presidentielles Pour l'instant grassement appointé par le biais d'une caisse noire ce personnel para-politique et mercenaire, creuse son trou a la CPCAM des Bouches-du-Rhône avec la benédiction des autorites Tranquillement, ils émargent au **« bureau des relations humaines »**.

LE BUREAU DES RELATIONS HUMAINES

C'est le 14 avril dernier que fut institue le bureau des relations humaines Trois jours auparavant la note officielle que nous publions annonçait sa creation Grâce a ce fameux **« bureau des relations humaines »** quelques voyous marseillais viennent de s'installer dans une routine tranquille Ils sont une dizaine nous l'avons dit et nous sommes pour l'instant en mesure de publier quelques noms Quatre des noms les plus representatifs de cette menee barbouzarde G[redacted], dit Gaby le Corse, mêle a des affaires de drogue et de recel M[redacted] dit Michel le Boiteux, impliqué dans certaines affaires criminelles (recel entr'autres) et zelé agent electoral de la majorite N[redacted] connu pour des hold-ups enfin J[redacted], fiche au grand banditisme Et tout ce beau monde se retrouve sous la houlette d'un chef de service Il s'agit de M R[redacted] dont l'aptitude sur le terrain ne fait aucun doute La hierarchie en effet n'ignore pas que depuis des annees M M[redacted] arrange les dossiers de quelques uns de ses amis De quoi meriter une sérieuse promotion ! En realité le grade de R[redacted] est celui de **« correspondant de circonscription administrative »**. Car le **« bureau des relations humaines »** occupe un correspondant dans chacune des trois circonscriptions administratives de la région Dans la region aixoise (la 3e circonscription) trone M P[redacted], dans l'agglomeration marseillaise exerce M A[redacted] R[redacted] de son cote couvre les quartiers Nord de la ville la 3e circonscription Au dessus de cette « correspondance » il existe un secretariat assure par une jeune femme Bien entendu la note de service n'explique en rien les objectifs du **« bureau »**. Et pour cause ! Par contre le document précise explicitement que tout est **« rattaché directement au cabinet du directeur général »**. Et ce dernier, M René Lucet ne parait pas ennuyé de croiser dans les couloirs du 7e étage - ou se trouvent ses bureaux au Centre Valmante, dans le 9e arrondissement de Marseille - des J[redacted], G[redacted] ou M[redacted] Tous ostensiblement armés, répétons-le

En fait, c'est l'attaché de cabinet de M Lucet qui s'occupe precisement de ce secteur Dejà, il avait procédé avec l'aval du directeur general à l'embauche de quatre « chauffeurs » muscles, quatre hommes recrutes dans le quartier de la Valbarelle sur les conseils des freres M[redacted] L'attaché de cabinet doit certainement s'y connaitre en hommes ex-OAS il avait vainement tenté par la suite de pénétrer le syndicat CGT Son echec lui permit de se ranger aux côtés de René Lucet à l'époque en poste a Melun et assez prompt à s'enflammer La nomination de M Lucet à Marseille lui permit d'emmener son ami D[redacted] dans ses bagages De même qu'il le fit pour un autre homme M D[redacted] egalement attaché de cabinet et percevant illegalement un salaire depuis janvier 1979 Mais ce n'est pas là le seul salaire illegalement perçu

LE FINANCEMENT DES AIDES DU « BUREAU »

Pour l'instant des parallèles, comme K[redacted], M[redacted] et M[redacted] ne sont pas officiellement des employés de la Sécurité sociale M[redacted] l'est, lui Et comment ! Du cœfficient 137 il a bondi jusqu'au grade d'agent de maitrise, gratifié du cœfficient 170 Pour les autres, par contre, il n'est pas question de cœfficient On leur octroie seulement un privilège précieux - celui d'intervenant dans les marchés de gré à gré - Nul n'ignore que dans ce secteur il existe des combines appelees **« commissions occultes »** par la loi, mais que le public aime qualifier de **« pots de vin »**. Généralement cela se pratique à 10% du marché global On mesure l'importance de ce détournement lorsque l'on sait que le budget annuel de la CPCAM des Bouches-du-Rhone, atteint les 43 milliards d'anciens francs Plus de la moitié de ce budget est évidemment consacrée aux dépenses salariales et autres Cependant il n'est pas osé d'estimer à près de 18 milliards (AF) les sommes affectées a l'entretien, aux constructions, aménagements, locations, etc A dix pour cent, cela représente 1 milliard 800 millions (AF) dans l'année et dans les poches des truands 1 milliard 800 millions appartenant aux assurés sociaux, aux travailleurs De l'argent dilapidé de façon ignoble à l'heure ou le pouvoir - hué par tous - tente de porter un coup décisif a la Sécurité sociale au détriment des assurés sociaux M Lucet mande par le pouvoir avec l'assentiment du président de la CPCAM (M Delaroche) mène cette intolérable offensive à sa façon Sur le parking de Valmante, son vehicule côtoie sans vergogne la Mercédès de G[redacted] Souvent les voitures attendent ainsi, la nuit alors qu'au septième étage on festoie au champagne Quand ce n'est pas

Paul TEISSEIRE

M. Lucet porte depuis son arrivée le surnom de "Borsalino" mais ça, c'est de la petite histoire! Ce qui le caracterise surtout, c'est son appartenance à F.O. et sa "complaisance" à l'égard de l'UPIM!

Article du quotidien communiste *La Marseillaise* (20 juin 1980) reproduit, en tract, par la C.G.T. et les cellules du P.C.F. (cf. pp. 101 à 109, 147 et 148, 258 à 266).

DOCUMENT N° 2

bien connus des services de police. S'ils n'ont pas goûté aux trafics de drogue ou de fausse monnaie, c'est dans le recel et le vol à grande échelle qu'ils purent acquérir leurs lettres de noblesse.

« Aujourd'hui, ils deviennent pratiquement des dignitaires, opérant sous la haute protection du directeur régional de la C.P.C.A.M., chapeautés par un attaché de cabinet au passé bien rempli. Leur rôle ? Servir de milice maison d'abord.

« Par ailleurs, ils peuvent représenter une précieuse officine, certainement utilisable lors de la campagne des présidentielles. Pour l'instant, grassement appointé par le biais d'une caisse noire, ce personnel para-politique et mercenaire creuse son trou à la C.P.C.A.M. des Bouches-du-Rhône avec la bénédiction des autorités. Tranquillement, ils émargent au " *bureau des relations humaines* ".

« [...] Grâce à ce fameux " bureau des relations humaines ", quelques voyous marseillais viennent de s'installer dans une routine tranquille. Ils sont une dizaine nous l'avons dit et nous sommes pour l'instant en mesure de publier quelques noms. Quatre des noms les plus représentatifs de cette menée barbouzarde : G..., dit Gaby le Corse, mêlé à des affaires de drogue et de recel, M..., dit Michel le Boiteux, impliqué dans certaines affaires criminelles (recel entre autres) et zélé agent électoral de la majorité N..., connu pour des hold-up, enfin J..., fiché au grand banditisme. Et tout ce beau monde se retrouve sous la houlette d'un chef de service. Il s'agit de M. R... dont l'aptitude sur le terrain ne fait aucun doute. La hiérarchie en effet n'ignore pas que, depuis des années, M. M... arrange les dossiers de quelques-uns de ses amis. De quoi mériter une sérieuse promotion ! En réalité, le grade de R... est celui de " *correspondant de circonscription administrative* ". Car le " *bureau des relations humaines* " occupe un correspondant dans chacune des trois circonscriptions administratives de la région.

« [...] Tout est " *rattaché directement au cabinet du directeur général* ". Et ce dernier, M. René Lucet, ne paraît pas ennuyé de croiser dans les couloirs du septième étage — où se trouvent ses bureaux au Centre Valmante, dans le IXe arrondissement de Marseille — des J..., G..., ou M... Tous ostensiblement armés, répétons-le.

« En fait, c'est l'attaché de cabinet de M. Lucet qui s'occupe précisément de ce secteur. Déjà, il avait procédé avec l'aval du directeur général à l'embauche de quatre " *chauffeurs* " musclés, quatre hommes recrutés dans le quartier de la Valbarelle sur les conseils des frères M... L'attaché de cabinet doit certainement s'y connaître en hommes : ex-O.A.S. il avait vainement tenté par la suite de pénétrer le syndicat C.G.T. Son échec lui permit de se ranger aux côtés de René Lucet à l'époque en poste à Melun et assez prompt à s'enflammer. La nomination de M. Lucet à Marseille lui permit d'emmener son ami D... dans ses bagages. De même qu'il le fit pour un autre homme : M. D..., également attaché de cabinet et percevant illégalement un salaire depuis janvier 1979. Mais ce n'est pas là le seul salaire illégalement perçu.

« Pour l'instant des parallèles, comme K..., M..., et M..., ne sont pas officiellement des employés de la Sécurité sociale. M... l'est, lui. Et comment ! Du coefficient 137, il a bondi jusqu'au grade d'agent de maîtrise, gratifié du coefficient 170. Pour les autres, par contre, il n'est pas question de coefficient. *On leur octroie seulement un privilège précieux* — celui d'intervenant dans les marchés de gré à gré. Nul n'ignore que dans ce secteur il existe des combines appelées " *commissions occultes " par la loi, mais que le public aime qualifier de " pots-de-vin* ". Généralement cela se pratique à 10 % du marché global. On mesure l'importance de ce détournement lorsque l'on sait que le budget annuel de la C.P.C.A.M. des Bouches-du-Rhône atteint les 43 milliards d'anciens francs. Plus de la moitié de ce budget est évidemment consacrée aux dépenses salariales et autres. Cependant il n'est pas osé d'estimer à près de 18 milliards (d'anciens francs) les sommes affectées à l'entretien, aux constructions, aménagements, locations, etc. A dix pour cent, cela représente 1 milliard 800 millions (d'anciens francs) dans l'année et dans les poches des truands, 1 milliard 800 millions appartenant aux assurés sociaux, aux travailleurs. De l'argent dilapidé de façon ignoble à l'heure où le pouvoir — hué par tous — tente de porter un coup décisif à la Sécurité sociale au détriment des assurés sociaux. M. Lucet mandé par le pouvoir avec l'assentiment du président de la C.P.C.A.M. (M. de Laroche) mène cette intolérable offensive à sa façon. Sur le parking de Valmante, son véhicule côtoie sans vergogne la Mercedes de G... Souvent les voitures attendent ainsi, la nuit, alors qu'au septième étage on festoie au champagne. Quand ce n'est pas...

« Paul TEISSEIRE »

Le lendemain, 21 juin, le camarade Teisseire remet ça, sous le titre :

« *Des truands à la Sécurité sociale.* »

Cette fois, il impute à Lucet les pratiques que celui-ci reproche — *mais lui, avec preuves* — au P.C.F. Même après la mort du directeur, les communistes ressortiront ces calomnies. Ils prétendent ainsi — le coup du « meurtre mystérieux » ayant fait long feu — attribuer son suicide à un motif crapuleux. Le 21 juin 1980, *La Marseillaise* accuse les « *spécialistes* » de l'équipe Lucet, au « *passé plus que douteux* », et dont « *l'un d'eux est même inscrit au fichier du grand banditisme* », de bénéficier d'un « *fromage juteux : un confortable pourcentage sur les marchés de gré à gré passés par la C.P.C.A.M.* » et « *mis en place pour les élections présidentielles...* ». Pour le P.C.F. :

« Tous pénètrent dans les locaux ostensiblement armés.

« L'opération a un double avantage : tenir, en prévision de la campagne pour l'élection présidentielle, des hommes de main à la disposition de certains hommes sections syndicales CGT des employés et cadres de l'UDMT

RÉVÉLATION

Marseille :
recrutés par la direction de la Caisse primaire d'assurance maladie

Des truands aux « relations humaines »

E PRIMAIRE CENTRALE D'ASSURANCE
LADIE DES BOUCHES-DU-RHÔNE
56, chemin Joseph-Aiguier, 56
13297 MARSEILLE CEDEX 2

MARSEILLE, le 11 Avril 1980

53 - JFM/ID

OBJET : CREATION D'UN SERVICE DES "RELATIONS HUMAINES"

A compter du 14 AVRIL 1980, il est créé à la Caisse Primaire Centrale d'Assurance Maladie des Bouches-du-Rhône un service des "Relations Humaines"

Rattaché directement au Cabinet du Directeur Général, celui-ci comprendra :

- un correspondant par Circonscription Administrative ;
- un correspondant pour les services de Prestations Centralisées ;
- un secrétariat.

L'ensemble, sous l'autorité directe du Chef de Cabinet du Directeur Général, sera chargé des relations diverses entre les secteurs concernés et la Direction Générale, ainsi que de leur coordination.

LE SOUS-DIRECTEUR
DU PERSONNEL,

J F MIRALLES

VOILA A QUOI MÈNE LE CONSENSUS AU POUVOIR !

—

le patronnat, avec l'aide de F.O. écarte les administrateurs CGT des commissions de la CPCAM..... on muselle les salariés de cette caisse ..... ceci démontre la volonté du pouvoir de s'attaquer aux libertés, y compris par la violence

DOCUMENT N° 3

politiques, et fournir des fonds à ces derniers, les revenus à venir n'étant évidemment pas destinés à n'aboutir que dans les poches de ces quelques étranges spécialistes en relations humaines.

« Tout cela aux frais de la S.S. et de ses cotisants. »

En somme, le P.C. met sur le compte des autres ce qui se passe dans les mairies communistes.

Ces « *révélations* » sont aussitôt reproduites par les « Sections syndicales C.G.T. des employés et cadres de l'U.D.M.T. », sous forme de tracts, qui leur donnent une large diffusion. Lucet y est surnommé « *Borsalino* ».

La Marseillaise condamnée

Méprisant au départ ce genre d'attaque (*voir le document n° 3)* dont la bassesse l'écœure, Lucet comprend cependant qu'il ne peut pas laisser traîner ses collaborateurs dans la boue. Il se décide donc, à contrecœur, à saisir la justice, seul moyen de freiner le délire stalinien des communistes. Sa plainte, enregistrée le 24 juin 1980, mettra six mois avant que le tribunal ne statue sur le dossier. La défense de *La Marseillaise* et de son scribe, « mythomane moiteux », sera misérable, piteuse, horriblement cynique. Elle n'apportera pas le moindre commencement de preuves à des allégations que les juges condamneront, comme il se doit, dans les termes suivants :

« [...] René Lucet, directeur de la Caisse primaire d'assurance maladie des Bouches-du-Rhône, a cité à comparaître devant le tribunal, Righetti Georges, directeur de la publication *La Marseillaise,* et Paul Teisseire, journaliste, pour les entendre déclarer coupables du délit de diffamation [...].

« Il était précisé dans cet article que certains spécialistes, au passé douteux, ont été embauchés dans un service nouvellement créé, des relations humaines, que ces individus dont les noms suivent sont fichés au grand banditisme, que leurs rémunérations sont assurées de tout autre manière que celles pratiquées à la Sécurité sociale, par des commissions sur les marchés, que cette opération a pour but de tenir des hommes de main à la disposition de certains hommes politiques en prévision de la campagne pour l'élection présidentielle.

« Lucet prétendait que ces allégations qui concernent d'une part la façon dont il assume la charge de directeur général de la Caisse primaire d'assurance maladie, et qui, d'autre part, le visent en particulier, l'atteignent dans son honneur et sa considération et constituent une diffamation.

« En réponse, Righetti et Teisseire soulèvent la nullité de la citation et, par exploit du 4 juillet 1980, signifiaient qu'ils entendaient rapporter la preuve de la vérité des faits prétendus diffamatoires par Lucet, en versant aux débats divers documents et en faisant entendre des témoins. [...]

« [...] les prévenus ont prétendu qu'ils n'avaient pas eu l'intention de nuire et que leur bonne foi résultait des faits justificatifs suffisamment établis.

« C'est pourquoi ils se sont efforcés de démontrer, par l'audition de divers témoins et par les documents versés aux débats, que, dès son arrivée à la direction de la C.R.A.M.[1] des Bouches-du-Rhône, Lucet avait manifesté un comportement autoritaire en agressant systématiquement les gestionnaires de la C.G.T. et en violant sa propre légalité, créant ainsi au sein de l'organisme " *un climat désagréable* ".

« Cette démonstration ne peut être considérée, eu égard à l'article de presse incriminé, ni parfaite, ni complète, ni suffisante pour justifier leur écrit.

« S'il est apparu, en effet, de tous ces éléments qu'il existait un conflit entre la direction de la Caisse primaire d'assurance maladie et le syndicat C.G.T. sur de nouvel-

1. C.R.A.M. : Caisse régionale d'assurance maladie. (*N.d.A.*).

les orientations données à la Caisse, et sur de nouveaux modes de gestion, il n'a pas été prouvé la réalité de la totalité des faits énoncés dans l'exploit introductif d'instance.

« Comme la bonne foi du journaliste et de son éditeur ne se présument pas, il leur importait de faire la preuve, non pas de l'absence de toute animosité, ni de la croyance en l'exactitude des faits énoncés, mais de leur désir d'informer le public en toute objectivité.

« Or il apparaît à l'examen de cet article que les auteurs ont largement dépassé le rôle concevable d'une critique constructive pour vider une querelle politique en des termes dont l'outrance, volontairement blessante, exclut toute bonne foi.

« Des expressions comme : " *les truands du patronat de la Sécu* ", " *d'authentiques truands* ", " *ils ont été illégalement affectés* ", " *nul n'ignore que dans ce secteur il existe des combines appelées commissions occultes pour la loi, mais que le public aime qualifier de pots-de-vin* ", " *un milliard 800 millions dans les poches des truands* ", etc. ont été employées, non pas dans un but d'information objective mais manifestement pour nuire à l'honneur et à la réputation de la personne mise en cause.

« La déclaration de Righetti à l'audience est significative de son intention, puisqu'il a précisé que Lucet homme politique selon lui " *devait accepter les coups* ".

« Il résulte en conséquence de tous ces éléments que loin de rapporter la preuve de leur bonne foi, les prévenus ont au contraire démontré leur intention de nuire en portant atteinte à l'honneur et à la considération de Lucet. [...]

« Par ces motifs, le tribunal, statuant contradictoirement, en audience publique, en matière correctionnelle, en premier ressort, déclare Righetti Georges et Teisseire Paul coupables du délit de diffamation. [...] »

Il fait mieux en deux mois que ses prédécesseurs en dix ans

Entre-temps, à Paris, le Parti a entrepris quelques barouds d'honneur auprès du gouvernement Barre. Le ministre de la Santé, Jacques Barrot, doit subir l'assaut du député Guy Hermier, membre du Bureau politique et leader du P.C. dans les Bouches-du-Rhône, jusqu'au jour où, excédé, il l'enverra sur les roses de l'Assemblée nationale. Le ministre ne peut que suivre Lucet quand celui-ci dit qu'il faut rendre à l'Etat, à la Sécurité sociale, les attributions dont les Mutuelles se sont indûment emparées.

Soyons justes : au cours de cette première phase, décisive, de sa campagne (novembre 1979-mai 1981), Lucet compte plus sur ses amis de la gauche socialiste que sur le pouvoir central. Il est notoire à Marseille que le fougueux directeur n'aime pas le « style compassé des giscardiens ». Encore moins « leur attitude trop timorée, en général, vis-à-vis de la C.G.T. et du P.C.F. ». Il n'imagine pas que ses alliés socialistes — qui partagent totalement son anticommunisme — le trahiront bientôt. Il ne suppose pas que Gaston Defferre, auquel il est lié, finira par sacrifier leurs convictions communes sur l'autel de l'Union de la gauche, oubliée pour l'heure. Surprenante candeur chez un homme aussi lucide.

Toujours est-il que, sans l'accord, sur place, des roitelets socialistes qui détiennent, et les cordons de la bourse, et le pouvoir politique, Lucet n'aurait pu ni entamer, ni poursuivre, a fortiori, son escalade.

A l'aube de 1980, il se sent sûr de son fait. Outre les autorités nationales et régionales, tous les syndicats non marxistes et tous les corps de métiers représentés à la Caisse lui prêtent main-forte. Le président de Laroche ne lui ménage pas sa confiance. Les employés sont conquis par l'efficacité de ses méthodes de gestion imaginatives, qui leur valent des avantages matériels considérables et une amélioration très nette de leurs conditions de travail. En deux mois, Lucet a renversé le courant et a fait mieux que ses prédécesseurs en dix ans. Quant aux assurés sociaux, ils assistent, émerveillés, à la métamorphose éclair de la Caisse.

L'année 1980 commence donc sous les meilleurs signes.

« Trois abcès de fixation »

Evidemment, nous ne pouvons suivre pas à pas l'histoire de Lucet et de son administration pendant les seize mois qui nous séparent de la victoire de la gauche, en mai 1981. Nous avons situé le cadre de l'action, brossé le portrait des protagonistes et expliqué les enjeux. Durant ce laps de temps, la bataille fera rage, et Lucet, à travers mille péripéties, assurera lentement, mais sûrement, son avantage. Nous nous contenterons de fournir quelques documents significatifs concernant les axes principaux d'un conflit permanent, où cégétistes et communistes ont essayé, en vain, de mobiliser les « masses », afin de reconquérir *manu militari* les privilèges que René Lucet leur a arrachés, par la simple mais stricte application de la loi.

Selon M. Baumont, porte-parole de F.O.-Marseille, il existait alors trois abcès de fixation :

1. *Les Sections locales mutualistes.*
2. *Le « tiers payant ».*
3. *Les œuvres des Mutuelles* (dossier explosif que Lucet garde en réserve).

Revoyons-les dans l'ordre.

Les Sections locales mutualistes sont devenues illégalement des centres de paiement, au même titre que ceux de la « Sécu », mais gérés par la Mutualité. M. Baumont témoigne :

> « En 1968, le nombre de règlements de dossiers par ces Sections représentait 19 % de celui effectué par la Caisse primaire (850 000 pour 4 450 000).

« En 1977, dix ans plus tard, le rapport est de 36 % (2 600 000 pour 7 200 000), soit près du double.

« On a donc assisté au renforcement d'une institution *parallèle,* au détriment de la Caisse primaire, de laquelle la concurrence mutualiste n'a pas hésité à détourner les assurés sociaux.

« Seconde remarque : les " détourneurs " n'ont pas lésiné sur les moyens... même illicites ; nombre d'assurés sociaux n'ayant pas la qualité de mutualistes ont, en effet, été recrutés par les Sections locales, ce qui est contraire à la loi ! »

Dans ces conditions, F.O. se félicitera, au début de 1981, des mesures prises par Lucet, dans le cadre d'un « protocole d'accord entre Caisse primaire et Mutualité ». La récupération graduelle par les centres de la Caisse de tous les dossiers gérés dans les Sections locales, et du personnel correspondant, allait stopper l'hémorragie.

Pour le P.C., un autre moyen de pomper encore plus d'argent

Le « tiers payant » ?

Avant l'intervention de Lucet, il consiste, pour un assuré social, à honorer une prescription médicale (séjour en établissement hospitalier — pharmacie — analyses, par exemple) sans avoir à « payer la facture correspondante ». La Sécurité sociale et la Mutualité s'en chargent à sa place, chacune pour la part lui incombant...

M. Baumont cite un cas précis qui confirme les accusations de Lucet, en termes encore plus durs :

« Pour une dépense de 100 francs, la Caisse primaire remboursera 75 francs au " fournisseur " ; si l'assuré est mutualiste, sa Mutuelle remboursera tout ou partie des 25 francs non couverts.

« Pratiquement, au stade du paiement, un procédé de substitution, lors des formalités administratives, faisait disparaître dans ce dialogue à trois partenaires (Sécurité sociale-Mutuelle-fournisseurs) l'interlocuteur " Sécu ", pour ne laisser en présence que Mutuelle et fournisseurs [*les praticiens médicaux*].

« Dans notre exemple, la Caisse, dans un premier temps, payait 75 francs à la *Mutualité,* laquelle — second temps — payait 100 francs au fournisseur.

« Et comme les prestations concernées se chiffrent par *dizaines de milliards de centimes,* on imagine l'importance des sommes ainsi drainées vers la Mutualité... dont une grosse partie, d'ailleurs, ne bénéficiait dans l'opération d'aucune valeur ajoutée pour l'assuré, car se rapportant à des malades remboursés à *100 % par la Sécurité sociale.* D'où, *aucun besoin de couverture mutuelle complémentaire.*

« De plus, les circuits financiers étaient organisés de telle manière que les versements de la Caisse primaire étaient perçus par la Mutualité AVANT que celle-ci n'ait honoré les factures des fournisseurs ; il y avait donc, là, matière à constitution, avec l'argent de tous les assurés sociaux, d'un volant de trésorerie très substantiel, lui-même générateur de produits financiers. A cela s'ajoutaient les remises prélevées aux fournisseurs sur les sommes qui leur étaient dues. Bref... de quoi transformer un argent, sans cesse renouvelé à son détenteur provisoire, en capital *définitivement* acquis, évaluable en milliards de centimes. »

La suite du propos de M. Baumont, entièrement approuvé par André Bergeron, tombe aujourd'hui comme un glaive.

« Et tant pis si [*dans le contexte de l'époque*] la légalité, situant *obligatoirement* le remboursement des prestations

APRÈS le paiement des factures, est délibérément contournée...

« Quant à la campagne de presse engagée par les moyens d'information communistes, ne tend-elle pas à accréditer l'idée que, sous le couvert d'œuvres sociales, la trésorerie ainsi constituée sert des fins beaucoup plus politiques ?

« Dans un tel contexte, la nécessité de rétablir le contact direct avec les professions de santé, pour engager la négociation du tiers payant, a conduit la Sécurité sociale, transformée au fil du temps en fille nourricière de la Mutualité, à couper le cordon ombilical qui la reliait à cette dernière... »

Lucet y est parvenu, au début de 1980, en reprenant le contrôle de la facturation des frais hospitaliers, et en organisant le tiers payant-Sécurité sociale, avec plusieurs branches médicales... sans recourir à des intermédiaires malhonnêtes, système au demeurant bien moins coûteux que le tiers payant mutualiste,

- car n'incluant aucun frais de gestion supplémentaire [*les 20,49 francs précédemment payés par la « Sécu » aux Mutuelles, lors de l'ouverture de chaque dossier maladie*[1]],
- car empêchant aussi les Mutuelles de saucissonner les dossiers maladie, afin de retoucher ces 20,49 francs (*pour frais de gestion*) aux différents stades d'intervention des professionnels (le médecin, le pharmacien, le laboratoire, le radiologue, le chirurgien, le masseur, etc.) appelés à traiter une seule et même affection. A bon droit, Lucet considérait comme scandaleuse cette autre pratique des Mutuelles consistant à présenter séparément, pour remboursement par la « Sécu », plusieurs factures, plusieurs dossiers maladie n'en faisant qu'un en réalité.

1. Le montant des *frais de gestion* payé par la « Sécu » aux Mutuelles pour chaque dossier maladie est de : 17,47 francs en 1979 ; 20,49 francs en 1980-81 ; 23,29 francs en 1982.

C'était là, pour les communistes, un autre moyen de pomper encore plus d'argent dans la caisse de la « Sécu ».

Tout étant remis en ordre, Lucet ne s'oppose pas à ce que la Mutualité organise, dans le respect des lois, son propre « tiers payant », sur le seul ticket modérateur.

Un autre profit scandaleux

Les œuvres mutualistes forment le troisième volet qui, selon F.O., a sans doute le plus cristallisé les déchaînements des mutualistes C.G.T., la presse communiste se chargeant de les « *entretenir* » et de les « *attiser méthodologiquement* ». Par œuvres mutualistes, on désigne les nombreux centres de soins de l'Union départementale des Mutuelles de travailleurs (l'U.D.M.T.-C.G.T.). Les communistes ont présenté les centres Paul Paret, Crouzet, Raphaël Bacci (ex-Feuilleraie), à Marseille, ceux de Martigues, Arles, Aix-en-Provence, Port-de-Bouc, Gardanne, la clinique de Bonneveine, etc., comme les victimes de la politique du Conseil d'administration de la Caisse primaire. Qu'en était-il exactement ?

M. Baumont :

« D'abord, il faut savoir que tous les établissements de santé, pour avoir droit de fonctionner, doivent répondre à un certain nombre de critères et être agréés par les services du ministère de la Santé. La fixation des tarifs, sur la base desquels la Caisse primaire sera amenée à effectuer les remboursements, nécessite des interventions multiples : service médical, conseils d'administration des Caisses de Sécurité sociale, préfecture... Enfin, une convention doit être passée entre l'établissement et l'organisme de Sécurité sociale.

« Les centres mutualistes n'échappent pas à la règle commune, d'où les difficultés qu'ils ont connues, du fait :

« • de l'absence d'agrément du ministère de la Santé, pour certains ;

« • pour d'autres, d'un changement de statut remettant en cause l'agrément initial, non suivi d'une nouvelle demande ;

« • de la non-reconnaissance conventionnelle de certains actes médicaux, pour d'autres encore [...] ».

Le comble n'est cependant pas là. Lucet — qui encaisse les insultes du P.C. avec la constance d'un boxeur redoutable — a gardé, pour la bonne bouche, un pavé parfaitement indigeste : les 19 centres médicaux et cliniques intégrés de l'U.D.M.T.-C.G.T. — qui préfigurent, dans les Bouches-du-Rhône, ceux que le pouvoir socialo-communiste veut maintenant créer partout en France, après le vote d'un projet de loi, à l'automne 1982 —, ces centres utilisent un personnel médical salarié, fonctionnarisé. La combine revenait à se faire rembourser par la « Sécu », non le coût total des salaires, mais bien plus.

Au lieu de présenter le total des fiches de paie des médecins, infirmières, sages-femmes, etc., les Centres de santé faisaient honorer par la Caisse les prestations effectuées, ce qui, additionné, acte médical par acte médical, représentait aux yeux de Lucet une somme très supérieure aux salaires versés, et donc aux frais de gestion des Mutuelles. Il en résultait donc pour celles-ci un profit encore une fois scandaleux.

Désormais, cette pratique devra être abolie... et les Centres rémunérés comme les dispensaires, avec impossibilité de réaliser des bénéfices sur le dos de la « Sécu », les Mutuelles étant, ne l'oublions pas, des « associations à but non lucratif ».

Les praticiens médicaux s'opposent au racket

Quant au système déshonorant et malhonnête des « *ristournes* » — c'est-à-dire des rançons soutirées aux praticiens médicaux par les Mutuelles communistes de Louis Calisti — rien ne saurait mieux éclairer le lecteur sur ce scandale que la lettre du Président Jean-René de Laroche, en date du 29 août 1980, destinée aux patrons des laboratoires d'analyses médicales. Elle résume la situation constatée lors de multiples délibérations du Conseil d'administration de la Caisse et de Commissions paritaires, où les représentants de diverses spécialités, encouragés par l'action efficace d'un Lucet de plus en plus déterminé, ont exprimé leur indignation face au racket auquel leurs professions étaient soumises... et le sont encore dans d'autres régions :

« Marseille, le 29 août 1980

« Monsieur,

« J'ai l'honneur de vous rappeler que l'article L 760 du Code de la Santé publique prohibe toute ristourne ou partage d'honoraires, pour quelque motif que ce soit, qui serait consenti par un directeur de laboratoire d'analyses médicales au profit d'une Mutuelle.

« A cet égard, l'inobservation desdites dispositions expose son auteur à un emprisonnement d'un à dix mois et à une amende de 2000 à 40000 francs ou l'une des deux peines seulement.

« Or, il semble que certains directeurs de laboratoires d'analyses médicales, malgré les recommandations qui leur ont déjà été faites à ce sujet, continueraient, au mépris de l'article L 760 précité, à accepter que des Mutuelles prélèvent sur leurs honoraires une participation pour de prétendus " frais de gestion ".

« Il m'incombe, sur ce point, d'attirer particulièrement votre attention sur le caractère illicite de telles ristournes et sur les conséquences que serait susceptible d'entraîner, sur le plan répressif, tout autant que sur le plan administratif et conventionnel, tout manquement à ladite règle édictée à l'article L 760 du Code de la Santé publique.

« Des dispositions seront prises, à cet égard, pour le strict respect de la législation prévue en la matière, les organismes d'assurance maladie ne pouvant tolérer que des directeurs de laboratoires d'analyses médicales, peu soucieux des impératifs que leur dicte la loi, inscrivent sur des feuilles de soins l'indication d'honoraires ne correspondant pas à la réalité.

« Certains de pouvoir compter sur une parfaite conscience de votre part des obligations qu'impose l'exercice de votre profession.

« Je vous prie de croire, Monsieur...

« J. R. DE LAROCHE. »

Cédons la parole aux masseurs-kinésithérapeutes, en la personne de M. Mengal, présent à une réunion paritaire tenue précédemment à la Caisse, le 27 mai 1980 :

« [...] Nous avons décidé, en 1972, de refuser tous les bons de prise en charge et depuis nous conseillons à nos jeunes confrères de ne pas les accepter. Au début de notre action ils étaient amputés de *20 %*, voire de *25 %* (soit la totalité du ticket modérateur). Notre refus massif a fait qu'aujourd'hui le " ticket modérateur d'ordre public mutualiste " tourne autour de 15 %. [...]

« [...] Les Mutuelles établissent des listes préférentielles des masseurs-kinésithérapeutes qui acceptent leurs bons de prise en charge. Cette démarche équivaut à *une publicité* déguisée, un détournement de clientèle et une *atteinte au libre choix*. Tout ceci malheureusement engendre une " clientèle à bons de prise en charge " qui ne se rend pas compte du coût de son traitement [...].

« [...] Comme je l'ai dit tout à l'heure, je ne suis pas contre la Mutualité, je suis même un fervent mutualiste, par mes origines paternelles. Je crois que les Mutuelles sont à la base de la Sécurité sociale, mais nous ne pouvons accepter qu'on en arrive actuellement à des problèmes d'argent et d'achat de son nom pour figurer sur une liste préférentielle de Mutuelle. »

Conseiller technique de la Caisse primaire, M. Leouffre remercie M. Mengal de ses déclarations, et lui demande l'autorisation de les faire figurer in extenso au procès verbal, après qu'il les ait relues. M. Leouffre veut attirer tout particulièrement l'attention des administrateurs sur cette déclaration, « car, précisément, le directeur général de la Caisse essaie d'assainir la situation, et les administrateurs s'appliquent, avec lui, à lui apporter le soutien nécessaire pour le faire ».

Le 12 novembre suivant, autre réunion... avec les biologistes. Lucet et le Président de Laroche sont présents. M. Eysseric déclare, pour les pharmaciens :

> « [...] La profession souhaite que les confrères qui se trouvent en infraction fassent l'objet d'une enquête en vue d'une éventuelle procédure de déconventionnement.
>
> « [...] Dans le département des Alpes-Maritimes, l'Ordre national des pharmaciens, toutes sections réunies, a condamné de façon précise et officielle les ristournes consenties aux Mutuelles, même lorsqu'elles se déguisent sous le nom de participation aux frais de gestion. »

Le Président de Laroche intervient :

> « [...] Il est en effet difficilement tolérable que des détournements de fonds soient faits au détriment des Institutions sociales que nous avons la responsabilité de gérer. »

M. Eysseric :

> « [...] Les délinquants niçois ont déjà été condamnés en appel par le Conseil national de l'Ordre des pharmaciens. »

Quelques jours après, le 27 novembre 1980, Lucet établit une note de synthèse sur « l'état actuel de nos relations avec les professions de santé ». En ce qui concerne les pharmaciens et les biologistes — pour ne citer que ceux-ci :

> « Il est apparu primordial de mettre un terme définitif aux pratiques occultes imposées aux laboratoires

d'analyses médicales, par les Organisations mutualistes.

« A cet égard, le principe de cette interdiction vis-à-vis des Organismes mutualistes a été consacré par le Conseil national de l'Ordre des pharmaciens, dans une décision en date du 25 septembre 1980.

« La Profession a ainsi réagi en souhaitant la traduction dans le cadre des procédures conventionnelles (article 17) des Confrères qui persisteraient à enfreindre les dispositions de la loi, malgré les recommandations reçues à ce sujet de la part notamment de la Caisse primaire centrale d'assurance maladie des Bouches-du-Rhône. [...] »

2 février 1981. Les communistes n'ont toujours pas rendu les armes : le racket continue. Devant la Commission paritaire régionale des biologistes, M. Leouffre interroge encore le docteur Leroux, représentant cette profession, particulièrement juteuse aux yeux des financiers marxistes :

« A votre connaissance, dans les Alpes-Maritimes, certaines Mutuelles pratiquent-elles la discrimination à l'égard de certains biologistes, plus spécialement ceux qui ont engagé une action contre la Mutualité ? Est-il exact ou connu que la Mutualité ait tendance à délivrer systématiquement les " bons de prise en charge " à vos confrères condamnés [*pour ententes illicites*] et non pas aux autres ? »

Le docteur Leroux répond :

« Il ne s'agit pas de la Mutualité, laquelle n'est pas en cause, mais uniquement de certaines Mutuelles, représentant moins de 50 % de l'ensemble, dont : l'U.D.M.T., la Mutuelle de la Police[1], des Municipaux

1. Mutuelle de la Police : le lecteur voudra bien se reporter à son sujet à l'enquête de l'hebdomadaire *Minute* (n° 1040), 15 mars 1982.

et l'Union pharmaceutique. La situation est délicate dans la mesure où les biologistes condamnés ont effectivement abandonné les ristournes interdites, mais, ayant créé une Association, négocient, à l'heure actuelle, une Convention avec la seule U.D.M.T. Cette Convention serait applicable à tous ceux qui en feraient la demande. Le président de l'U.D.M.T. a dit qu'en réalité, une liste sélective des biologistes serait faite, selon leur attitude dans le conflit qui les a opposés à la Mutuelle et que les bons de prise en charge seraient remis aux uns et pas aux autres. »

Un autre biologiste, M. Blay, ajoute :

« [...] Il ne saurait être admis qu'un nombre même restreint d'entre nous soient écartés de la Convention. Le Conseil de l'Ordre des pharmaciens a été saisi et s'est promis de veiller à ce qu'elle soit étendue à tous les biologistes sans exception. »

« Trois actions prioritaires »

En somme, en déclenchant cette levée de boucliers, Lucet a fait siens les griefs du ministère de l'Economie et des Finances, exprimés dans le rapport confidentiel de M. François Heilbronner.

Sa ligne de conduite correspondra point par point — et en toute logique, puisqu'il ne fait qu'appliquer la loi — aux vœux de l'Inspection générale des Finances (cotes 156 à 162 du rapport) consignés sous le titre : « SUPPRIMER LES PRATIQUES ANORMALES ».

« Tout d'abord, écrit M. Heilbronner, il est indispensable de moraliser les mécanismes de tiers payant et donc de supprimer certaines pratiques actuelles ». En premier lieu les « ristournes » qu'il faut interdire « entièrement ». Car, « en la matière, il serait difficile de définir et d'appliquer une demi-mesure ».

Cette suppression suppose « trois actions prioritaires » :

1. Sur le plan juridique, en appliquant strictement les textes et notamment l'article 24 du Code de déontologie médicale et l'article L 760 du Code de la Santé publique.

2. Sur le plan fiscal, en obtenant des contrôleurs qu'ils refusent aux praticiens de déduire, dans leurs déclarations de revenus, les rétrocessions d'honoraires (ou ristournes) perçues par les Mutuelles, c'est-à-dire par des associations à but non lucratif, non assujetties à l'impôt sur les sociétés.

3. Au niveau de la Sécurité sociale, en ne calculant les remboursements aux assurés que sur la base du montant net, réel, des honoraires médicaux (ristourne déduite).

Lucet fait mieux : se voulant Eliott Ness à Marseille, il empêche purement et simplement la poursuite du racket. D'où la réplique du P.C.F. : « Lucet est un truand ». C.Q.F.D.

5

Les « marchés réservés » et « très confidentiels » des rois de la Canebière

L'achat qui fera jaser Marseille

Tandis qu'il tient les communistes en respect et consacre à son travail bien plus que les heures normales de bureau, Lucet vit toujours à Marseille comme un oiseau sur la branche. Sa famille habite encore à Fontainebleau et lui-même réside à Aix-en-Provence, dans une petite H.L.M. sans confort. Pendant plusieurs mois il cherche un cadre agréable où s'installer pour longtemps, car il est maintenant convaincu que sa tâche sera longue. Il compte s'établir définitivement dans la capitale phocéenne où il pense même pouvoir entamer une carrière politique, quand il aura réussi son contrat moral de quatre ans, passé avec le président de Laroche.

Dominique Venturi, qu'il a connu après son arrivée, en tant qu'animateur d'une société de travaux avec laquelle la Caisse passait des contrats depuis de longues années, lui signale, à l'occasion d'une rencontre, la mise en vente de sa propre villa, dans le quartier résidentiel de Saint-Barnabé, 17, allée des Ormeaux. Venturi est pressé de s'en défaire, mais il n'a pas trouvé d'acquéreur, après plusieurs mois de démarches infructueuses de son agent immobilier. Lucet a comme une illumination : la demeure l'enthousiasme. Un seul écueil : le prix, trop élevé pour lui, bien que les connaisseurs soutiennent qu'il s'agit d'une bonne affaire ; car la propriété, discrète, vaste, magnifiquement située, vaut plus que ce que Venturi en demande. Elle comprend un beau jardin, une piscine, une cave de cent mètres carrés, un grand garage, trois chambres bien aménagées et deux salles de bains au premier étage, deux grandes pièces mansardées ouvrant sur une terrasse au second, une immense salle de séjour au rez-de-chaussée, flanquée d'une cuisine moderne, un bureau, un cabinet de toilette et un faux patio. Le tout solidement construit. La décoration ? Marbres clinquants, colonnes, robinetterie dorée... Bonaparte à Marseille, Venturi a retenu de Napoléon le goût pharaonien.

Pour Lucet, le 17 allée des Ormeaux sera le symbole de sa réussite. Il ne résiste pas à l'envie de s'y installer, même au prix d'un endettement. Venturi, dont la femme ne veut plus habiter un endroit excentré, lui laisse la maison pour un million cinq cent mille francs. Lucet vendra la sienne, en Seine-et-Marne, pour huit cent mille francs et empruntera le reste : deux cent mille francs à la caisse d'épargne et cinq cent mille francs au Crédit foncier.

L'opération fera jaser Marseille, étonnée du prix consenti par Venturi — celui-ci cachant ses difficultés financières —, intriguée de voir le directeur musclé de la Caisse primaire, gaulliste fier de l'être, prendre la suite de cet entrepreneur socialiste d'un genre particulier.

L'autre roi du Marseille socialiste

Les débuts de l'ascension sociale de Dominique Venturi coïncident en effet avec la première élection de Gaston Defferre comme maire de Marseille.

C'est le 17 avril 1953 que la liste socialiste (S.F.I.O.) dirigée par Defferre obtient aux élections municipales (à la proportionnelle intégrale) 15 sièges, contre autant à celle de l'indépendant Henri Bergasse (avocat et député comme lui), 4 à une autre liste modérée et 23 aux communistes de l'équipe super-stalinienne de François Billoux, ancien ministre et haut responsable du P.C.F. Pour accéder au poste de maire, Defferre s'allie aux divers droites, contre le P.C.F. Ainsi débute un règne qui dure encore et pendant lequel Defferre ne cessera de s'appuyer sur la droite ou le centre, pour faire pièce aux communistes qui lui ont toujours mené la vie dure. Nul n'ignore à Marseille que les attaques les plus virulentes concernant, et sa personne, et sa gestion, sont venues du Parti communiste. Il est de notoriété publique que celui-ci se vante de détenir sur monsieur le maire des dossiers explosifs. Si telle est la vérité, l'Union de la gauche et les servitudes électorales ont été probablement les causes qui les ont conduits à ne pas s'en servir ces dernières années.

De temps à autre, et jusqu'à aujourd'hui — histoire sans doute de maintenir la pression du Parti — une référence sibylline, perfide, compréhensible des seuls initiés, évoque les rapports de Defferre avec Dominique Venturi, l'autre roi du Marseille socialiste. Un roi sans visage, dont personne n'ose prononcer le nom ouvertement. Un roi très réservé, qui se montre peu, qu'il est préférable — allez savoir pourquoi — de ne pas reconnaître. Un roi malin, fort sympathique à ceux qui ont le privilège de le fréquenter. Un roi protecteur des personnalités socialistes de la ville... avec lesquelles il travaille en intérêts croisés. Un roi auquel policiers, journalistes et écrivains internationaux attribuent, à tort ou à raison, une saga d'aventures scabreuses, ayant éveillé souvent l'attention des services les plus huppés de police, ici en France, et outre-Atlantique.

Sa longue fiche établie à Paris, le 27 octobre 1961, par la Direction générale de la Sûreté nationale et la Direction des services de Police judiciaire, le présente alors — vrai ou faux, ce n'est pas à nous de trancher — comme un « *malfaiteur international* ». Fiche publiée. Né le 24 juin 1923 à Marseille, Dominique Venturi, dit « Nic », y est rangé parmi les « individus à surveiller ». Il « fait l'objet de la circulaire spéciale n° 50/159 relative à la lutte contre le banditisme ».

Reproduite en fac-similé, aux pages 530 à 533 du livre *D... comme drogue* d'Alain Jaubert, ce document authentique, *confidentiel,* comporte la mention :

« Noté au fichier central des trafiquants de stupéfiants. »

Actuel ministre d'Etat, ministre de l'Intérieur (et de la police nationale), Gaston Defferre a pu en retrouver l'original dans ses archives et le consulter avec intérêt.

« Des péchés de jeunesse »

Aux Etats-Unis, le portrait est encore plus complet. En 1973 et 1974, le grand quotidien *Newsday*, de New York, publiait une grande enquête de sa rédaction sous le titre *The Heroin Trail* (« Le voyage de l'héroïne »), livre à large diffusion et à grand succès... qu'aucun éditeur parisien n'osera traduire pour le public français. Dominique Venturi y partage la vedette avec une brochette d'humanistes (Corses pour la plupart) qu'il commença de fréquenter après la guerre, au temps heureux de la contrebande sanglante des cigarettes blondes en Méditerranée. Cet ouvrage, apparemment rigoureux, campe les personnages lustrés, boutonnés et gominés sortis des hauts fonds de la vieille Canebière.

Répugnant à accuser quiconque par documents policiers interposés, nous ne reproduirons pas dans cet ouvrage des pièces officielles que nous avons minutieusement étudiées. Nous laissons à Gaston Defferre le soin d'en confirmer ou d'en infirmer la teneur, dans l'exercice de son mandat ministériel. A chacun ses compétences...

Du livre *The Heroin Trail* (« by the staff and editors of *Newsday* »), prix Pulitzer 1974, publié aussi au Canada et à Londres en 1975, nous ne retiendrons que trois paragraphes... d'ambiance, extraits d'un chapitre consacré à « *Marseille, capitale française du crime et capitale mondiale de l'héroïne* ». La paisible ville d'eau (à la Vichy) décrite récemment à la télévision par Mme Edmonde Charles-

Roux-Defferre est vraiment, ici, un endroit rêvé pour les touristes et retraités à la recherche du paradis :

« Les fonctionnaires de la Brigade U.S. des stupéfiants disent que 80 % (soit huit tonnes par an) de l'héroïne destinée aux drogués américains sont fabriqués dans la région de Marseille. Sa valeur à la revente dans les rues : près de deux milliards de dollars.

« Les Corses dominent le " *milieu* " marseillais et Marseille, port le plus important de France, compte la contrebande parmi ses activités. Certes, tous les Corses de Marseille ne sont pas des gangsters mais leur solidarité, surtout hors de leur île, contribue à expliquer leur code de strict silence. Exemple : un haut fonctionnaire français de la police, Roger Borniche, travaillant sur une affaire importante de vol de bijoux, ordonna à deux de ses officiers de capter les messages téléphoniques d'un café connu comme lieu de rendez-vous de Corses impliqués dans le vol. Les deux agents, corses tous deux, ont refusé en disant : " *Nous ne voulons pas trahir nos compatriotes.* "

« Nous avons demandé à un détective privé, corse lui aussi, de nous donner des noms. " *Impossible, c'est trop dangereux* ", a-t-il répondu. Nous nous sommes adressés à un reporter chevronné des tribunaux, Paul-Claude Innocenzi, du *Provençal* [*propriété de Defferre,* N.d.A.], afin de nous citer des noms et il nous a dit : " *Je ne peux pas. Je suis corse, je les connais.* " Morin, chef de la Brigade des stupéfiants, nous a expliqué : " *Marseille est une petite ville. Le milieu arrive vite à connaître ses agents... Il est plus facile de travailler à Paris.* " Jean Carre, officier de douane à Marseille qui dirige un groupe de douze enquêteurs, nous a dit : " *En 1950, c'étaient les cigarettes ; en 1960, l'or ; en 1972, les stupéfiants.* " Puis, il a ajouté : " *Mais ce sont les mêmes hommes, les mêmes gangs, les mêmes équipes.* " »

A notre connaissance, les faits relatés par les auteurs de cette enquête serrée, à l'américaine, et qui porte atteinte au crédit de la France, n'ont pas été démentis par nos autorités. Maire de Marseille et premier policier de France, Gaston Defferre a, *aujourd'hui,* la possibilité de réfuter, rétroactivement — et pour l'histoire — des racontars qui entachent ses brillantes années de règne. Même s'il obéissait au devoir de réserve, son silence, à propos de faits réputés anciens, ne ferait que donner une certaine consistance à la légende de Dominique Venturi — pour ne citer que lui. Aucun politique en rapport avec ce personnage haut en couleurs, bien qu'aimant s'habiller en noir, n'a le droit de la négliger.

Certes, Dominique Venturi affirme aujourd'hui qu'on ne peut lui reprocher que des « *péchés de jeunesse* ». Tout dépend cependant de sa conception du péché et de l'âge auquel finit la jeunesse...

Les explications de M. le ministre de l'Intérieur pourraient nous éclairer. Et, surtout, apporter un certain réconfort à ce vieux camarade « socialiste », à l'ami loyal qui ne semble pas lui avoir marchandé sa confiance, jusqu'à l'automne 1981.

L'étoile invisible de la constellation Defferre

En tout cas, quand le 10 septembre 1953, en pleine jeunesse — il a alors trente ans — Dominique Venturi fonde la « Coopérative d'entreprise générale du Midi » (C.E.G.M.) dont le statut juridique indique qu'elle est une « coopérative *ouvrière* de production anonyme à capital et personnel variables », il a sûrement la certitude que le nouveau maire socialiste ne lui en veut pas pour les péchés de jeunesse qu'on lui prête et qui ont motivé le mandat d'arrêt « pour vol et recel » délivré à son encontre trois mois avant l'élection de Defferre, le 14 janvier 1953 (« *pièce devenue sans objet par note du juge mandant du 25 juin* » suivant).

A partir de cette époque, on sait à Marseille que

Dominique Venturi affiche des « *sympathies socialistes* » et fait de son mieux... avec d'autres, dans son milieu, pour soutenir le maire, dont la situation à la tête de la ville est malgré tout instable.

Comme ses prédécesseurs, Defferre a besoin d'un maximum d'atouts. Marseille est ainsi faite, depuis la nuit des temps : pour s'y faire élire premier magistrat et pour y garder le pouvoir, mieux vaut ne pas indisposer certaines catégories sociales qui n'ont pas une idée très nette de ce qui est légal et de ce qui ne l'est pas. A Marseille, Janus court la rue : homme d'affaires respectable le jour, contrebandier la nuit, bon mari chez soi, mais intraitable souteneur dans les rues du vieux port, amateur de havane dans les restaurants chics et pourvoyeur de drogues dures dans les cabarets louches. Ce monde étrange n'accorde pas grande importance aux étiquettes politiques. Gauche et droite ne sont pas à leurs yeux des notions très distinctes. Les sympathies et affinités personnelles, les affaires, la grande bourgeoisie (très fermée), le clergé, la franc-maçonnerie, l'appartenance à telle ou telle ethnie, les clans y jouent un rôle unique en France. Pour gouverner la cité, les maires doivent dépasser les limites étroites de leur famille politique et se créer une clientèle personnelle. C'est-à-dire attachée au réseau d'affaires et de services dépendant de la municipalité.

Depuis 1953, Dominique Venturi figure parmi les étoiles les plus importantes — et nonobstant invisibles — de la constellation Defferre. Nous essaierons ici de montrer — *pour la première fois* — la place exacte qu'elle y occupe.

Top secret : « Le rapport 1534 »

Le 25 mai 1979, André Valgalier, représentant à Marseille de la « Société de pavage et des asphaltes de Paris » — S.P.A.P.A. — adresse un rapport « TRÈS CONFIDENTIEL » à sa direction parisienne :

« *Objet : affaire C.E.G.M.* »

Sous le numéro de classement *1534,* les quatre feuillets de ce document top secret font le point des pourparlers engagés par l'agence S.P.A.P.A. de Marseille avec la « Coopérative d'entreprise générale du Midi » — C.E.G.M. de Dominique Venturi. Dépendant d'un important groupe anglais, la S.P.A.P.A. envisage, dans le cadre de l'extension de ses florissantes activités françaises, de prendre le contrôle de la C.E.G.M. Dominique Venturi est disposé à lui passer la main. Créée à Marseille en septembre 1953, *cinq mois après l'élection de Defferre au poste de maire,* la C.E.G.M. de « Nic » Venturi a pour objet social :

> « L'exécution de tous travaux du bâtiment et des *travaux publics,* activités annexes et connexes, ainsi que toutes opérations, commerciales, industrielles, mobilières, immobilières, de crédit, utiles directement ou indirectement à la réalisation de l'objet social ainsi défini. »

Rapport « TRÈS CONFIDENTIEL », disions-nous. Qu'est-ce à dire ?

Depuis quand les études et négociations en vue de l'absorption d'une société ordinaire par une autre — celle-ci fût-elle étrangère, ce qui, en l'espèce, n'est pas anormal —, nécessiteraient-elles l'usage d'un si grand secret ?

Serait-ce que les hommes en jeu, les affaires qu'ils traitent, les sommes qu'ils brassent, les intérêts qu'ils représentent, exigent le mutisme le plus absolu ?

Serait-ce que, sous couvert d'activités banales dans le bâtiment et les travaux publics, la Coopérative... *ouvrière* de « Nic » Venturi donnerait dans des marchés touchant, par exemple, les armes, la haute technologie, l'atome, la conquête spatiale... ?

La réponse à ces questions nous est fournie par le rapport n° 1534 de la S.P.A.P.A. Gaston Defferre, maire de Marseille, ministre d'Etat, ministre de l'Intérieur (chargé du contrôle administratif et du respect des lois dans les départements), nous obligerait en lui infligeant le démenti ou les corrections qui conviennent en de telles circonstances. La clé de l'affaire se trouve dans les documents, que nous reproduisons, *pages 134 à 139*. Quelques éclaircissements sont nécessaires, en raison des informations vraiment exceptionnelles, puisées à la meilleure source, que nous sommes ici en état de fournir. Le rapport n° 1534 de la S.P.A.P.A. révèle que :

1. « Créée il y a vingt-six ans par M. Venturi... cette coopérative travaille essentiellement avec la ville de Marseille dans les activités suivantes : gros œuvre-rénovation-peinture. »

Soit ! Il n'y a rien là de choquant. Encore que l'adverbe « *essentiellement* » soit un tantinet gênant. Passons...

2. La coopérative très ouvrière de M. Venturi « réalise un chiffre d'affaires *propre* de l'ordre de 15 millions de francs » (un milliard et cinq cents millions de centimes)[1].

3. Ce montant est dû à des « *marchés réservés* »

Ah !
Réservés par et avec qui ?
Depuis et pour combien de temps ?

Questions délicates... et réponses « TRÈS CONFIDENTIELLES » :

- Un « *marché réservé* » pour le gros œuvre des « *bâtiments communaux* ». Montant : « *7 millions* [lourds] *par an* ». Nous lisons bien : « *par an* ».
- Un deuxième « *marché réservé* » pour *la* « *pein-*

1. Toutes activités comprises, la C.E.G.M. réalisera 25 221 674 francs de chiffre d'affaires en 1979 (selon son estimation provisoire transmise à la S.P.A.P.A.).

S. P. A. P. A.

TRES CONFIDENTIEL

N° 1534
AV / AS

A Marseille le 25 mai 1973

De Agence Marseille à Monsieur BERT

Objet Affaire C.E.G.M.

Réponse à

HISTORIQUE

La C.E.G.M. (Coopérative d'Entreprises Générales du Midi) 7 et 7, rue Mery 13002 Marseille, au capital de 600 000 Frs, a été créée il y a 26 ans par Monsieur VENTURI.

Cette coopérative travaille essentiellement avec la Ville de Marseille dans les activités suivantes :

- Gros oeuvre - Rénovation.
- Peinture.

Les bureaux sont installés à la rue Mery dans des locaux loués à l'Assistance Publique.

Elle possède également des bureaux et des locaux de stockage au stade Vélodrome, qu'elle loue à la Ville de Marseille.

MARCHES PUBLICS

C.E.G.M. réalise un chiffre d'affaires propre de l'ordre de 15 000 000 de francs.

Ce chiffre d'affaires est obtenu :

- un marché réservé Coopérative avec les Bâtiments Communaux - Gros oeuvre de 7 000 000 de Frs par an,
- un marché réservé Coopérative avec les Bâtiments Communaux - Peinture de 5 000 000 de Frs par an,
- un marché réservé Coopérative avec la voirie Ville de Marseille - lots bla de 7 000 000 de Frs sur 2 ans,
- un marché réservé Coopérative avec la voirie Ville de Marseille - lots noi. (identique à celui que nous avons) de 10 000 000 de Frs sur 2 ans.

Ces deux derniers marchés sont sous-traités moyennant redevance à des entreprises de la région.

Ex. : lot noir sous-traité à SACER et SMAC.

DOCUMENT N° 4

MARCHES PRIVES

Récemment, l'entreprise s'est attaqué au marché privé et a traité :

- VILLA GERBERA	Tous corps d'états	H.T. 3 200 000
- LA CHENAIE	Gros-oeuvre	H.T. 1 650 000
- VALCROS	Gros-oeuvre	H.T. 1 950 000
- DE MONGRAND	Rénovation	H.T. 682 000

On constate immédiatement que le marché privé est réduit. Actuellement, les chantiers Villa Gerbera, La Chenaie et Valcros sont en cours et seront terminés avant la fin de l'année.

LES MARGES

En ce qui concerne les lots des Bâtiments Communaux, les marges sont les suivantes :

- Gros-oeuvre - Rénovation	30/35 %
- Peinture	35 %

Les chantiers voirie sont sous-traités en totalité , mais nous pouvons donner les marges brutes de ces travaux puisque nous avons des activités similaires :

- Blanc (terrassement, fondation, etc)	28 %
- Noir (enrobés, asphalte)	30 %

Marchés privés : les travaux en commande à ce jour, et énoncés ci-dessus, sont traités à des marges variant de 20 à 23 %.

SITUATION FINANCIERE

C.E.G.M. est une entreprise qui a d'énormes frais financiers.

Actuellement, son découvert en banque est supérieur à 1 500 000 Francs.

Les frais financiers portés sur les bilans qui nous ont été communiqués sont disproportionnés avec la taille de l'entreprise.

Il y a un retard dans les paiements de la Ville de Marseille, ce qui explic d'après les dirigeant de C.E.G.M. ce trou de trésorerie.

...

DOCUMENT N° 5

A notre avis, il s'agit plus d'une très mauvaise gestion que d'un retard de paiements de la Ville de Marseille, surtout qu'un marché d'entretien des Bâtiments Communaux est nanti pour 3 500 000 Frs auprès de la C.C.M.E.

Les bilans des 3 dernières années nous ont été communiqués, à l'exception de 1978.

78 ne fait pas apparaître de perte, les résultats sont égal à 0.

INTERETS DE LA REPRISE DE C.E.G.M.

Les intérêts de reprise de cette société sont les suivants :

a) C.E.G.M. détient un marché d'entretien voirie lot noir (enrobés, asphalte, de 10 000 000 Frs sur 2 ans qu'elle sous-traite. La seule récupération de ce marché assure pour l'avenir une partie de l'activité de l'Agence SPAPA.

b) C.E.G.M. est titulaire également d'un lot d'entretien voirie - lot blanc (terrassements, fondations, bordures, etc) de 7 000 000 sur 2 ans. Ces travaux sont réalisés par des sous-traitants et pourraient être exécutés par l'Agence SPAPA.

c) C.E.G.M. possède aux Bâtiments Communaux, un marché gros-oeuvre, grosses réparations et rénovation. Lot de 7 000 000 de Frs par an. Cette activité est très rentable.

d) C.E.G.M. est titulaire, toujours aux Bâtiments Communaux, d'un marché peinture de 5 000 000 Frs. Ces travaux sont aussi très rentables.

e) C.E.G.M. réalise déjà des travaux de rénovation et est parfaitement rodée à ce genre d'activité. Des projets très importants, tels que le Panier en particulier (voir coupure de journal), sont à l'étude et des programmes vont être prochainement lancés.

Cette nouvelle activité donnera un débouché certain dans l'avenir.

CONDITIONS SOUHAITEES DE REPRISE

Après de longs entretiens avec les dirigeants de C.E.G.M., ils souhaiteraient

- *Apport en capital de 600 000 Frs,*
- *Apport en compte-courant 900 000 Frs,*
- *~~Prendre~~ la direction de C.E.G.M.,* [illegible]
- *Contrat à durée déterminée de Monsieur VENTURI Père.*

10 000 Francs par mois pendant 3 ans

...

DOCUMENT N° 6

Des contacts par personne interposée ont été pris avec des hommes politiques marseillais qui, après avoir été informés de nos pourparlers, ont émis un avis très favorable. Les appuis que possède C.E.G.M. nous seront acquis sans restriction.

A notre avis, il y aura lieu de se séparer du fils de Monsieur VENTURI, qui n'a pas l'étoffe d'un chef d'entreprise ni d'un bon collaborateur.

D'après les informations en notre possession, cette restriction n'amènera pas d'objection.

Toutes les prétentions de C.E.G.M. doivent encore être discutées.

CONCLUSION

Faire entrer C.E.G.M. dans le groupe TARMAC amènera sans aucun doute

- *des travaux assurés à l'Agence SPAPA, d'où une sécurité plus grande pour l'avenir,*
- *de nouvelles activités au sein de notre groupe,*
- *le démarrage immédiat d'activités nouvelles, telles que la réhabilitati...*
- *des ouvertures importantes dans des marchés d'entretien dans certaines villes, telles que : PARIS, BORDEAUX, NICE, TOULON,*
- *un volume d'affaires réservé sans risque puisque le client est l'Administration,*
- *des marges très correctes.*

A. VALGALIER

DOCUMENT N° 7

P R O T O C O L E

ENTRE LES SOUSSIGNES

1) Monsieur Dominique VENTURI,
demeurant 17 Allée des Ormeaux - 13.012 MARSEILLE.
agissant tant en son nom personnel que comme porte fort d'un certain nombre de personnes dont la liste est jointe en Annexe 1 aux présentes.

d'une part

2) SOCIETE DE PAVAGE ET DES ASPHALTES DE PARIS, société anonyme au capital de 16.800.000 Francs ayant son siège à Paris 75015, rue Lacordaire n° 46, ci-après appelée "SPAPA", représentée par Monsieur Martin BROOKS ayant procuration spéciale de Monsieur David WINCH, Président Directeur Général.

d'autre part

IL A ETE PREALABLEMENT EXPOSE CE QUI SUIT

La COOPERATIVE D'ENTREPRISE GENERALE DU MIDI, ci-après appelée "CEGM" a été constituée le 1953, en la forme d'une société coopérative ouvrière de production anonyme, aux capital et personnel variables.

Cette Société, depuis sa création, développe dans la région de Marseille une activité importante dans le secteur des travaux de maçonnerie, de peinture et de voierie. Elle est notamment aujourd'hui titulaire de marchés publics, dont la liste figure en Annexe 2 au présent protocole.

Monsieur Dominique VENTURI, Fondateur de CEGM, mandaté par son Conseil d'Administration, souhaite en raison du développement de l'activité de cette entreprise, restructurer son organisation et améliorer ses méthodes de gestion administrative et comptable.

SPAPA est une entreprise de bâtiment et de travaux publics, dont les Agences sont implantées sur le territoire national et notamment à Marseille. Elle dispose des connaissances techniques, de l'expérience professionnelle et des moyens nécessaires pour apporter son concours à CEGM.

C'est dans ces conditions que les parties soussignées se sont rapprochées et que le présent protocole a été conclu.

DOCUMENT N° 8

- 5 -

Article 6

Il est précisé que, la considération de la personne de Monsieur Dominique VENTURI est pour SPAPA un élément essentiel et déterminant qui l'a amené à contracter le présent protocole.

En conséquence, SPAPA sera déliée de son obligation d'acquérir les parts de CEGM au cas où, au moment où cette obligation devra être exécutée, Monsieur Dominique VENTURI ne serait plus associé de CEGM.

Article 7

Pour l'exécution des présentes et leur suite, les parties font élection de domicile en l'adresse de leur domicile ou siège social respectifs.

Toutes notifications rendues nécessaires à l'exécution des présentes et notamment celles prévues au paragraphe (5) de l'Article 3 ci-dessus, seront valablement effectuées par lettre recommandée avec demande d'avis de réception à cette adresse.

Fait en deux exemplaires originaux

à Paris

le 29 Novembre 1979.

DOCUMENT N° 9

ture » des mêmes « *bâtiments communaux* » : « *5 millions de francs* » garantis « *par an* ».

- Un troisième « *marché réservé* » pour les travaux de « *la voirie — Ville de Marseille — lots blancs* ». Total : « *7 millions de francs sur deux ans* ».
- Un quatrième « *marché réservé* » pour « *la voirie — Ville de Marseille — lots noirs... de 10 millions de francs sur deux ans* ».

On comprend, dans ces conditions, que l'entreprise Venturi ne se soit attaquée que « *récemment* » au « *marché privé* », où d'ailleurs « *on constate immédiatement* » que son action est « *réduite* ». Ses marges y varient « *de 20 à 23 %* » (ce qui est déjà énorme), contre « *30 à 35 %* » (ce qui est colossal) pour le gros œuvre et la rénovation des bâtiments communaux, « *28 %* pour les travaux de terrassement, fondations, etc. de la voirie municipale », et « *30 %* pour l'enrobage et l'asphaltage des rues de la ville ».

28 et 30 % en tenant compte que la C.E.G.M. « *fait sous-traiter* » les marchés qui lui sont « *réservés* », « moyennant redevance à des entreprises de la région ».

« *Marchés réservés* » ? L'expression est homicide. Elle n'a pas la résonance délicate de « La Marseillaise » que Mme Edmonde Charles-Roux-Defferre interprétait dernièrement au « Journal télévisé » où elle s'était convoquée. « *Marchés réservés* » ? En vertu de la législation régissant les marchés publics ? Non, puisque la règle impose à chaque ville de choisir pour chaque très gros marché, l'entreprise « *la moins disante* » lui offrant, sous pli et après appel d'offres, le meilleur rapport qualité-prix.

Le *Code des marchés publics,* publié au *Journal officiel de la République française,* ignore totalement l'existence des « marchés réservés ». A moins que notre acuité visuelle soit gravement atteinte — auquel cas le docteur Defferre se fera un devoir de nous administrer la thérapeutique adéquate — nous n'avons pas trouvé dans les articles consacrés aux « Marchés passés au nom des collectivités locales et de leurs établissements publics » (pp. 92 et suivantes), la plus petite allusion à la possibilité pour une commune de « réserver » ses marchés. Le Code autorise et réglemente les « *marchés par adjudication* », les « *marchés par appel d'offres* » et les « *marchés négociés* ». Parfaitement spécifiés, ces derniers peuvent intervenir dans « sept cas », n'ayant rien à voir avec la nature des « marchés réservés » par la mairie de Marseille à la coopérative de « Nic » Venturi. Quoi qu'il en soit, ces « marchés négociés » (dits aussi « de gré à gré ») ne peuvent être conclus par les collectivités locales et leurs établissements publics que « lorsque le montant total de l'opération n'excède pas 250 000 francs ». (Voir l'arrêté ministériel du 10 janvier 1980 — *J.O.* du 20 janvier.)

Ayant sa table réservée à la cantine municipale, « Nic » Venturi ne saurait se contenter des repas de quatre sous prévus au menu officiel. Cette solide fourchette ne résiste pas à la subtilité des sauces que ses amis politiques lui préparent en cuisine. Pour l'amour de l'art.

Marges bénéficiaires sans équivalent, mais « frais financiers énormes, disproportionnés... »

La situation financière de la Coopérative *ouvrière* de Venturi est intéressante à bien des égards :

« C.E.G.M. est une entreprise qui a *d'énormes frais financiers* », écrit André Valgalier, sans répondre à la question : *Où passe l'argent ?*

On aimerait bien savoir pourquoi, bénéficiant à Marseille d'une activité *constante,* due à son quasi-monopole dans l'attribution de certains marchés municipaux, et exécutant ceux-ci avec une marge bénéficiaire sans équivalent dans toute la profession du Bâtiment et Travaux publics, la Coopérative de M. Venturi se retrouve à la fin de ces dernières années, avec un résultat négatif ou — au mieux, en 1978 — sans bénéfice ni perte. La S.P.A.P.A. note d'ailleurs que :

« *Les frais financiers* portés sur les bilans qui nous ont été communiqués *sont disproportionnés avec la taille de l'entreprise.* »

Les explications données à ce sujet par Venturi n'ont manifestement pas convaincu la S.P.A.P.A., firme sérieuse, créée en 1935 et employant aujourd'hui 1 151 personnes pour des travaux urbains, routiers, etc. André Valgalier écrit que s' « il y a un retard dans les paiements de la ville de Marseille, ce qui explique, d'après les dirigeants de C.E.G.M., ce trou de trésorerie », la raison de ce trou est ailleurs, la commune semblant exécuter ses engagements :

> « A notre avis, il s'agit plus d'une très mauvaise gestion que d'un retard de paiement de la ville de Marseille, surtout qu'un marché d'entretien des bâtiments communaux est nanti pour 3 500 000 francs auprès de la C.C.M.E. (Caisse centrale des marchés de l'Etat devenu le Crédit d'équipement des P.M.E.) »

En clair, cela signifie que cet établissement public financier a assuré la coopérative de l'encaissement de cet argent, avant la liquidation de ce marché, encore une fois « réservé ».

A Marseille, la Coopérative ouvrière de « Nic » Venturi « *a d'énormes frais financiers... disproportionnés avec la taille de l'entreprise* », officiellement « *une très mauvaise gestion* »..., mais elle est assurée — voilà qui justifiera aux yeux de l'actionnaire principal de la S.P.A.P.A., *l'intérêt de cette affaire* — des commandes juteuses de la ville. D'ailleurs, sous l'inter-titre « INTÉRÊT DE LA REPRISE DE C.E.G.M », André Valgalier confirme que :

> « *a*) C.E.G.M. détient un marché d'entretien voirie lot noir (enrobés, asphalte) de 10 000 000 francs sur deux ans qu'elle sous-traite. La seule récupération de ce

marché assure pour l'avenir une partie de l'activité de l'agence S.P.A.P.A.

« *b*) C.E.G.M. est titulaire également d'un lot d'entretien voirie — lot blanc (terrassements, fondations, bordures, etc.) de 7 000 000 sur deux ans. Ces travaux sont réalisés par des sous-traitants et pourraient être exécutés par l'agence S.P.A.P.A.

« *c*) C.E.G.M. possède aux Bâtiments communaux un marché gros œuvre, grosses réparations et rénovation. Lot de 7 000 000 de francs par an. Cette activité est très rentable.

« *d*) C.E.G.M. est titulaire, toujours aux Bâtiments communaux, d'un marché peinture de 5 000 000 francs. Ces travaux sont aussi très rentables. »

Plusieurs autres phrases retiennent notre attention :

« *e*) Des projets très importants, tels que le Panier en particulier (voir coupure journal), sont à l'étude et des programmes vont être prochainement lancés. »

Soit ! Et alors ?
Alors :

« Cette nouvelle activité donnera un débouché certain dans l'avenir. »

Ah bon ?

Avec « les appuis sans restriction »...
« des hommes politiques marseillais »

Si nous comprenons bien, « Nic » Venturi (dont l'entreprise est incapable de digérer tous les marchés qu'on lui réserve en mairie —, dans des conditions bizarres, qu'on aimerait connaître) est d'ores et déjà le glorieux élu pour

« cette nouvelle activité ». Elle se rapportera à « des projets très importants » des autorités municipales, projets non encore soumissionnés par voie d'adjudication.

En réalité, nous avons parfaitement compris. La S.P.A.P.A. aussi. L'affaire est entendue. D'ailleurs :

> « Des contacts par personne interposée [« *interposée* » *au singulier,* N.d.A.] ont été pris avec des hommes politiques marseillais qui, après avoir été informés de nos pourparlers, ont émis un avis très favorable. Les appuis que possède C.E.G.M. nous seront acquis sans restriction. »

Ces « *hommes politiques marseillais* » sont des socialistes — on dit à Marseille : des defferristes — qui tiennent de monsieur le maire leur pouvoir (contrôlé par lui) de décision. Nullement concernés par le devenir de l'entreprise privée de « Nic » Venturi, ils émettent « *un avis très favorable* » pour la cession de celle-ci à la S.P.A.P.A. (filiale du grand groupe anglais T.A.R.M.A.C.). Et comme dans ce genre d'opération on ne doit pas rêver, ces « *hommes politiques marseillais* » assurent à la S.P.A.P.A. que « *les appuis que possède* [terme très socialiste, N.d.A.] *C.E.G.M.* » lui « *seront acquis sans restriction* ».

Chez Defferre, on est correct : on renvoie l'ascenseur.

« *Conclusion* » du rapport n° 1534 de la S.P.A.P.A., en date du 25 mai 1979 :

> « Faire entrer C.E.G.M. dans le groupe T.A.R.M.A.C. amènera sans doute :
>
> « — des travaux assurés à l'agence S.P.A.P.A., une sécurité plus grande pour l'avenir,
>
> « — de nouvelles activités au sein de notre groupe, [...]
>
> « — un volume d'affaires réservé [*le verbe réservé*

s'accordant avec le volume, N.d.A] sans risque puisque le client est l'Administration.

« — des marges très correctes [1]. »

No comment.

« La considération de la personne de M. Venturi est un élément essentiel et déterminant »

Le 29 novembre 1979, Dominique Venturi et la S.P.A.P.A. représentée par l'Anglais Martin Brooks, ayant procuration spéciale du P.-D.G. David Winch, signent enfin un « protocole » d'accord :

« IL A ETE PREALABLEMENT EXPOSE CE QUI SUIT :

[...] « Cette société [*la C.E.G.M.*] depuis sa création, développe dans la région de Marseille une activité importante (...). Elle est notamment aujourd'hui titulaire de marchés publics, dont la liste figure en Annexe 2 au présent protocole. (...)

« ARTICLE 2 : Monsieur Dominique Venturi s'engage à céder ou faire céder 4 500 parts sur les 6 000 parts qui formeront, après le regroupement mentionné à l'article 1, le capital de la C.E.G.M. pour le prix global symbolique de 1 franc, à S.P.A.P.A. [...]

« [...] Il est entendu que M. Dominique Venturi restera associé et conservera tout ou partie de 1 500 parts de C.E.G.M. non cédées à S.P.A.P.A. et à ses substitués. »

1. Dans ces mêmes « *conclusions* », André Valgalier écrit (§ 5) que C.E.G.M. amènera : « *des ouvertures importantes dans les marchés d'entretien de certaines villes telles que Paris, Bordeaux, Nice, Toulon* ». Dans les documents comptables de la Coopérative *ouvrière* de M. Venturi, documents portant sur ses derniers exercices, on ne trouve trace que d'affaires traitées à Marseille, *à l'exclusion de toute autre ville*

L'Article 6 de ce contrat, signé, paraphé et établi en deux exemplaires originaux, lève le moindre doute quant à l'importance, à la qualité et aux relations politiques du vendeur :

> « Il est précisé que la considération de la personne de M. Dominique Venturi est pour S.P.A.P.A. un élément essentiel et déterminant qui l'a amené à contracter le présent protocole.
>
> « En conséquence, S.P.A.P.A. sera déliée de son obligation d'acquérir les parts de C.E.G.M. au cas où, au moment où cette obligation devra être exécutée, M. Dominique Venturi ne serait plus associé de C.E.G.M. »

La S.P.A.P.A. n'aura pas à regretter sa signature, ni à reprocher à Dominique Venturi le plus petit manquement à sa parole (ce que nul ne lui a jamais imputé). Les amis socialistes de « Nic » respecteront aussi la leur, tout le monde travaillant pour le bien commun, selon la devise : « Un pour tous, tous pour un. »

Le 13 juin 1980, l'assemblée générale de la C.E.G.M. annonce « la poursuite de l'activité de la société malgré les pertes subies par elle ». Société anonyme au capital de 16800000 francs, sise à Vitry-sur-Seine, la S.P.A.P.A. devient l'administrateur majoritaire, en la personne d'André Fernand Joseph Valgalier (signataire du rapport « TRÈS CONFIDENTIEL N° 1534 ») et de sa filiale, la S.A. « Entreprise Viturat » (de Vitry). Valgalier (S.P.A.P.A.) et Viturat (groupe T.A.R.M.A.C.-S.P.A.P.A.) ont pour partenaire « *Dominique Venturi, demeurant 17, allée des Ormeaux* » (résidence future de René Lucet).

Tout est bien qui finit bien :

- La S.P.A.P.A. a apporté l'argent nécessaire au renflouement de la Coopérative (« *apport en capital de 600000 francs ; apport en compte courant de 900000 francs* ») ;
- Venturi demeure dans l'affaire avec, en plus, un salaire de « *10000 francs par mois* » ;

• « *Les hommes politiques marseillais* » sont certains de pouvoir traiter avec la même bonne vieille coopérative, qu'ils « *appuient* » toujours « *sans restriction* »... le réservé « Nic » Venturi étant là pour y superviser les « *marchés réservés* »... !

Conformément aux grands principes égalitaires du socialisme, du defferrisme ?

L'odieuse manœuvre du P.C. pour égarer l'opinion

Les rapports de René Lucet avec Dominique Venturi ne prêtent pas, *eux*, à la moindre équivoque. Même si le directeur de la Caisse a commis l'imprudence de lui acheter sa villa trop voyante. Nous l'avons dit : Venturi et sa Coopérative *ouvrière* étaient, bien avant l'arrivée de Lucet à Marseille, des fournisseurs de la Caisse primaire pour laquelle ils exécutaient des travaux. Mais il ne s'est jamais agi de « *marchés réservés* ». La « Sécu » n'est pas la mairie. Ni avant, ni après que Lucet eut pris ses fonctions.

Avec Lucet, environ « 59,997 % » des marchés (les plus importants quant aux dépenses) font l'objet « d'appels d'offre restreints ou ouverts » et « 40,003 % » (les petits) se traitent de gré à gré suivant les dispositions légales — chiffre normal si l'on tient compte que cette dernière procédure est employée par l'Etat dans 65,3 % des cas (cf. la revue du ministère des Finances, *Marchés publics*, n° 180, septembre 1981). Nous tenons à le souligner, puisque la presse communiste, imitée par d'autres organes, a tenté de jeter la suspicion sur Lucet, sous prétexte des marchés de gré à gré (ou par adjudication) conclus par la « Sécu » avec l'entreprise de Venturi. Après le 4 mars 1982 et son suicide accusateur, terriblement gênant, le P.C.F. ira encore plus loin. Il distillera dans ses organes, et autres, des « *révélations* » mensongères sur de prétendus rapports coupables, honteux, entre Lucet et Venturi. Manœuvre odieuse, mais efficace :

• Elle permettra de faire pression sur les socialistes — qui ne tiennent pas à voir évoquer le nom de Venturi ;

• Elle embarrassera l'équipe Defferre, bien placée pour savoir qu'à travers Lucet, c'est elle que les communistes visent en réalité ;

• Elle sera donc un excellent moyen de chantage dans l'opération de diversion, par la désinformation, destinée à égarer le public ; pour ce faire, on doit, coûte que coûte, déshonorer un homme encore plus dangereux mort que vivant, ses dossiers étant toujours là pour attester la véracité de ses dires et montrer à l'opinion qui, dans cette affaire, a volé la Sécurité sociale et l'Etat. (Cf. infra, pp. 258 à la fin, annexes comprises.)

L'examen des pièces comptables de la Caisse ne permet d'ailleurs nulle critique à propos des opérations de constructions, d'aménagements, de réfection, etc. ordonnées par le directeur. La preuve par neuf en sera donnée par le fait que, le moment venu, le rapport de l'Inspection générale des Affaires sanitaires et sociales (I.G.A.S.), pourtant si hostile à Lucet, ne soufflera mot sur les marchés de gré à gré (conclus avec toutes sortes d'entreprises, dont celle de Venturi), lesquels, *eux,* sont parfaitement légaux.

Les ennemis de René Lucet ont insinué aussi, non moins mensongèrement, que les quatre attachés à la direction engagés par lui — pour lui servir de chauffeurs, gardes du corps, secrétaires et coursiers — lui avaient été fournis par Venturi.

Faux !

C'est un responsable syndical, socialiste, qui a trouvé et recruté ces « hommes de confiance ».

Les socialistes le lâchent et la parole communiste devient officielle

D'ailleurs, en cette fin d'année 1980, Lucet entretient d'excellents rapports avec Gaston Defferre ; mais ni lui, ni personne ne s'attend à voir celui-ci devenir bientôt ministre d'Etat, ministre de l'Intérieur, une victoire de la gauche aux présidentielles prochaines semblant à Marseille une histoire marseillaise...

Lucet est donc tranquille. Son combat contre la C.G.T. et les communistes mutualistes, aussi acharné que toujours, ne devrait pas, dans ces conditions, tourner à son désavantage. Car, si le pouvoir de l'époque ne fait pas grand-chose pour l'appuyer, il est du moins neutre. Et, de leur côté, les autorités socialistes des Bouches-du-Rhône ne voient pas en Lucet un adversaire. Au contraire. On le rencontre souvent en compagnie très fraternelle... des députés socialistes Louis Philibert, président du Conseil général, Jean Masse (ancien président de ce Conseil) et Philippe Sanmarco, suppléant et dauphin (anticommuniste) de Defferre à la mairie.

Cette belle amitié volera en éclats dans les mois qui suivront la prise du pouvoir par la gauche. Lucet fera la triste expérience de la trahison. Ses alliés P.S. le laisseront choir, à partir du moment où il refusera de faire acte d'allégeance au vainqueur. En effet, un haut responsable de l'appareil socialiste des Bouches-du-Rhône lui conseillera vivement d'adhérer au P.S. Lucet prendra cette suggestion comme une menace, parce qu'elle impliquait un reniement de sa part :

« Ils veulent que je collabore avec les communistes ! » s'était-il écrié, indigné.

Non, il ne suivra pas la politique d'alliance avec le P.C.F. qu'impose à ses troupes la direction nationale du P.S., reliée à Marseille par Michel Pezet, secrétaire du Parti, président du Conseil régional, militant enthousiaste du C.E.R.E.S. et rival de Philippe Sanmarco.

Si, au moment de l'élection de François Mitterrand, Lucet gardait encore l'illusion de pouvoir maintenir sa bonne entente avec les socialistes, la sollicitation impérative dont il vient de faire l'objet lui a révélé son erreur.

Dorénavant — et il aura tôt fait de s'en rendre compte — les socialistes au pouvoir seront ses ennemis. Tous, sans exception. Les injures, les calomnies, les inventions de la C.G.T. et du P.C.F. deviendront, contre lui, la parole officielle.

Plus que jamais il répétera à ses proches la phrase qu'il écrivait en février 1981, dans sa lettre mensuelle :

> « AVIS AUX AMATEURS, POUR QUE JE SOIS BATTU DÉFINITIVEMENT, IL FAUDRA QUE JE SOIS MORT. » [*Majuscules de René Lucet*].

6

Un procès de Moscou à Marseille

Eté 1981 : il n'entrevoit toujours pas sa défaite

Juin 1981.

Ce sera le dernier été.

Quand l'heure des vacances arrive, les ennemis de Lucet savent que la rentrée marquera le début de la bataille finale. Ils sont certains d'en sortir vainqueurs, parce qu'un homme seul ne peut arrêter la machine de l'Etat.

Jusqu'à maintenant, Lucet s'est battu au niveau du département, et à propos d'un problème concret : l'administration de la Sécurité sociale. Depuis que la gauche a conquis le pouvoir, cette question a été promue au rang d'affaire d'Etat.

René Lucet l'a-t-il compris ?

Malgré son intelligence et son expérience, il n'a jamais eu maille à partir avec les plus hautes instances du pays. Son optimisme naturel ne lui permet peut-être pas d'apprécier déjà, à sa juste mesure, le danger qui le menace. Aucune inquiétude particulière ne perce dans ses lettres estivales aux employés.

Il y consacre une large place aux points positifs et négatifs qui forment la trame de son activité. Ses explications sont, comme à l'accoutumée, nettes et précises. Et, comme à l'accoutumée, il assume avec énergie sa propre défense.

Tout est prétexte pour l'attaquer, non seulement sur le

plan politique et professionnel, mais aussi sur celui de sa manière d'être :

« Certains de mes détracteurs trouvent que je ne suis pas assez dans mon bureau, que j'ai une fâcheuse tendance à partager trop souvent mes repas avec les autres, que je préfère boire un verre avec les employés ou mes divers interlocuteurs plutôt que de rédiger des rapports ou des notes de service. »

Ces griefs, Lucet ne les dément point : il croit à la « CONVIVIALITÉ » — mot qu'il écrit en capitales, afin de souligner l'importance qu'il accorde à la « fraternité simple » qu'il veut instaurer, tout en tenant ferme sur les principes et sur le respect des hiérarchies, dans la vie quotidienne de la Caisse.

La politique n'est, hélas ! jamais absente de l'esprit du directeur. Ainsi, avant de souhaiter de bonnes vacances à son personnel, il relate sa récente entrevue avec un personnage de la nouvelle majorité. Il résume ainsi leur entretien :

« Nous ne sommes pas en 1789 ou en 1917, notre pays est une nation démocratique et rien ne sert de se lamenter ou de se réjouir à l'excès. »

On le voit, il ne s'attend guère à l'officialisation de la chasse aux sorcières, il ne soupçonne point qu'il en sera la première victime. L'adresse finale de sa lettre a quelque chose d'involontairement pathétique :

« Profitez de vos vacances au maximum, vous aurez besoin de toutes vos forces dans trois mois. »

On le sait maintenant, toutes ses propres forces ne lui suffiront pas... Et ses vacances seront empoisonnées par les intrigues qui précèdent l'approche des élections de délégués du personnel, le 8 octobre. Mais on est encore fin août. Il tient à prévenir ses ennemis que sa « détermination, [sa] volonté sont intactes ».

Les champions de l'amalgame, les perpétuels défenseurs de la vertu — comme il les appelle, moqueur —, n'hésitent pas, en effet, à raconter que Lucet est « passé de la fougue juvénile au radotage stupide de la sénescence ».

De ces bruits, de ces demi-confidences, des canards relevant de l' « intox », il s'en fiche. Il croit à sa capacité de préserver l'outil de travail qu'il a mis deux ans à dérouiller et perfectionner. Il interpelle les bons entendeurs, il les avertit :

« Le soleil et la mer m'ont retapé l'esprit et le corps. »

Le « rhinocéros » devra se rendre ou périr

A son retour d'Italie, Lucet constate l'agitation qui règne autour de la Caisse.

Le matraquage de la presse communiste ne l'étonne pas : il y est habitué. La frénésie de la C.G.T. s'explique par des nécessités électorales. Il est évident, néanmoins, que la campagne contre lui atteint un volume jamais vu. Il réagit à sa manière, où se chevauchent la froide exposition des faits, la polémique cinglante, le goût des références littéraires, le didactisme, le besoin de rassurer. Il aime mettre les rieurs de son côté, soulignant les excès de la littérature cégétiste et communiste : « A la lire, et à entendre ses auteurs, on pourrait craindre que les prévisions apocalyptiques de Nostradamus sont déjà une réalité dans notre organisme. »

Il ne s'écoule pas de journée sans qu'on lui attribue un nouveau méfait, une combine, un coup tordu. Il a beau rigoler : « Vraiment, pour quelqu'un au bout du rouleau, vieux et fatigué [*on a écrit cela de lui, lui le benjamin des directeurs de Caisse !*] quelle vitalité ! », il devrait accorder plus d'attention à l'avalanche de calomnies — toujours les mêmes — que l'on déverse à son encontre : c'est un symptôme que le complot entre dans une phase décisive.

Or, il imagine toujours que les choses se jouent à Marseille, qu'elles restent au stade de la provocation verbale, du harcèlement par medias et pamphlets interposés. Il soupçonne ses adversaires de semer l'inquiétude à partir de rien ou de pas grand-chose ; cela lui rappelle « la pièce de Ionesco où un homme, soumis aux pressions psychologiques, se persuade qu'il est devenu un rhinocéros et finalement se prend pour tel. Je m'imagine mal notre Caisse devenir une savane africaine ».

Il se trompe, doublement. Elle l'est, en effet, devenue, et il est bien, lui, le rhinocéros que des chasseurs fourbes, bien armés, prêts à n'importe quoi pour avoir sa peau, sont en train de traquer sans qu'il s'en aperçoive. Ils multiplient les précautions, pour que la proie ne s'échappe pas et, s'il le faut, ils emploieront les grands moyens.

Ceux dont on a usé à Marseille n'ont pas suffi : le gibier Lucet est récalcitrant. La complicité de Paris permettra de réussir la mise à mort : quand le ministre de tutelle lui-même et les batteurs à ses ordres sonneront l'hallali, le « rhinocéros » devra se rendre — ou périr...

Les élections des délégués du personnel sont interprétées par les communistes comme un test anti-Lucet :

« En votant pour nos candidats, vous condamnerez la politique menée depuis vingt-deux mois par une direction rétrograde », proclament les tracts de la C.G.T.

Celle-ci connaît pourtant, mieux que personne, la popularité dont jouit un homme qui, en deux ans, a sauvé la Caisse, tout en améliorant les conditions de travail et les prestations de services. Pour que la consultation du 8 octobre ne tourne pas au plébiscite en faveur de Lucet, les communistes se doivent de faire exploser, avant cette date, une bombe puissante.

Ministre de la Solidarité nationale, Mme Nicole Questiaux est là, précisément, pour allumer la mèche.

Le cinquième ministre communiste ?

Enarque mariée à un énarque, l'inspecteur des Finances Paul Questiaux, manitou de l'E.D.F., ancien collaborateur du ministre gaulliste Robert Boulin et du Premier ministre Jacques Chaban-Delmas, Nicole, Françoise Questiaux vit le plus bourgeoisement du monde dans le quartier ultra-chic de Neuilly.

Cinquante-deux ans, mère de deux enfants, petite, habillée discrètement, ayant l'air, sous ses cheveux clairs, d'une grand-mère inoffensive, son amitié profonde et durable pour Guy Braibant, chargé de mission communiste auprès du ministre communiste Charles Fiterman, le dauphin de Georges Marchais, l'a petit à petit entraînée à l'extrême gauche de l'aile gauche du Parti socialiste, le C.E.R.E.S. Maître des requêtes au Conseil d'Etat, membre de l'état-major du P.S., c'est elle qui fut choisie par François Mitterrand et Alain Savary pour présider la préparation du congrès de l'unité des socialistes, resté dans les mémoires sous le nom de « Congrès d'Epinay ». D'où son surnom de « Madame Unité ». Attachée à l'étude des questions sociales, elle publiera (1973), en collaboration avec Guy Braibant, lui-même énarque, maître des requêtes au Conseil d'Etat et fils de la grande bourgeoisie, un ouvrage sur... *Le Contrôle de l'administration et la protection des citoyens* dans lequel on nous assure que les citoyens soviétiques bénéficient d'une bonne, d'une réelle protection contre les empiètements de l'Etat, voire l'arbitraire administratif. Le chapitre réservé aux libertés dans les pays de l'Est est de la même eau. Auteur, en 1948, d'une œuvre impérissable traitant de *La Planification en Tchécoslovaquie,* le camarade Braibant saura orienter l'évolution socialiste de son amie Nicole. Maintenant aux affaires, elle comme ministre, lui comme éminence grise d'un autre ministre, les deux compères s'emploient, chacun de son côté, à mettre en pratique leur conception commune sur « le contrôle de l'administration ». Quant à la « protection des citoyens », Lucet sera le premier à en faire les frais. Avec l'appui de tout l'appareil communiste et de sa presse.

Le détonateur d'une manœuvre malhonnête et illégale

Le lundi 28 septembre 1981, *La Marseillaise* jubile. Sous le titre : « *M. Lucet sommé de respecter la loi* », le quotidien communiste transcrit in extenso une lettre que Michel Lombardot, directeur régional (socialiste) des Affaires sanitaires et sociales — dépendant du ministère de la Solidarité nationale — a écrite à René Lucet le 24 septembre 1981. « *Victoire* » : tel est le premier mot du commentaire accompagnant la note, reproduite aussi par le journal en fac-similé. « Pour une victoire s'en [*sic*] est une, et pas des moindres », insiste Jacques Roger, signataire du papier : « Le ministre de la Solidarité nationale désavoue publiquement M. Lucet. »

L'adverbe « publiquement » trahit le plumitif communiste. Car, sans toucher à la question de fond — nous en parlerons plus avant —, la forme de la lettre, la manière de la présenter, l'exploitation qu'on en fait, prouvent qu'elle est le détonateur d'une manœuvre déloyale, malhonnête et illégale, à laquelle le ministre a prêté main forte.

A elle seule, la chronologie nous dispense de commentaires.

La lettre de Michel Lombardot est datée du 24. Or, son destinataire, René Lucet, ne la reçoit que le 28..., après sa publication matinale par le journal communiste. C'est via la C.G.T. que celui-ci s'était procuré, trois jours auparavant, une copie du texte, remis à la centrale communiste par ledit Lombardot. Remis comment ? Sous pli cacheté, renfermant aussi une lettre d'accompagnement par laquelle le docile Lombardot (que Lucet connut, comme conseiller municipal socialiste, en Seine-et-Marne) prie le secrétaire de l'Union départementale des syndicats C.G.T. « de trouver ci-joint copie de la lettre que j'adresse ce jour à Monsieur le Directeur de la Caisse primaire centrale d'assurance maladie des Bouches-du-Rhône, lettre qui fait suite à votre intervention [*en date du 14 septembre.* N.d.A.] auprès de Madame le Ministre de la Solidarité nationale ».

Que d'anomalies ! !

Une note de service — donc, par définition, à usage interne — ne peut être communiquée à un tiers avant même d'être parvenue à son destinataire ; ce tiers ne peut, sans autorisation, la faire circuler et encore moins la faire publier par la presse. Lui attribuer enfin un caractère public (que, par nature, elle ne saurait avoir) est un mensonge.

En bref, *La Marseillaise* fabule lorsqu'elle assure que « le ministre de la Solidarité nationale désavoue *publiquement* M. Lucet », Michel Lombardot pèche au moins par omission lorsqu'il néglige de s'assurer que Lucet recevra la note le premier, et le ministre se rend complice d'un forfait.

En réalité, cette lettre est le premier signe évident de la collusion, contre Lucet, du pouvoir socialo-communiste avec la C.G.T. Devenue le bras séculier de la centrale communiste, le ministre recrute ses agents sur place pour exécuter les basses œuvres.

Il ne se démettra ni ne se soumettra

La lettre de Michel Lombardot, directeur régional des Affaires sanitaires et sociales de la région Provence, Alpes, Côte d'Azur, apporte à la campagne anti-Lucet ce qui lui manquait : l'estampille impressionnante du discours officiel. Tant qu'il s'est agi de gens aussi peu crédibles que les cégétistes ou les communistes marseillais, on a eu tendance à ne pas croire leurs allégations. Mais le sceau apposé sur la marchandise par le gouvernement lui accorde, sans doute, du crédit.

Pourquoi, dans un pays démocratique, où la chasse aux sorcières n'a pas cours, le pouvoir calomnierait-il sciemment un fonctionnaire brillant et prestigieux ?

Raisonnement juste... en théorie. Car il se fonde sur un

faux postulat : en vérité, depuis le 10 mai 1981, l'administration n'est plus neutre, le gouvernement affirme sa nature de classe et sa partialité envers ceux qui se refusent à subordonner les intérêts de l'Etat à ceux des factions qui s'en sont emparé.

Même en faisant abstraction de son issue tragique, l'affaire Lucet est passionnante (et grave) parce qu'elle montre comment on stalinise, sans crier gare, une société libérale, comment, sans violence visible, on peut, par touches successives, transformer l'appareil d'Etat en machine répressive.

Une hypothèse d'école, mais combien vraisemblable, mérite ici d'être envisagée.

Imaginons un instant que, moins courageux ou moins téméraire, plus calculateur ou plus sceptique — sinon, tout simplement fatigué par les aléas d'une lutte trop rude —, René Lucet décide de capituler ce lundi 28 septembre, quand il se voit soudain confronté à une situation inattendue, impensable même, pour quelqu'un de sa mentalité et de sa formation.

Homme d'ordre, respectueux de la hiérarchie, élevé dans la discipline et le dévouement à l'Etat, Lucet n'a jamais pu soupçonner qu'il entrerait un jour en conflit avec ses chefs. Bourgeois respectant les valeurs bourgeoises, son travail à la « *Sécu* » est pour lui sa passion et — au sens noble du terme — sa carrière. Il ne se conçoit pas en dehors de son cadre. La lettre de Lombardot, lui transmettant le *blâme* acerbe et les ordres de son ministre, le place devant une perspective dramatique. Il s'aperçoit que tout le cours de sa vie est en jeu. Les communistes lui ont enjoint cent fois de « se soumettre ou se démettre ». Se démettre sans esclandre lui ouvre la possibilité de reprendre ailleurs, ou autrement, la courbe ascendante ; se soumettre lui vaudrait la paix, le calme, la continuité.

Sa droiture et sa trempe exceptionnelles se révèlent définitivement ce lundi 28 septembre, lorsque, après avoir appris, en ouvrant *La Marseillaise,* que le gouvernement se met de la partie, il prend la plume pour répliquer à l'homme de main du ministre — et à travers lui, à Mme Questiaux en personne. Il tranche ainsi le nœud gordien : il ne se démettra ni ne se soumettra.

A ce moment-là, il n'a peut-être pas conscience de l'importance de son geste. Ni, non plus, de son caractère exemplaire, rarissime.

Car — l'histoire nous l'apprend — c'est la démission ou la soumission, et les deux à la fois, des gens comme Lucet — grands commis de l'Etat — qui mènent au totalitarisme. Pour lui, il n'y a pas de doute : les régimes staliniens sont la conséquence finale d'une cascade de concessions arrachées à la peur, à la lassitude, à l'indifférence, à l'inconscience, à l'arrivisme.

Revenons à notre hypothèse.

Si, le 28 septembre 1981 le directeur de la Caisse de la « *Sécu* » de Marseille avait obtempéré, il n'y aurait pas eu d'affaire Lucet. Il serait vivant et, probablement à la tête d'un autre poste de tout repos, son dossier comporterait un « *20 sur 20* » en docilité — vertu fort prisée dans les régimes que la C.G.T. et le P.C.F. affectionnent. En revanche, peu de Français sauraient que, avec l'appui actif de nos gouvernants, on peut piller notre Sécurité sociale, persécuter les anticommunistes dont le seul tort est d'être honnêtes, institutionnaliser la fausse délation, pour instaurer la crainte.

La lettre de Michel Lombardot est, au fond, un cas typique de *faux idéologique.* Le premier d'une série où, par une savante gradation, on accule de plus en plus l'accusé à une défense sans espoir : nul argument, nulle preuve, ne résistent à la mauvaise foi glaciale et au mensonge pur.

Le réquisitoire fignolé d'un « procès stalinien »

Ce « procès stalinien », tenté par notre régime socialo-communiste contre René Lucet, débute par le réquisitoire soigneusement fignolé à Paris, et auquel Lombardot prête, à Marseille, sa signature :

« Monsieur le Directeur,

« Madame le Ministre de la Solidarité nationale a été saisie par l'Union départementale des Syndicats C.G.T. des Bouches-du-Rhône des atteintes portées dans votre organisme aux libertés syndicales et plus particulièrement des sanctions, parfois camouflées sous des mesures d'ordre interne, prises à l'encontre de personnes exerçant une activité syndicale, adhérentes à la C.G.T. ou soupçonnées d'en être sympathisantes.

« Sans méconnaître les pouvoirs du directeur en matière de gestion du personnel et le fait que les litiges qui l'opposent à son personnel relèvent des juridictions compétentes en matière de droit du travail, elle estime qu'il n'est pas possible de tolérer de la part du directeur d'un organisme un comportement volontairement provocateur à l'encontre d'une organisation syndicale représentative. De tels agissements, outre qu'ils sont contraires à la volonté du gouvernement de voir respecter les libertés fondamentales, lui paraissent de nature à entretenir au sein de votre Caisse un climat qui ne peut désormais être toléré.

« C'est pourquoi elle m'a chargé de vous demander :

« — De donner suite immédiatement au jugement de la Cour d'Appel d'Aix-en-Provence en date du 1er juin 1981 confirmant celui du tribunal de Tarascon qui vous a déclaré coupable du délit d'entrave à l'exercice régulier des fonctions de délégué du personnel et de réaffecter Madame Castagnedoli au centre d'Arles-Gambetta,

« — de rapporter la mutation de Monsieur Cordola Georges, ancien chef de centre à La Ciotat, muté au siège de votre organisme parce que le nombre de grévistes dans le centre dont il avait la responsabilité a été estimé par vous excessif,

« — de rapporter les mutations de Madame Jeannine Bourg, de Monsieur Christian Vigne et de Monsieur

Patrick LANDI respectivement déléguée au comité d'entreprise, délégué syndical et délégué du personnel,

« — de rétablir Monsieur Daniel LEMONNIER dans ses fonctions antérieures jusqu'à ce que le recours qu'il a déposé ait été tranché et de respecter strictement le jugement rendu au cas où il lui serait favorable.

« Je vous prie de faire preuve à l'avenir de la plus stricte neutralité en ce qui concerne les mesures d'organisation que vous serez appelé à prendre. Je vous rappelle que ce devoir de neutralité, qui s'impose à tout agent investi d'une mission de service public, doit être notamment respecté à l'occasion des élections des délégués du personnel qui doivent enfin avoir lieu le 8 octobre prochain. A cet égard je ne peux qu'être surpris des procédés utilisés par certains membres de votre personnel et consistant à enregistrer clandestinement les interventions de délégués syndicaux. De telles méthodes, pour le moins curieuses, m'appellent d'ailleurs à souhaiter qu'il soit mis fin aux activités du service dit des relations humaines, celles-ci ayant un caractère pour le moins ambigu.

« Je ne doute pas que, dans un souci d'apaisement et de collaboration positive avec l'ensemble des organisations syndicales, vous donnerez immédiatement suite à la présente lettre dont copie est transmise à l'Union départementale des syndicats C.G.T. (...)

« LE DIRECTEUR RÉGIONAL
DES AFFAIRES SANITAIRES ET SOCIALES,
« M. LOMBARDOT. »

Selon le dicton, les apparences sont trompeuses. De ces trompeuses apparences, Lombardot joue en virtuose.

Il fallait, répétons-le, qu'avant les élections à la Caisse primaire de la « Sécu » de Marseille — qui auront lieu le 8 octobre — les communistes et la C.G.T. disposent, contre Lucet, d'une arme miracle.

La lettre de Lombardot en a l'air.

Non seulement parce qu'elle jette sur la balance tout le poids de l'autorité gouvernementale, mais aussi parce que ses accusations semblent imparables.

Or, c'est du bluff. Du toc.

« Votre lettre est une provocation en vue d'instruire un procès politique »

Implacablement, Lucet pulvérisera Lombardot et Questiaux.

Il faut transcrire intégralement sa réponse, malgré sa longueur. Elle inaugure un hallucinant dialogue de sourds, qui se reproduira chaque jour jusqu'au suicide — et qui suffirait à l'expliquer : un radotage kafkaïen (le terme est, en l'occasion, le seul approprié), comme celui auquel Lucet sera forcé pendant cinq mois, est un moyen de destruction quasiment infaillible.

« CAISSE PRIMAIRE CENTRALE D'ASSURANCE MALADIE DES BOUCHES-DU-RHÔNE

le 1er octobre 1981

Monsieur M. LOMBARDOT
DIRECTEUR RÉGIONAL DES AFFAIRES SANITAIRES ET SOCIALES

« LE DIRECTEUR GÉNÉRAL
RL/AM

« Monsieur le Directeur régional,

« J'ai bien reçu votre lettre du 24 septembre, le 28 du même mois, relative à l'intervention de l'Union départementale des Syndicats C.G.T. des Bouches-du-Rhône auprès de Madame le Ministre de la Solidarité nationale.

« Avant toute chose je tiens à vous préciser que la procédure concernant l'envoi de cette correspondance ainsi que ses termes sont inacceptables.

« D'une part, la transmission à une organisation syndicale et sa publication par la presse communiste locale avant réception par son destinataire venant d'un fonctionnaire dans l'exercice de ses prérogatives me paraissent contraires à tout usage et même aux règles les plus élémentaires de la civilité.

« D'autre part, l'utilisation des expressions " sanctions camouflées " et " comportement volontairement provocateur " me semble plus relever d'un langage polémique que d'une représentation objective de la situation.

« Comme de plus, dans un tel contexte, vous me demandez de faire preuve à l'avenir de la plus stricte neutralité en me rappelant le devoir qui s'impose à tout agent investi d'une mission de service public, j'estime qu'en la matière vous devriez commencer par me servir d'exemple puisque la règle en question est de portée générale.

« Votre lettre m'inspire, en fait, deux réflexions préalables.

« Elle constitue une véritable provocation en vue d'instruire un procès politique à des fins évidentes et reprend sans nuance avec une partialité étonnante, les thèses développées par la C.G.T. dans notre Organisme.

« Je vous croyais plus diplomate et plus prudent tant il est vrai que vérité d'aujourd'hui n'est pas forcément celle de demain.

« Pour ce qui me concerne, exerçant mon métier avec conscience, je continuerai à mener mon action, notamment sur le plan de la gestion du personnel, en respectant les équilibres nécessaires entre les différentes forces en présence à la Caisse primaire centrale d'assurance maladie des Bouches-du-Rhône.

« Sur le fond de cette affaire concernant six agents sur un ensemble de 3500, il convient que vous sachiez que j'ai appliqué, conformément à la volonté de notre Gouvernement, la loi d'amnistie avec le souci d'apaisement que vous souhaitiez en son nom, allant même au-delà pour certaines situations individuelles méritant attention.

« Par contre, pour ce qui est des cas en cause, ils relèvent de mesures d'organisation interne, prises dans l'intérêt général du service et je ne peux me ranger à votre avis sauf à favoriser outrageusement l'organisation syndicale C.G.T. au détriment des autres et de l'autorité indispensable à un chef d'entreprise mais relevant du secteur para-public.

« Ainsi :

« — Madame Castagnedoli n'a pas obtenu satisfaction quant à sa réintégration dans le Centre d'Arles-Griffeuille et j'ai bon espoir que la Cour de Cassation réformera l'arrêt de la Cour d'Appel d'Aix me condamnant à 500 francs d'amende pour délit d'entrave.

« — Monsieur Cordola a été muté dans les services centraux pour gestion défectueuse de son centre de La Ciotat.

« — Madame Bourg a été affectée ailleurs qu'au service du personnel car elle avait tendance à confondre son engagement syndical avec l'exercice de ses fonctions.

« — Messieurs Landi et Vigne ont été placés dans des centres où leur inactivité chronique, lorsqu'ils sont présents, se fait moins sentir en raison d'effectifs suffisants.

« — Monsieur Lemonnier a été affecté à l'Action sanitaire et sociale parce qu'il avait insulté et menacé les cadres du Contentieux où il tenait l'emploi de rédacteur juridique.

« Voilà brièvement résumé le point de la situation à propos des dossiers considérés et je vous adresse, pour votre information, les rapports établis à l'époque des faits.

« Pour le reste, le service des relations humaines auquel sont affectés cinq agents a pour mission d'informer directement le Directeur de tous les problèmes humains, individuels ou collectifs, qui existent toujours dans une communauté de travail comme la nôtre. Sans méconnaître le rôle des organisations syndicales et de la hiérarchie dans ce domaine, j'estime que selon le bon sens populaire " qui n'entend qu'une cloche n'entend qu'un son " et qu'il est utile pour se forger une opinion à mon niveau de connaître dans leur diversité les avis multiples qui peuvent exister sur telle ou telle question.

« Enfin, pour la péripétie relevant de l'espionnite aiguë dont souffrent certains, il faut savoir que, suivant un protocole propre à la Caisse, les syndicats bénéficient d'une heure d'information mensuelle à raison de trois plages horaires de vingt minutes. C'est dans ce cadre que je demande à chaque responsable de dresser un rapport relatant les points essentiels des discours tenus en ces occasions par les représentants syndicaux pour bien connaître les arguments des uns et des autres.

« Un des membres de l'encadrement a cru bon de substituer en l'occurrence l'enregistrement à l'écriture de propos publics ce qui, à mon sens, ne peut justifier une sanction.

« En espérant avoir été complet, je voudrais terminer en situant clairement les responsabilités de chacun.

« L'enjeu de la controverse actuelle c'est purement et simplement le contrôle d'un organisme important, chargé d'un service public, qui depuis ma nomination marche à la satisfaction de la population de notre département et je croyais, jusqu'à maintenant, des autorités de Tutelle.

« Je crains fort que votre intervention présente soit de nature à remettre en cause la situation d'équilibre à laquelle j'étais parvenu en désavouant, avec fracas, une Direction écoutée et respectée par un personnel très nombreux, travaillant correctement au bénéfice de 1 700 000 personnes.

« Je sais que les temps sont difficiles, aussi je crois que pour réussir le changement en cours ce n'est pas de zèle dont a besoin le service public, mais de réalisme.

« Me connaissant bien, je suis sûr que vous ne serez pas déçu de ma réponse.

« Vous souhaitant bonne réception,

« Je vous prie de croire, Monsieur le Directeur régional, à l'assurance de toute ma considération.

« Le DIRECTEUR GÉNÉRAL.

« R. LUCET. »

C'est une exécution parfaite : du pseudo-réquisitoire de Lombardot, rien ne reste debout.

« Une félonie »

Lucet n'ignore pas, cependant, qu'il ne suffit pas d'avoir raison, et de le prouver. Il lui faut porter sa contre-attaque à la connaissance de tous, et en particulier des premiers concernés, les employés de la Caisse. Le 5 octobre, il donne l'ordre, ayant effet immédiat, d'afficher sa lettre du 1er octobre « dans chaque unité de travail de la Caisse ». Le personnel, et la foule des gens qui, chaque jour, défilent par les locaux de services, auront ainsi la possibilité de savoir à quoi s'en tenir.

Cégétistes et communistes enragent ; il leur semble intolérable que, non content de réagir, Lucet le fasse savoir. La comparaison publique des pièces du dossier ne leur convient pas : ils poussent donc des cris d'orfraie. *La Marseillaise* du 7 octobre, sous le titre : « *Lucet tente une ultime pression avant les élections* », se plaint que le directeur de la C.P.C.A.M. « *soit sorti de sa réserve* » en affichant sa lettre. Le journal communiste ne manque pas de culot, lui qui, en matière de « réserve », publie des documents administratifs avant que leur destinataire n'en ait eu connaissance. *La Marseillaise* décèle « *dans la fébrilité* » de Lucet, « *l'attitude d'un homme battu* ». Diagnostic ridicule, car Lucet n'était ni fébrile ni battu. L'organe communiste se surpasse encore quand il fronce le nez, indigné que Lucet « *s'adresse au ministre en des termes outranciers* ». Maintes fois condamnée pour de nombreux délits de presse, *La Marseillaise* n'est certes pas bien placée pour jouer les moralistes... Elle qui ne cesse, d'ailleurs, depuis deux ans, de couvrir Lucet d'injures telles que :

« *Marseille, les truands du patronat de la Sécu.* »
(Titre du 20 juin 1980.)
« *Les truands dehors* », le 10 juillet suivant.
« *M. Lucet pratique l'illégalité et l'arbitraire.* »
(Le 30 septembre 1981.)
« *Trois nouvelles illégalités de M. Lucet.* »
(Le 5 octobre 1981.)
Etc.

Tout compte fait, ce sont cégétistes et communistes qui se retrouvent, le 8 octobre, « fébriles et battus ».

Ils ont en vain « *mis le paquet* » et appelé les travailleurs à justifier, en votant C.G.T., « les craintes de Lucet ».

« *Le 8 octobre... les travailleurs renforceront les positions de la C.G.T.* » : ce slogan, répété sur tous les tons, aura un effet plutôt négatif... Loin d'améliorer ses positions, la C.G.T. encaisse une « veste retentissante » : elle perd plusieurs points et tombe à 39 %, tandis que F.O. — soutien sans faille de Lucet — rafle, avec 52 % des suffrages, la majorité absolue...

Et pourtant, on n'a épargné, en haut lieu, aucun effort pour sauver la mise aux communistes.

Le matin même des élections, le 8 octobre — quelle meilleure démonstration de la collusion du ministre avec la C.G.T. ! — le quotidien communiste (celui-là même qui rappelait à Lucet le devoir de réserve !) transcrit, en page 3 (voir fac-similé, n° 10), un télex signé de Mme Questiaux, où celle-ci, s'adressant au Président de la Caisse, Jean-René de Laroche, le « somme de rétablir la légalité » (*La Marseillaise* dixit).

« La Marseillaise » - Jeudi 8 octobre 1981 — 3

Caisse primaire - Marseille

NICOLE QUESTIAUX SOMME LE PRESIDENT DE RETABLIR LA LEGALITE

L'Union départementale C.G.T., le syndicat C.G.T. de la Caisse primaire des Bouches-du-Rhône, sont intervenus auprès du ministre de la Solidarité Nationale, pour que, rapidement, soient rétablis la légalité, la liberté, l'assainissement du quotidien dans l'organisme.

M. Lombardot, directeur de la D.R.A.S.S., au nom du ministre, était intervenu auprès de M. Lucet, pour que les agents victimes de l'arbitraire soient réintégrés, qu'il soit mis fin au service des relations humaines.

Mais, le directeur de la Caisse primaire n'a pas donné suite aux ordres ministériels. Au contraire, anxieux des résultats de l'élection des délégués du personnel, qui aujourd'hui risquent d'être favorables à la C.G.T., il a joué son va-tout, pour impressionner les travailleurs de la sécurité sociale.

Mais la lettre outrancière qu'il a adressée à M. Lombardot n'est pas restée sans réponse.

Hier, Mme Questiaux, ministre de la Solidarité Nationale, répondait à l'arrogance de M. Lucet.

La lettre qu'elle adresse par télex (notre document ci-contre), au président de la C.P.C.A.M. des Bouches-du-Rhône se passe de tout commentaire.

Les personnels de la « sécu », en élisant aujourd'hui leurs délégués dans les 15 centres de Marseille et du département, ne manqueront pas d'en tenir compte.

M.H.M.

Monsieur le Président,

Se conformant à mes instructions, Monsieur le Directeur Régional des Affaires Sanitaires et Sociales de la Région Provence-Alpes-Côtes-d'Azur, par lettre du 24 SEPTEMBRE 81 a demandé au Directeur de Votre Caisse Primaire, de mettre fin immédiatement à des sanctions professionnelles visant six militants de la C.G.T.

Il invitait à observer à l'avenir la neutralité qui est de règle, pour un agent responsable de la gestion d'un service public.

Informée ce jour, du refus qu'oppose Monsieur LUCET à l'exécution de mes instructions et des initiatives qu'il prend à leur encontre, je vous demande de les lui faire appliquer dès réception.

Je vous prie de croire, Monsieur le Président, à l'assurance de ma considération très distinguée.

Nicole QUESTIAUX.

DOCUMENT N° 10

Le P.C. publie le télex du ministre avant que son destinataire l'ait reçu

Le président de Laroche ne reçoit, lui, ce télex, que le 8 octobre à *9 h 30* (voir fac-similé de l'original, n° 11). L'édition de *La Marseillaise* étant composée et tirée dans la nuit du 7 au 8, cela signifie que le journal possédait bien avant son destinataire la copie du télex du ministre ! !

Il ne s'agit pas d'une erreur, mais d'une entorse, d'un acte volontaire où trempe directement le cabinet du ministre, avec la complicité de celle-ci. Qui aurait osé commettre une pareille « *félonie* », sans être assuré de l'impunité ?

Il est clair que l'objectif du ministre était de maintenir une pression constante sur Lucet, tout en portant secours à la C.G.T., que le texte du télex fait apparaître comme une *victime* des manigances du directeur.

Que dit Mme Questiaux ?

« A PRÉFET RÉGION PROVENCE-ALPES-CÔTE D'AZUR

« POUR M. LE DIRECTEUR RÉGIONAL DES AFFAIRES SANITAIRES ET SOCIALES

« SUITE À VOTRE CORRESPONDANCE DU 6 OCTOBRE VOUS PRIE COMMUNIQUER LE TEXTE SUIVANT AU PRÉSIDENT DE LA CAISSE PRIMAIRE D'ASSURANCE MALADIE DES BOUCHES-DU-RHÔNE

« SIGNÉ : MICHEL LUCAS, CABINET DU MINISTRE DE LA SOLIDARITÉ NATIONALE

Suit le télex de Madame le Ministre :

« MONSIEUR LE PRÉSIDENT,

« SE CONFORMANT À MES INSTRUCTIONS, MONSIEUR LE DIRECTEUR RÉGIONAL DES AFFAIRES SANITAIRES ET SOCIALES DE LA RÉGION PROVENCE-ALPES-CÔTE D'AZUR, PAR LETTRE DU 24 SEPTEMBRE 1981, A DEMANDÉ AU DIRECTEUR DE VOTRE CAISSE PRIMAIRE DE METTRE FIN IMMÉDIATEMENT À DES SANCTIONS PROFESSIONNELLES VISANT SIX MILITANTS DE LA C.G.T.

« IL L'INVITAIT À OBSERVER À L'AVENIR LA NEUTRALITÉ QUI EST DE RÈGLE POUR UN AGENT RESPONSABLE DE LA GESTION D'UN SERVICE PUBLIC. INFORMÉ, CE JOUR, DU REFUS QU'OPPOSE MONSIEUR LUCET À L'EXÉCUTION DE MES INSTRUCTIONS ET DES INITIATIVES QU'IL PREND À LEUR ENCONTRE, JE VOUS DEMANDE DE LES LUI FAIRE APPLIQUER DÈS RÉCEPTION. JE VOUS PRIE DE CROIRE, MONSIEUR LE PRÉSIDENT, À L'ASSURANCE DE MA CONSIDÉRATION TRÈS DISTINGUÉE.

« SIGNÉ : NICOLE QUESTIAUX

« FIN. »

La réponse de Lucet à Michel Lucas (sous-marin opérant en surface) frappe par sa force tranquille :

« MONSIEUR MICHEL LUCAS

« CABINET DU MINISTRE DE LA SOLIDARITÉ NATIONALE

« MARSEILLE, LE 8 OCTOBRE 1981

« MONSIEUR LE PRÉSIDENT DE LA CAISSE PRIMAIRE CENTRALE D'ASSURANCE MALADIE DES BOUCHES-DU-RHÔNE ME TRANSMET, CE JOUR À 9 H 30 VOTRE TÉLEX.

9H30

+
CPAMMAR 400802F
281 0920
PREFECT 430689F

RR 13PFTR
DE 75FITD/PARIS 59382 07/10/81 1715A
DE MIN SOLIDARITE NATIONALE
A PREFET REGION PROVENCE ALPES COTE D AZUR

BT
POUR M. LE DIRECTEUR REGIONAL DES AFFAIRES SANITAIRES ET SOCIALES

SUITE A VOTRE CORRESPONDANCE DU 6 OCTOBRE VOUS PRIE COMMUNIQUER LE TEXTE SUIVANT AU PRESIDENT DE LA CAISSE PRIMAIRE D ASSURANCE MALADIE DES BOUCHES DU RHONE

SIGNE : MICHEL LUCAS, CABINET DU MINISTRE DE LA SOLIDARITE NATIMNALE

LE MINISTRE DE LA SOLIDARITE NATIONALE

M. LE PRESIDENT DE LA CAISSE PRIMAIRE D ASSURANCE MALADIE DES BOUCHES DU RHONE

MONSIEUR LE PRESIDENT,

SE CONFORMANT A MES INSTRUCTIONS, MONSIEUR LE DIRECTEUR REGIONAL DES AFFAIRES SANITAIRES ET SOCIALES DE LA REGION PROVENCE ALPES COTE D AZUR, PAR LETTRE DU 24 SEPTEMBRE 1981, A DEMANDE AU DIRECTEUR DE VOTRE CAISSE PRIMAIRE DE METTRE FIN IMMEDIATEMENT A DES SANCTIONS PROFESSIONNELLES VISANT SIX MILITANTS DE LA C G T
IL L INVITAIT A OBSERVER A L AVENIR LA NEUTRALITE QSI EST DE REGLE POUR UN AGENT RESPONSABLE DE LA GESTION D UN SERVICE PUBLIC.
INFORME, CE JOUR, DU REFUS QU OPPOSE MONSIEUR LUCET A L EXCECUTION DE MES INSTRUCTIONS ET DES INITIATIVES QU IL PREDN A LEU R ENCONTRE, JE VOUS DEMANDE DE LES LUI FAIRE APPLIQUER DES RECEPTION.
JE VOUS PRIE DE CROIRE, MONSIEUR LE PRESIDENT, A L ASSURANCE DE MA CONSIDERATION TRES DISTINGUEE.
SIGNE : NICOLE QUESTIAUX
FIN
BT

NNNN

+
CPAMMAR 400802F
PREFECT 430689F+

DOCUMENT N° 11

« J'AI L'HONNEUR DE VOUS CONFIRMER QUE J'AI FAIT SAVOIR À LA PERSONNALITÉ PRÉCITÉE QUE JE N'AI RIEN À AJOUTER NI À RETRANCHER À MA LETTRE DU 1er OCTOBRE 1981 ADRESSÉE À MONSIEUR LOMBARDOT DIRECTEUR RÉGIONAL DES AFFAIRES SANITAIRES ET SOCIALES.

« SIGNÉ : RENÉ LUCET
« FIN. »

Mais il ne suffisait pas de marquer le coup, il était nécessaire que le ministre et ses séides sussent qu'ils ne pourraient exécuter leurs coups bas dans le silence, et que l'opinion publique serait toujours appelée à les juger.

Des procédés iniques

M. Jean-René de Laroche, qui pendant toute cette longue lutte apportera à Lucet un appui loyal et énergique, n'hésite pas à mettre les points sur les *i*. Agacé par les procédés iniques employés à l'encontre du directeur, il tance vertement Mme Questiaux.

« 300-09225 *12 Octobre 1981*

Madame Nicole QUESTIAUX
Ministre de la Solidarité nationale
8, avenue de Ségur
75700 PARIS

« Madame le Ministre,

« J'ai bien reçu, le 8 octobre à 9 h 30, votre télex par lequel vous me demandez de faire appliquer par le

Directeur de la Caisse que je préside vos instructions contenues dans la lettre que Monsieur le Directeur régional lui a adressée le 24 septembre 1981.

« Comme suite, j'ai l'honneur de vous informer que, quoiqu'il s'agisse de problèmes relevant de la seule compétence du Directeur, j'ai cependant décidé de proposer au prochain Conseil d'Administration de la Caisse qui se tiendra le 29 courant, d'en délibérer.

« Je me dois, toutefois, de vous faire part de mon grand étonnement lorsque j'ai lu dans le journal *La Marseillaise* du 8 octobre le texte de votre message qui était par ailleurs diffusé sous forme de tract depuis 7 h 30 le même jour à la porte de chacun des Centres de paiement, alors que je n'en ai eu connaissance, moi-même, qu'à 9 h 30.

« Si je rapproche ce fait de certains termes de la lettre du Directeur régional à M. LUCET et de certaines pressions dont j'ai été moi-même l'objet, notamment avant le Conseil d'Administration du 24 septembre 1981, je ne puis qu'être scandalisé de voir ainsi de hauts fonctionnaires agir — au grand jour — avec un tel parti-pris et en faveur d'une seule Centrale syndicale.

« Je vous prie de croire, Madame le Ministre, à l'assurance de ma haute considération.

« J.-R. de LAROCHE. »

Il faudrait davantage pour désarçonner Mme Questiaux. Elle a dû s'avouer, pourtant, que la première partie de la conspiration a fait long feu. Raison supplémentaire pour redoubler les coups contre Lucet. Car cégétistes et communistes ne peuvent rester sur cet échec cinglant : de l'échange de correspondance avec le ministre, le directeur de la Caisse sort vainqueur auprès de l'opinion publique locale ; et à l'intérieur même de la Caisse, le résultat de la consultation lui donne entière satisfaction.

Désavouée et en net recul, la C.G.T. ne constitue plus un danger au niveau du personnel ; ses trois représentants (sur dix-huit membres en tout) au Conseil d'administration de la Caisse s'y trouvent maintenant complètement isolés, les délégués des autres centrales votant, neuf fois sur dix, contre les propositions et prises d'attitude des cégétistes.

C'est donc seulement par l'intrigue que l'on pourra venir à bout de Lucet. Le ministère de la Solidarité sera dorénavant le quartier général où l'on ourdira les plans pour les nouvelles opérations.

Mais avant le prochain coup de l'escalade venant d'en haut, pas une heure de répit n'est laissée à Lucet. En dehors des documents écrits, de la polémique avec l'administration, de la lutte permanente à l'intérieur de la Caisse, le harcèlement prend un tour de plus en plus agressif. On fait circuler toutes sortes de fausses rumeurs concernant l'intimité de la vie du directeur, on chuchote dans les couloirs que le ministre aura sa peau, on épie ses gestes, on discrédite ses collaborateurs... Ayant constaté qu'on ne le découragera pas, on réunit toutes les pièces d'un procès fictif, instruit sous la couverture prestigieuse de l'Etat.

Deux « anomalies » flagrantes

En prévision d'un nouveau stratagème de Paris, René Lucet prend les devants. Le 21 octobre, il envoie au président du Conseil d'administration de la Caisse, Jean-René de Laroche, une note mémorandum — à transmettre aux autres membres du Conseil. Il y explique les six mutations évoquées dans la lettre de Mme Questiaux. Ce problème relève de la compétence exclusive du directeur général. En vertu d'un décret du 12 mai 1960, il est seul habilité à traiter de la gestion du personnel. Mme Questiaux s'y était donc immiscée abusivement. On ne pouvait, par ailleurs, évoquer la loi d'amnistie : les changements de poste n'étaient pas des sanctions disciplinaires, mais s'inséraient dans le cadre de mesures d'organisation, visant à obtenir une meilleure utilisation des effectifs.

René Lucet s'était déjà expliqué sur la question. Il

devine que, faisant la sourde oreille, le ministre insistera un jour là-dessus. D'où la minutie et la précision avec lesquelles il traite l'affaire pour vider l'abcès.

Il rappelle, d'emblée, que « parmi les 2 179 mouvements de personnel enregistrés au cours des douze derniers mois, *six* seulement » ont été contestés par la C.G.T.

Il les expose, cas après cas, et fournit « l'éclairage nécessaire sur les six mutations ».

Mais, comme nous l'avons déjà dit, la plus lumineuse des démonstrations est vaine puisque le ministre et ses conseillers ont décidé d'abattre Lucet.

Ainsi, avec la synchronisation qui caractérise le jeu mené simultanément à Marseille et au ministère par les ennemis du directeur, Mme Questiaux se manifeste sur un autre front, le 8 octobre, à la veille de la réunion du Conseil d'administration convoqué depuis le 19. Elle expédie au Président Jean-René de Laroche un télex impératif (voir document n° 12) :

« LE MINISTRE DE LA SOLIDARITÉ NATIONALE
À
MONSIEUR LE PRÉSIDENT DE LA CAISSE PRIMAIRE D'ASSURANCE MALADIE DE MARSEILLE.

« MONSIEUR LE PRÉSIDENT,

« COMPTE TENU DES ANOMALIES CONSTATÉES DANS L'EXÉCUTION DU BUDGET DE VOTRE ORGANISME POUR L'ANNÉE 1981, JE VOUS DEMANDE EXPRESSÉMENT DE DONNER JUSQU'À LA CLÔTURE DE L'EXERCICE BUDGÉTAIRE À TOUS LES COMPTES DES GESTIONS " ADMINISTRATIVE " ET " INFORMATIQUE " SANS EXCEPTION UN CARACTÈRE LIMITATIF.

« IL VOUS APPARTIENT DE DÉSIGNER SI NÉCESSAIRE UNE COMMISSION RECEVANT DÉLÉGATION POUR SE PRONONCER SUR LES VIREMENTS DE CRÉDITS QUI PARAÎTRAIENT INDISPENSABLES. DE TELS VIREMENTS NE SERONT EXÉCUTOIRES

LE MINISTRE DE LA SOLIDARITE NATIONALE

16h30

A

MONSIEUR LE PRESIDENT DE LA CAISSE PRIMAIRE D ASSURANCE MALADIE DE MARSEILLE.

MONSIEUR LE PRESIDENT,

COMPTE TENU DES ANOMALIES CONSTATEES DANS L EXCECUTION DU BUDGET DE VOTRE ORGANISME POUR L ANNE 1981, JE VOUS DEMANDE EX-PRESSEMENT DE DONNER JUSQU A LA CLOTURE DE L EXCERCICE BUDGETAIRE A TOUS LES COMPTES DES GESTIONS 'ADMINISTRATIVE' ET 'INFORMATIQUE' SANS EXCEPTION UN CARACTERE LIMITATIF.

IL VOUS APPARTIENT DE DESIGNER SI NECESSAIRE, UNE COMMISSION RECEVANT DELEGATION POUR SE PRONONCER SUR LES VIREMENTS DE CREDITS QUI PARAITRAIENT INDISPENSABLE. DE TELS VIREMENTS NE SERONT EXECUTOIRES QU APRES APPROBATION PREALABLEFU DIRECTEUR REGIONAL DES AFFAIRES SANITAIRES ET SOCIALES.

JE VOUS PRIE DE PORTER LE PRESENT TEXTE, DANS SON INTEGRA-LITE A LA CONNAISSANCE DU CONSEIL D ADMINISTRATION AU COURS DE SA REUNION DU 29 OCTOBRE 1981, ET DE LE FAIRE AFFICHER DANS LES LOCAUX DE LA CAISSE PRIMAIRE.

VEUILLEZ CROIRE, MONSIEUR LE PRESIDENT, A L ASSURANCE DE MA CONSIDERATION DISTINGUEE.

NICOLE QUESTIAUX

NNNN

BIEN LIRE QUATRIEME LIGNE DU DEUXIEME PARAGRAPHE

APRES APPROBATION PREALABLE DU DIRECTEUR

+

CRAMMAR [illegible]

DOCUMENT N° 12

QU'APRÈS APPROBATION PRÉALABLE DU DIRECTEUR RÉGIONAL DES AFFAIRES SANITAIRES ET SOCIALES.

« JE VOUS PRIE DE PORTER LE PRÉSENT TEXTE, DANS SON INTÉGRALITÉ, À LA CONNAISSANCE DU CONSEIL D'ADMINISTRATION AU COURS DE SA RÉUNION DU 29 OCTOBRE 1981, ET DE LE FAIRE AFFICHER DANS LES LOCAUX DE LA CAISSE PRIMAIRE.

« VEUILLEZ CROIRE, MONSIEUR LE PRÉSIDENT, À L'ASSURANCE DE MA CONSIDÉRATION DISTINGUÉE.

« NICOLE QUESTIAUX.

« BIEN LIRE QUATRIÈME LIGNE DU DEUXIÈME PARAGRAPHE
« APRÈS APPROBATION PRÉALABLE DU DIRECTEUR. »

Cela signifie, en clair, que Mme Questiaux limite les pouvoirs de Lucet.

Remarquons aussi, avant de poursuivre, deux points essentiels.

C'est le télex qui comporte, lui, deux « *anomalies* » flagrantes.

Mme Questiaux écrit : « Compte tenu des anomalies constatées dans l'exécution de votre budget »... Constatées par qui et comment ? A ce moment-là, nul n'a lu le rapport élaboré par les trois « détectives » de l'Inspection générale. En se référant à ce document, le ministre présente comme acquises et prouvées des fautes dont on ne connaît pas le caractère.

En outre, lorsqu'elle « prie de faire afficher » le télex « dans les locaux de la Caisse », elle veut rendre publique une accusation sans procès.

Au nom du socialisme, « porteur de justice et de Liberté » ?

La réunion du Conseil d'administration se tient, le 29, dans une ambiance de confrontation.

Ce matin même, le directeur des Affaires sanitaires a pris le relais du ministre, suivant un scénario déjà rodé. Par une lettre à M. de Laroche, il précise, en les aggravant, les termes du télex de Mme Questiaux.

C'était maintenant à la C.G.T. de jouer, lors du débat du Conseil d'administration.

Dans sa sécheresse, le début du procès-verbal relatif à ce qui est déjà l' « affaire Lucet » traduit l'acuité du conflit.

Voici, d'après le procès-verbal officiel, l'amorce de ce vif échange de propos qui occupera plusieurs heures.

« Le courrier en provenance du ministère est filtré à Paris par la C.G.T. »

Le Président de Laroche rappelle que le dossier du Conseil comportait les copies des échanges de correspondances et télex intervenus entre le ministère, la direction régionale et la Caisse primaire, à propos du différend sur la non-application de la loi d'amnistie pour six cas précis.

Ces informations ont été diffusées afin que les membres du Conseil puissent statuer sur la situation actuelle de la Caisse vis-à-vis des différents points soulevés par la direction régionale au nom du ministre.

Le Président invite donc le Conseil à se prononcer, pour savoir si :

> « la situation actuelle de la Caisse paraît conforme aux décisions qui ont été rendues ? Si oui, aucune intervention particulière n'aura lieu ».

M. Eiglier, du C.N.P.F., déclare que son groupe est d'accord pour voter la proposition qui vient d'être formulée. Claude Gensollen, de la C.F.D.T., remercie M. Eiglier de la brièveté apportée en la matière pour juger la chose. Personnellement, partisan du débat, il n'agira pas de même. Il ajoute :

« Je tiens tout d'abord à faire part de mon étonnement à la lecture de l'article paru en première page du *Méridional,* dans lequel il est dit qu'à la Sécurité sociale le courrier du président est filtré par la C.G.T. »

Etant administrateur au Conseil d'administration et connaissant les structures du cabinet du Président et du directeur, Claude Gensollen se « pose la question de savoir comment la C.G.T. peut filtrer le courrier du Président ».

M. Eiglier fait observer :

« Le courrier en provenance du ministère est filtré à Paris par la C.G.T., ce qui est tout à fait différent ! »

Claude Gensollen désire poursuivre son intervention.

« Lors d'un précédent Conseil, j'avais demandé la possibilité de mettre sous une forme ou sous une autre un blâme à M. le directeur général, compte tenu des lettres mensuelles qu'il adresse au personnel de la Caisse. Ce courrier continue et je ne sais pas comment on pourrait y mettre un terme. Je suis, par ailleurs, très étonné de la teneur de la réponse faite par M. le directeur qui s'appelle « Général » à M. Lombardot directeur régional de la Sécurité sociale. Cette lettre, affichée dans tous les Centres, ne me plaît pas du tout. En tant qu'administrateur, je souhaiterais que dorénavant M. le directeur mette un bémol sur les expressions qui figurent dans les réponses qu'il formule. »

M. Eiglier indique qu'il vote la proposition soumise par le président :

« Personnellement, je suis d'accord sur la teneur de la lettre du directeur, datée du 1er octobre 1981. »

Le Président de Laroche fait observer que le directeur général est responsable de ses actes, surtout lorsqu'il agit dans un domaine qui lui est propre, celui du personnel.

« En revanche, poursuit-il, en tant que Président du Conseil, je dois veiller à la légalité et au respect des décisions de justice. C'est donc sur ce seul point que je vous demande de voter. »

Le camarade Caciotti se réveille, légaliste :

« Je fais remarquer que, dans la mesure où le ministre intervient, où il demande au président de mettre en demeure le directeur, c'est qu'il considère que la loi d'amnistie doit jouer pour les six cas concernés. Je ne comprends donc pas, d'une part, que M. le directeur n'ait pas obtempéré et, d'autre part, que M. le Président ne l'ait pas obligé à le faire. Dans le contexte actuel, notre groupe tient donc pour responsables le directeur et le Président de la non-application des textes de loi. »

En ce qui concerne le « filtrage » du courrier, Caciotti indique, au nom de la C.G.T., qu'il faisait partie de la délégation qui s'est rendue au ministère à Paris. « Engagement a été donné à ce moment-là de la part dudit ministère, de tenir informés les membres de ladite délégation. C'est la raison pour laquelle, parallèlement à celui adressé à la Caisse, un télex a été expédié à l'Union départementale C.G.T. »

Le Président intervient. S'adressant à Caciotti, il rectifie :

« Vous avez eu en main le télex douze heures avant que je ne l'aie, c'est inadmissible ! »

« Les télex sont partis et sont tombés en même temps, répond Caciotti, l'un dans l'instance C.G.T., l'autre à la Préfecture.

« Mais je ne suis pas le Préfet, objecte le président de Laroche. Le télex n'a été réceptionné à la Caisse que le lendemain à 9 h 20. C'est intolérable ! »

Et cet homme, d'ordinaire si calme, frappe un grand coup sur la table. Caciotti se tait. Inutile d'insister : tout est découvert.

M. Eiglier remarque alors qu'une fois de plus Caciotti vient de lui donner raison :

« Il a démontré par A + B que le courrier du Président était surveillé par la C.G.T., puisque le ministère informait cette organisation syndicale avant l'intéressé. C'est un procédé scandaleux. »

De son côté, Claude Gensollen déclare que, « sans vouloir défendre la C.G.T. ou quelqu'un d'autre », il estime « normal que, dans le cas où l'on se trouve à la place du demandeur, l'on soit informé du suivi. Si un document est adressé, il est naturel qu'une copie soit également envoyée au demandeur ».

René Lucet est d'accord. Cependant :

« L'envoi doit se faire en même temps, mais pas avant ! »

M. Eiglier indique :

« Il s'agit là d'une démonstration flagrante de la colonisation des ministères par la C.G.T. et la C.F.D.T. »

M. Gensollen demande au Président de tenir son rôle :

« M. Eiglier n'a pas à porter un tel jugement. Je répète, quant à moi, qu'il est tout à fait normal que les demandeurs connaissent le suivi des opérations. »

M. Caciotti confirme :

« Les télex sont partis en même temps, ou à quelques minutes près, du ministère, le 7 octobre à 17 h 15, en direction de la préfecture, pour information du président de la Caisse primaire, et en direction de la " Région C.G.T. ". Il n'est d'ailleurs pas exclu, que notre organisation syndicale ne poursuive *Le Méridional* en diffamation, pour informations erronées. En revanche, c'est dans ce même *Méridional* qu'il nous a été possible de connaître la réponse faite par M. le Président au ministre. »

Jean-René de Laroche lui rétorque :

« Ce qui est plus grave, c'est que j'ai pris connaissance du texte qui m'était destiné dans *La Marseillaise*. »

A court d'arguments, Caciotti joue maintenant sur un autre clavier :

« Il n'en demeure pas moins vrai que sur le fond du problème, malgré la position du ministre de tutelle, il y a six cas pour lesquels la loi n'a pas été appliquée. »

Le Président :

« Madame le Ministre ne peut exiger qu'une chose : c'est que l'on respecte les décisions de justice, et je réitère la question posée précédemment : la situation actuelle est-elle conforme à la loi ? Si oui, le Conseil n'a pas à prendre parti. »

Caciotti déclare que son groupe est demandeur pour faire voter, ensuite, par le Conseil, « l'application de l'injonction du ministre ».

M. Marin, du C.N.P.F., demande la parole :

« Contrairement à l'opinion exprimée par M. Gensollen, sur les termes employés par M. le Directeur général dans la lettre adressée, par ses soins, à M. le Directeur régional, je tiens personnellement à le féliciter pour cette réponse quant à sa forme, laissant à M. le Président le soin de parler du fond. Toutefois, j'avoue que cet échange subit de télex, ces articles dans *La Marseillaise,* n'ont pas manqué de m'intriguer. Puis, ayant appris qu'il y avait parallèlement des élections à la Caisse primaire, j'ai très facilement fait la relation. J'ai pu constater, avec plaisir, que ces procédés n'ont pas réussi à influencer les électeurs. »

M. Gensollen rappelle aussitôt à M. Marin que, « s'il est bien exact que des élections ont eu lieu à la Caisse primaire, les électeurs n'ont pas choisi démocratiquement, des pressions de toutes sortes ont été pratiquées.

« De telles allégations sont graves, observe le Président.

« Si M. Marin n'avait pas fait mention des élections, poursuit M. Gensollen, mon opinion, à ce propos, n'aurait pas été exprimée. Mais, ceci étant, je maintiens ce que j'ai avancé : les lettres adressées chaque mois au personnel sont bien une forme de pression, de lavage de cerveau. »

Le Président invite le Conseil à voter, mais la C.F.D.T. demande qu'à l'avenir « M. le Directeur général réforme, remodule le contenu de ses lettres ! »

Le Président de Laroche rappelle — « pour l'objectivité de l'information » — que M. le Directeur général a bien affiché sa réponse au directeur régional, dans tous les Centres de la Caisse, mais qu' « il ne faudrait pas omettre de dire que la correspondance de M. le Directeur régional a paru dans le quotidien *La Marseillaise,* avant même de parvenir à la Caisse primaire ».

Caciotti, constatant que le Président condamne les uns mais non les autres, Jean-René de Laroche tient à faire remarquer :

« Si j'ai demandé au *Méridional* de diffuser ma réponse à Madame le Ministre, c'est uniquement parce que j'étais excédé par les méthodes utilisées. »

M. Laurent, du C.N.P.F., désire, de son côté, souligner combien il a apprécié la lettre de M. le Directeur général, « très bien rédigée et très courageuse quant au fond » :

« Je souhaite, par ailleurs, savoir si une réponse a été reçue, à la suite de la correspondance, en date du 12 octobre, de M. le Président à Madame le Ministre.

« Aucune réponse écrite ne m'est parvenue et aucune confirmation non plus, répond J. R. de Laroche, et je rappelle qu'un télex — document ne comportant pas de signature — n'a pas de valeur juridique. La coutume voudrait que Mme Questiaux, en qualité de ministre de la Solidarité nationale, prenne la peine de signer, en confirmant par lettre, les télex adressés à la Caisse et publiés dans les journaux. »

Après une nouvelle discussion, qui laisse chacun des participants sur ses positions, le président de la Sécurité sociale marseillaise recentre le débat et passe au vote :

« Les membres du Conseil considèrent-ils que la situation à la C.P.C.A.M. des Bouches-du-Rhône est normale ? »

Le scrutin donne les résultats suivants :
13 voix... « POUR considérer que cette situation ne comporte pas d'anomalie » ;
5 voix... CONTRE (3 C.G.T. et 2 C.F.D.T.).
L'explication a tourné, de nouveau, au désavantage de la C.G.T. Lucet n'a pas eu à intervenir pour défendre un dossier si solide qu'il parle de lui-même.
Ainsi évacué ce premier point, le Conseil décide ensuite, par 13 voix contre 3 (la C.G.T.) et 2 abstentions (la

C.F.D.T.) « qu'il n'y a pas lieu de délibérer sur la non-application de la loi d'amnistie ».

« Objectif primordial : descendre le directeur »

Mme Questiaux est donc battue sur toute la ligne. Il reste, cependant, à statuer sur l'affichage de son télex.

La logique conduit à refuser une telle prétention : ayant dénié l'existence d'anomalies dans la gestion de Lucet, le Conseil ne peut véhiculer des accusations injustes.

M. Toubi, délégué de Force ouvrière, exprime l'opinion majoritaire :

> « Les termes mentionnés sur le télex, note-t-il, peuvent laisser libre cours à toutes les interprétations pour les personnes qui ne sont pas au cœur du problème. Si, par la suite, il s'avère qu'il n'y a pas d'anomalie, le Conseil, en affichant ce texte, aurait donné une fausse image de l'Institution. »

Telles étaient, visiblement, les intentions de Mme Questiaux.

Le Président de Laroche ne mâche pas ses mots en dénonçant « la condamnation à priori » dont témoigne ce télex qui manipule un rapport de l'inspecteur général Serniclay encore inconnu des administrateurs de la Caisse.

M. de Laroche révèle que M. Serniclay l'a prévenu que probablement Mme Questiaux ne lui communiquerait pas le rapport, et qu'elle prendrait des mesures directes.

> « Ce sont des procédés intolérables ! », s'écrie M. de Laroche.

René Lucet glisse alors un bref commentaire : il sait très bien, dit-il, « que ces méthodes sont employées afin de déstabiliser la direction de la Caisse ». Il exprime un seul souhait : « que l'on porte à la connaissance du Conseil les faits qui lui sont reprochés, pour pouvoir y répondre ».

Le débat se termine par un dialogue très instructif : à Paul Devilleneuve, qui lui pose la question de savoir si les assurés sont satisfaits du service de la Caisse — question fort pertinente, capitale, que communistes et cégétistes se gardent toujours de soulever —, le Président de Laroche répond par une phrase lapidaire :

> « Ce point n'intéresse personne au ministère ; ce qui m'a été affirmé comme étant primordial, c'est de " *descendre* " le directeur. »

Voilà, résumée en un raccourci saisissant, toute l'affaire Lucet : Madame le Ministre ne s'intéresse :

- ni à la qualité des services prêtés,
- ni à l'opinion du public à ce propos.

C'est pourtant, en définitive, la seule chose qui doit compter.

Elle ne se préoccupe, en revanche, que de parachever l'intrigue destinée à « *descendre* » René Lucet.

Tel est le sentiment de la grande majorité du Conseil d'administration de la Caisse de Marseille, qui, par 13 voix contre 5, « déclare inadéquat l'affichage du télex » de Mme Questiaux. Et lui demande, à l'unanimité, de bien vouloir lui transmettre, aussitôt que possible, le rapport de l'Inspection générale des Affaires sociales, d'après lequel il existerait des « anomalies » dans l'exécution du budget 1981 de la Caisse.

Même sur ce dernier point, Madame le Ministre aura fait fiasco : elle devra, contrairement à ses projets, sortir de l'ombre le rapport contre Lucet, s'exposant à une réplique. Elle aurait préféré — suivant les aveux de l'inspecteur Serniclay, sévir arbitrairement, sans laisser au directeur la possibilité de se justifier. L'attitude des administrateurs de la Caisse l'en empêchera.

Mais elle compte, toujours, pour affaiblir Lucet, sur la campagne d'injures, de contre-vérités et d'omissions de la presse communiste. Au lendemain de la réunion du Conseil d'administration, *La Marseillaise* titre :

« *La gestion du directeur sanctionnée par le ministre.* »

Le lecteur qui ne va pas plus loin ignorera que le Conseil a désavoué Mme Questiaux, et ratifié sa confiance en Lucet...

Le directeur a obtenu un répit. Il vient de repousser par deux fois les rudes assauts de l'adversaire. Il écrit, dans le style inimitable qui donne tant de saveur à ses lettres au personnel :

> « Je réfléchissais à une phrase qui est revenue souvent dans les paroles de mes proches collaborateurs durant ce mois d'octobre : " Comment fais-tu pour être toujours optimiste, décontracté dans le safari actuel ? " Simple, la réponse : Qu'elle est belle la vie ! »

On ne peut relire ces lignes sans émotion. Aussi optimiste et aussi amoureux de la vie qu'il paraisse, une expression de Lucet montre que son état d'esprit a bien évolué en un mois. En septembre, il ne croyait pas que la Caisse devînt une « savane africaine » ; maintenant, il ne doute plus de se trouver en plein safari...

Un Rapport commandé pour l'abattre...

Dans l'attente du célèbre rapport, autour duquel se jouera le sort de la bataille, Lucet continue de consacrer à son travail ses vastes capacités d'administrateur. Il est surprenant que, contraint à dépenser tant d'énergies contre des ennemis perfides et omniprésents, il réussisse à maintenir et même à améliorer le fonctionnement de la Caisse. Car sa préoccupation majeure reste toujours le service public. Il était venu pour rendre à la Sécurité sociale son rôle, oublié, et son efficacité perdue. Son succès a été complet. Et sa grande fierté est de montrer aux bénéficiaires des prestations que les péripéties politiques n'affectent en rien la bonne marche de l'institution à sa charge. Sur ce point aussi, la pression psychologique des cégétistes et communistes a raté son objectif. Ils auraient bien voulu voir la Caisse pâtir du harcèlement dont est victime le directeur ; or, tenue d'une main ferme, elle protège toujours au mieux, les intérêts de ses adhérents.

Ce critère devrait, sans doute, déterminer la conduite du ministère à l'égard de Lucet, qui a bien raison de le rappeler, en évoquant « la venue d'une brigade de membres de l'Inspection générale des Affaires sociales (I.G.A.S.) qui est le retour de bâton à mon indépendance d'esprit et d'action ». « Dans ce domaine, ajoute-t-il, bien que les inspecteurs n'ont examiné *que moins de 1 % des dépenses budgétaires,* il serait vivement souhaitable qu'ils appliquent la pensée suivante », dont il cache le nom de l'auteur :

> « Il faut évaluer globalement le travail d'une personne et établir si ses succès sont de 30 % et ses erreurs de 70 % ou l'inverse. Si les succès sont de 70 %, le travail de cette personne doit être approuvé pour l'essentiel. Il est tout à fait faux de dire que les erreurs l'emportent quand ce sont au contraire les succès. Dans l'examen d'un problème nous ne devons jamais oublier de tracer deux lignes de démarcation, celle qui sépare la révolution de la contre-révolution et celle qui sépare les succès des insuffisances. Gardons présentes à l'esprit ces deux lignes de démarcation et ça ira bien sinon nous confondrons la nature des problèmes. Naturellement, pour tracer correctement ces lignes, il est indispensable de faire d'abord une étude et une analyse minutieuses. Notre attitude à l'égard de chaque personne et de chaque gestion doit être l'analyse et l'étude. » [*Lettre d'octobre 1981,* N.d.A.].

En émettant ce vœu, qui, il ne l'ignore point, ne sera pas exaucé, René Lucet répond par avance aux allégations vicieuses et fallacieuses, du rapport commandé par le ministre pour l'abattre. Quelqu'un d'aussi expérimenté que le directeur de la Caisse sait parfaitement qu'une gestion impeccable peut, sur le papier, être contestée, et devenir suspecte si on s'évertue à séparer les faits de leur contexte et à les monter en épingle.

Pour préparer l'ambiance à la réception du rapport de l'I.G.A.S., M. Lombardot — toujours lui — écrit au Président de Laroche, le 26 novembre, qu'on aurait dû afficher le télex de Mme Questiaux, sans consulter le Conseil d'administration. Il lui rappelle également que Mme Questiaux a limité les pouvoirs de Lucet en matière de gestion des comptes.

... et le liquider, en lui ôtant les moyens de se défendre

Enfin, le 10 décembre, la bombe éclate.

A midi, on remet au président de Laroche une lettre datant du même jour, et qui émane aussi de la direction régionale des Affaires sanitaires et sociales. Elle est accompagnée du rapport de l'I.G.A.S. Vingt pages d'accusations, formulées dans un style polémique. Vingt pages « sur certains faits graves relevés dans la gestion administrative de la C.P.C.A.M. des Bouches-du-Rhône ».

Document révélateur des mœurs importées au plus haut niveau de l'Etat par la nouvelle majorité socialo-communiste. Conclusion (p. 20) :

> « [...] la mission d'inspection générale estime opportun de mettre en cause », entre autres le « directeur général, ordonnateur des dépenses, qui non seulement est responsable directement d'abus manifestes, mais

encore a couvert de son autorité les fraudes commises par des agents de la Caisse ».

De quelles fraudes Lucet se serait-il rendu coupable ? Principalement d'avoir utilisé sans vergogne le compte N° 661. Celui des frais de mission et de représentation. Scandale ?

Lucet n'en fera qu'une bouchée. Sa réplique sera fulgurante. Elle frappera, en boomerang, les commissaires politiques de l'I.G.A.S. et leurs commanditaires du ministère, de la C.G.T. et du P.C.F.

Le contenu de la lettre accompagnant le rapport ne laisse aucun doute à son destinataire, Jean-René de Laroche, sur la volonté ministérielle de liquider Lucet le plus rapidement possible, et en lui ôtant au maximum les moyens de se défendre :

« *Marseille, le 10 décembre 1981*

« Monsieur le Président,

« J'ai l'honneur de vous transmettre ci-joint un exemplaire du rapport d'inspection établi par trois membres de l'Inspection générale des Affaires sociales à la suite de l'enquête effectuée récemment dans votre Caisse.

« Sur instruction formelle de mon Administration centrale (Ministère de la Solidarité nationale), je vous demande :

« 1° De mettre impérativement à l'ordre du jour de la séance du 10 décembre 1981 de votre Conseil d'administration la discussion de ce rapport, qu'il conviendra donc de faire tirer en autant d'exemplaires que nécessaire afin que chaque administrateur puisse en avoir connaissance.

« 2° D'inviter votre Conseil à demander à Monsieur Lucet, directeur, Monsieur Crespin, agent-comptable, Monsieur Mirales, sous-directeur chargé du personnel, de fournir leurs explications écrites sur les faits évoqués dans le rapport de l'I.G.A.S. Des justifications précises, avec noms et qualités des participants, devront notamment être fournies sur les ordres de paiement concernant des repas dont le remboursement a été demandé par les personnes citées dans le rapport.

« 3° De faire connaître à l'Administration de tutelle dans un délai de huit jours :

« a) vu la gravité des faits relatés et l'urgence de la situation créée, les mesures immédiates que le Conseil pourrait décider de prendre ;

« b) les réponses des agents de direction concernés.

« Enfin, je vous informe qu'en application, notamment, des dispositions de l'article 4 des statuts des Caisses primaires d'Assurance maladie, annexé à l'arrêté du 3 janvier 1968, j'ai l'intention, à la demande de mon Administration centrale, d'assister à la séance de votre Conseil et je demande à être entendu sur le point évoqué ci-dessus. [...]

« P. le Directeur régional
« Le chef de service des
Affaires sanitaires et sociales

« J. MOLINIER. »

Les exigences de M. Molinier — qui a pris provisoirement la relève de son chef Lombardot — sont inusitées et exorbitantes.

Inusitée, sa présence à la séance du Conseil d'administration ; exorbitante — et arbitraire — sa prétention d'obtenir, en huit jours, la réponse à un rapport long et complexe. Elle confirme, à elle seule, que Mme Questiaux ne se soucie point de la manifestation de la vérité : comme les bons staliniens, qui semblent, en l'espèce, lui servir de modèle, elle a déjà fixé, et le déroulement du procès, et la peine qui frappera le coupable.

« Digne de la justice islamique de Khomeiny »

Le procès-verbal de la séance du Conseil d'administration de la Caisse, qui s'est tenue, comme toujours, à 14 h 15, ce 10 décembre, exprime la stupeur de la plupart de ses membres... et démontre l'existence d'*un vrai complot.*

Pour M. Molinier, suppléant de Michel Lombardot :

> « Dans certains cas, les irrégularités présentent un caractère de gravité certain puisqu'on peut supposer, au moins de la part de certains personnels, qu'il y a eu élément intentionnel, ce qui donnerait à ces irrégularités le caractère d'une véritable fraude. Cependant, soucieuse du maximum d'objectivité, il ne serait pas normal que l'administration soit appelée à prendre des décisions sur ces faits, sans que les responsables de la Caisse primaire aient été appelés à les examiner, à en délibérer et naturellement à présenter leurs observations et leurs réponses.
>
> « Le rapport concerné n'a une existence officielle pratiquement que depuis hier, poursuit M. Molinier, mais il m'a été demandé de vous le transmettre aussitôt par l'intermédiaire de votre président — ce que j'ai fait dès ce matin — afin qu'il vous soit distribué et que vous puissiez statuer sur les faits qui y sont contenus. »

Le Président remercie M. Molinier. Il remarque dans sa lettre une contradiction entre l'urgence demandée pour remettre les réponses et surtout le souhait de l'administration de voir le Conseil d'administration délibérer aujourd'hui sur ce rapport et, d'autre part, les délais particulièrement longs qui se sont écoulés depuis le 29 octobre — date à laquelle le Conseil d'administration a demandé que lui soit transmis le rapport de l'I.G.A.S. — et le 10 décembre 1981, jour de la remise de ce rapport et précisément jour du Conseil fixé depuis longtemps.

Jean-René de Laroche regrette cet état de faits qui oblige le Conseil d'administration, qui tient à étudier ce rapport, à le faire avec précipitation pour éviter que la situation créée ne s'éternise.

« Cependant, poursuit-il, il serait totalement déraisonnable d'envisager de statuer sans avoir pris connaissance de manière approfondie, non seulement du rapport, mais aussi des réponses fournies par les personnes incriminées afin de prendre les dispositions qui s'imposent.

« Il ne peut donc être question d'en délibérer au présent Conseil, comme le demande la lettre de la Direction régionale. »

Si les administrateurs sont d'accord sur ce principe, il propose de convoquer un Conseil extraordinaire le mercredi 16 décembre 1981 ; ce délai permettrait à M. le directeur général de rédiger les réponses aux questions posées dans le rapport.

Après avoir tenu compte du planning de chacun, la date du mercredi 16 à 18 heures est retenue.

René Lucet confirme qu'il fera en sorte de remettre ses réponses à cette date à M. le Président. Toutefois, il estime que quatre jours pour répondre au rapport est relativement court, alors que les trois inspecteurs de l'I.G.A.S. et quatre représentants de la direction régionale ont mis un mois et demi pour le rédiger. Sur le caractère frauduleux de l'affaire, il s'inscrit « totalement en faux ». Il lui semble que « l'on ait déjà prononcé la condamnation avant d'avoir entendu la défense ».

M. Fabié, du C.N.P.F., « comprend mal que les membres du Conseil soient amenés à délibérer sous huit jours sur les résultats d'un contrôle qui a pris pas mal de temps aux agents de l'I.G.A.S., mais qui en fait ne traite que des questions relatives à des frais de déplacements ». Il ne voit pas, « à priori, la gravité des faits » ! Des justifications sont sans doute nécessaires, mais il faut avant tout « tenir compte de la façon remarquable dont le directeur général a géré la Caisse. En tant qu'administrateurs, il faut en être conscients et reconnaître que les faits reprochés dans ce rapport, comparés à une bonne gestion, ne sont, à première vue, que des " bricoles " ».

M. Marin, du C.N.P.F. lui aussi, « pense qu'il y a un manque de dignité totale de la part des gens qui ont lancé cette opération » :

> « Des accusations ont été portées. Jusqu'à preuve du contraire il est possible, dans ce pays, d'user du droit à la défense. Ce droit ne doit pas être bâclé. Il convient de juger après avoir entendu les deux parties. »

M. Molinier insiste : sa présence aujourd'hui « traduit l'importance qu'attache l'administration à ce rapport ». Celle-ci a manifesté le désir que le Conseil en prenne « rapidement connaissance afin qu'un processus de suite soit arrêté dès aujourd'hui ».

A voix basse, Lucet fait remarquer à un de ses adjoints qu' « on est en train d'assister à une tentative de procès expéditif, digne de la justice islamique de Khomeiny » et que « ce Molinier parle comme un " ayatollah " ».

A voix haute, le directeur général déclare :

> « Il s'agit d'une affaire purement et simplement politique, qui tient au fait que j'ai des idées différentes du gouvernement actuel. Ainsi que M. le Président l'a souligné lors du dernier Conseil, le seul objectif c'est de " descendre le directeur ". »

Lucet confirme qu'il a « l'intention de se battre jusqu'au bout et, sachant que l'avenir n'appartient à personne, ce qui est vérité aujourd'hui sera peut-être demain le contraire de la vérité ».

Se référant à l'article 378 du Code pénal, M. Paul, du C.N.P.F., suggère que l'on demande aux personnes citées dans le rapport, si elles consentent à ce que les administrateurs divulguent les renseignements qui y sont contenus et qui les concernent.

« Personnellement, je m'en moque », répond Lucet.

Mais il comprend que d'autres aient un avis différent. Sur le fond du problème, cela ne présente pas, pour lui, de difficulté :

> « Je sais où sont mes adversaires et avec qui il faut que je me batte. »

Le directeur a évidemment raison : l'affaire est purement et simplement politique ; on l'habille de prétextes administratifs pour tromper le public.

Ce n'est d'ailleurs pas par hasard que, lorsqu'il est finalement question de garder le secret des délibérations, les délégués cégétistes s'y refusent : cela les priverait d'une des meilleures armes, la diffusion partiale et mensongère, par la presse communiste, des nouvelles concernant la Caisse.

La Marseillaise ne pouvait manquer son rendez-vous accoutumé avec la calomnie, au lendemain de la réunion du Conseil.

« Une enquête officielle [remarquons l'utilisation constante du mot *officiel* pour donner du poids à l'accusation] révèle l'ampleur du scandale », s'exclame, le 11, le quotidien communiste. Et, sans tenir compte du fait — pourtant, primordial — que le Conseil d'administration ne s'est pas encore prononcé sur la véracité d'imputations dont il a eu à peine le temps de prendre connaissance, *La Marseillaise* procède à énumérer, de la manière la plus fantaisiste, la plus ignominieuse, des griefs contre Lucet :

> « Des malversations flagrantes ont été établies et apparaissent du fait de la direction générale et de son équipe, notamment au service dit des " relations humaines ", secteur on le sait tristement célèbre à la Caisse.

Non contents de faire jouer à ce service un rôle répressif d'espionnage du personnel, s'y ajoutaient des largesses plutôt douteuses dont bénéficiait la direction. [...] M. Lucet jonglait depuis 1979 avec les irrégularités, les illégalités et les abus, etc. »

Toujours soucieux de commenter, à l'adresse de ses employés, les événements qui agitent la direction de la Caisse, Lucet se montre à la fois agressif et serein dans sa lettre au personnel datée du 11 décembre :

« Arrivons maintenant — dit-il — à ce que mes détracteurs appellent le combat d'idées qui a connu de belles heures pendant cette période (novembre-décembre 1981) quoique les coups au-dessous de la ceinture aient été les plus nombreux. »

Il semble évident que ces « coups bas » l'ont touché :

« Le niveau polémique — ajoute-t-il — est comme les soldes : il a atteint zéro. »

Il fait allusion, sans doute, aux articles et tracts que cégétistes et communistes multiplient sans pudeur.

« Heureusement — se félicite-t-il, avec une amère ironie — que nous avons eu le rapport de l'I.G.A.S. dont la publication a permis d'entretenir la chronique. Je ne reprendrai pas les termes qu'il contient, puisque chacun a eu l'occasion de les lire ainsi que ma réponse, si bien que l'opinion de tous est forgée. »

Il fait, ensuite, preuve d'un certain excès d'optimisme, quand, tirant les conclusions de l'échec du rapport, il écrit :

« Pour jouer les Commissaires du peuple avec une chance de succès, surtout dans un pays démocratique, il vaut mieux, à mon avis, éviter l'artillerie lourde pour utiliser la désinformation. »

En réalité, plus les projectiles sont lourds, plus la désinformation est énorme, plus les menteurs ont des chances de réussir, S'ILS JOUISSENT DE LA COMPLICITÉ DES AUTORITÉS. Lucet oublie cet élément capital, qui explique le dénouement tragique de son affaire.

Les détectives du ministre nous prennent pour des « demeurés »

Le 14 décembre, René Lucet et l'Agent comptable de la Caisse — mis en cause avec lui — présentent leur réponse aux allégations des trois envoyés très spéciaux de l'I.G.A.S. Communiquée aussitôt aux administrateurs de la Caisse, elle sera discutée le 16 au cours d'une réunion extraordinaire du Conseil.

Il est fort difficile de résumer, de manière à la fois objective et compréhensible, les vingt pages du rapport signé par MM. Serniclay, Raymond et Santucci. Ne serait-ce qu'à cause du caractère technique des observations, dont seuls parfois les initiés et, surtout, ceux qui pratiquent les réglementations régissant les Caisses, peuvent saisir les subtilités.

On observe, en outre, chez les inspecteurs, un extraordinaire acharnement à octroyer une grande importance aux détails infimes. Loin de se placer dans la perspective d'une vue d'ensemble, et au lieu de mesurer les faits selon une échelle de valeurs où le général l'emporte sur le particulier, ils ne voient que les éventuels défauts d'une grande œuvre.

Deux cas précis illustreront notre propos. Pour le reste, nous donnons à la fin du livre, *pp. 283 à 321,* l'essentiel du rapport de l'I.G.A.S. et de la réponse de Lucet (28 pages, assorties de 19 annexes), qui n'a eu du reste que quatre jours pour la rédiger. Le lecteur pourra ainsi juger, par lui-même, de tous les petits et grands problèmes en question.

Il comprendra que nous ne pouvions pas nous arrêter ici aux détails. Venons-en donc à nos deux cas précis, représentatifs de l'ensemble.

En parlant de quelques déjeuners de M. Lucet, les « fins limiers » de Mme Questiaux lui reprocheront que :

> « Les justifications de ces repas ne comportent que des indications vagues, sans nom de convives [...] Figurent simplement des mentions comme " Mairie de Marseille ", " Ministère des Affaires sociales ", " Conseil régional ", etc. »

Or, il est évident que ces points de repère suffisent. Le directeur d'une Caisse de la « Sécu » comme celle de Marseille, qui manie des milliards, se voit souvent dans la nécessité de recevoir d'une manière réservée, au bénéfice de son service, des personnalités, socialistes pour la plupart, qui ne tiennent pas à apparaître comme ses obligés.

Marquer au dos d'un justificatif, le nom du convive — appartenant en l'occurrence, selon les détectives du ministre, à la « mairie de Marseille », au « Groupe Majorité » *socialiste* du « Conseil général », au « Conseil régional », au « ministère des Affaires sociales », à l' « hôtel de police », à la « P.J. », à la « préfecture » et même à l' « I.G.A.S. » — tiendrait de la délation, plutôt que de l'information.

C'est précisément contre ce caractère odieux du rapport que s'insurgent les membres du Conseil d'administration. M. Marin, du C.N.P.F., le dit en toutes lettres :

> « Ce qui transpire de ce rapport d'inspection, c'est une méthode policière. »

Son collègue, M. Laurenti, pense que le comportement des inspecteurs de l'I.G.A.S. « pose un problème extrêmement grave. Les menaces, l'incitation à la délation, ces procédés relèvent de méthodes totalitaires jusqu'alors inconnues dans le pays ».

Pour que des hommes aussi pondérés, aussi experts en questions administratives, s'expriment en ces termes, et à propos de hauts fonctionnaires en mission, il faut, vraiment, que le ministre et ses complices soient allés fort loin dans l'ignominie.

Si loin, que M. Marin leur recommande de ne pas le prendre, et de ne pas prendre les autres administrateurs « *pour des demeurés* ».

C'est en effet à un niveau où la petitesse le dispute à la sottise que se situe l' « accusation » contre Lucet. Rien de solide et de bien argumenté n'en subsiste, après la défense magistrale, imparable, que présente Lucet.

Notre deuxième cas précis concerne le reproche, dérisoire, adressé à Lucet d'avoir « fait installer le mois de son arrivée à la Caisse, des grilles galvanisées, avec manœuvre électrique, pour isoler la direction de manifestants éventuels. Coût : 22 132,22 ». Et aussi d'avoir engagé quatre « chauffeurs-gardes du corps ».

> « Mais, précisément, comment se fait-il, demandera à Mme Questiaux le directeur de la “ Sécu ” de la Charente-Maritime, Pierre Crépy, oui, comment se fait-il qu'un directeur d'une Caisse de Sécurité sociale en soit réduit à avoir des gardes du corps pour mener à bien sa mission ? En avait-il à Melun ? La réponse est non ! »

Apostrophant Mme Questiaux dans un document en notre possession, Pierre Crépy va plus loin :

> « Comment se fait-il que le même directeur ait éprouvé le besoin de faire procéder à l'installation d'une grille pour condamner, en cas de nécessité, l'accès de son bureau ? Cette mesure de sécurité existait-elle à Melun ? La réponse est non ? »

Et, ajoute-t-il, « Lucet n'a pas en face de lui des enfants de chœur d'une sensibilité extrême ».

« Alors, conclut-il, je dis :

« 1° Que le directeur qui n'a jamais été injurié ou diffamé dans des tracts syndicaux lui jette la première pierre !

« 2° Que le directeur qui n'a jamais eu son bureau envahi par des “ militants ” venus le “ provoquer et tenter de lui faire peur ” lui jette la seconde pierre !

« 3° Que le directeur qui n'a jamais été l'objet “ d'attaques personnelles ” dans les journaux d'une certaine presse ou devant les tribunaux (correctionnels de préférence) lui jette la troisième pierre !

« 4° Qu'enfin, tous ceux qui ne connaissent pas le fonctionnement complexe de cette Institution qu'est la Sécurité sociale se gardent bien de lui jeter une autre pierre ! »

Bref, « le rapport de l'I.G.A.S. sur certains faits graves relevés dans la gestion administrative de la C.P.C.A.M. des Bouches-du-Rhône » ne résiste pas à l'examen. Et pourtant, ses têtes de chapitre sont prometteuses :

- « Des remboursements de frais de repas injustifiables »,
- « Des fraudes caractérisées sur des indemnités kilométriques »,
- « Des imputations abusives au compte “ Session de formation ” »,
- « Des abus du directeur général et de son équipe »,
- « Des fraudes de quelques membres du personnel »...

De ce faisceau d' « irrégularités », les trois inspecteurs venus de Paris tirent, comme conclusion, la responsabilité :

1. de l'agent comptable,
2. du directeur général,
3. du Conseil d'administration... (pour faire bon poids).

Avec les méthodes du K.G.B.

Mercredi 16 décembre 1981 : la longue et orageuse session extraordinaire du Conseil, à laquelle assistent, outre les membres de droit, l'agent comptable, les directeurs adjoints et les sous-directeurs de la Caisse, ainsi qu'un représentant de la Fédération de la Mutualité française, le président de la Commission pharmaceutique et le représentant de l'U.D.A.F. des Bouches-du-Rhône, donne lieu à de vigoureuses empoignades.

Elle se terminera par la déconfiture complète des inquisiteurs. Les eunuques de Mme Questiaux avaient déguisé des vétilles en délits, avaient brandi la foudre pour condamner des fautes vénielles inévitables. Comme le soulignait Lucet lui-même, on décelait *6 erreurs en deux ans, et ce, sur 10 000 ordonnancements :* il défiait quiconque de trouver un autre organisme de Sécurité sociale avec un si faible pourcentage d'erreurs. Il ajoutait, avec une ironie qui, bien sûr, irritait les communistes, qu'il avait deux façons de concevoir la direction d'une Caisse, celle de son prédécesseur et la sienne, qui n'est pas celle d'un fonctionnaire mais d'un dirigeant d'entreprise jugé sur les résultats obtenus : on me fait, concluait-il, le même procès qu'au docteur Stern, « excellent médecin d'Ukraine qui soignait très bien toute une zone, mais qui a été accusé par le K.G.B. d'avoir accepté d'une paysanne un poulet et deux œufs »...

Le débat épuisé, et les preuves et contre-preuves passées au crible, on doit prendre une décision. Le président de Laroche propose une motion, conçue en ces termes :

> « Le Conseil d'administration, après étude du rapport de l'I.G.A.S. et des réponses présentées par le directeur, constate que les accusations de fraude portées par les inspecteurs ne reposent que sur des hypothèses non fondées [...]. Le Conseil d'administration, rejoignant d'ailleurs les avis exprimés par le directeur régional dans sa lettre du 13 février 1981, et par le trésorier-payeur

général dans sa lettre du 11 avril 1981, estime que la tâche confiée par le Conseil d'administration au directeur général, à savoir : faire de la C.P.C.A.M. des Bouches-du-Rhône, qui est la deuxième Caisse de France par son importance, une des mieux gérées du pays, est en bonne voie de réalisation. Qu'en conséquence, l'intérêt général commandant de poursuivre jusqu'à l'achèvement ladite tâche, le choix fait par le Conseil de l'administration en la personne de M. Lucet comme directeur général s'est avéré judicieux et le demeure. »

Le désaveu infligé à Mme Questiaux est aussi retentissant qu'une gifle en plein visage. Car seuls les sempiternels compères (les 3 délégués de la C.G.T., les 2 de la C.F.D.T.) ont voté contre cette motion, approuvée par les 13 autres membres du Conseil, représentant le C.N.P.F., F.O., la C.G.C. et la C.F.T.C.

Le résultat apparaît comme plus expressif encore quand on sait que la motion de la C.G.T. qui prônait la « suspension et le retrait d'agrément » de l'agent comptable et de René Lucet « responsable directement d'abus manifestes » n'a recueilli, elle, que les trois suffrages cégétistes ; les hommes de la C.F.D.T. n'osant tout de même pas apporter leur caution à un texte dénué de tout fondement, ils s'en sont abstenus. A 23 heures, lorsque la séance est levée, les communistes, plus seuls que jamais, sont battus à plate couture.

René Lucet éclate d'un grand rire, et s'en va, avec ses amis, célébrer cette victoire.

Mais il ne sacrifie pas au triomphalisme.

Instruit par l'expérience, il n'ignore point qu'elle ne met fin ni au combat, ni au dénigrement systématique de la presse communiste. Il attend avec curiosité la réaction de *La Marseillaise*.

Le quotidien du P.C. accomplira un exploit singulier : deux jours de suite, le 18 et le 19 décembre, il consacrera deux très longs articles — signés Marie H. Michalitsis — à la séance de la Caisse et aux débats concernant le rapport de l'I.G.A.S. Par un tour de passe-passe magique, digne des meilleurs illusionnistes, l'auteur trouve moyen de ne pas informer ses lecteurs. En effet, Mme Michalitsis ne cite même pas le vote du Conseil d'administration, ratifiant sa confiance en Lucet, ni la dérobade de la C.F.D.T. lorsqu'elle s'est vue dans l'obligation de prendre parti contre lui. La « journaliste » communiste reproduit quelques paragraphes du rapport des trois, agrémentés de commentaires concomitants de la C.G.T., sans mentionner une seule fois, ni les démentis de Lucet, ni la conclusion en tout favorable à celui-ci, du Conseil d'administration. Bref, le lecteur non prévenu croira, de bonne foi, que le rapport est l'expression de la vérité, Lucet un brigand, et la Caisse primaire un repaire de délinquants.

Bel exemple de journalisme stalinien !

Parfaitement à la hauteur des goûts du ministre.

Leur dernière arme secrète

Noël ne sera pas, dans l'affaire Lucet, une trêve, mais une veillée d'armes.

Mme Questiaux a en vain épuisé les procédés en apparence légaux. Elle a mobilisé les instances locales, sans succès ; elle a eu recours à l'I.G.A.S., sans succès ; elle est réduite maintenant à violer, en dehors de tout souci des formes, les normes qui régissent le fonctionnement de la Sécurité sociale. Elle agira en autocrate, faisant fi de tous les avis, de tous les votes et de l'intérêt des assurés. Puisque Lucet lui résiste et que son Conseil d'administration le seconde, il ne lui reste, pour tenir la promesse qu'elle a faite aux communistes — et dont elle ne peut ni ne veut se dégager — qu'une solution : attendre le jour jugé propice pour appliquer à Lucet la seule mesure contre laquelle il est désarmé : « *le retrait de l'agrément* ».

L'*agrément* est l'acte officiel par lequel le ministre de tutelle marque sa confiance à l'égard d'un agent de direction. Il intervient postérieurement à la nomination du directeur par le Conseil d'administration de la Caisse primaire. L'*agrément* est accordé une fois pour toutes. Acte de routine, il n'est pratiquement jamais refusé. Lucet avait reçu le sien en janvier 1981, par l'intermédiaire de Michel Lombardot, en charge de la direction régionale des Affaires sanitaires et sociales. Le retrait d'agrément, qui lui sera signifié par le même Michel Lombardot, marquera la défiance du ministre. Le retrait d'agrément est une mesure vraiment exceptionnelle. En réalité, compte tenu du statut particulier de la Sécurité sociale, cette mesure équivaut à une révocation.

Pour Lucet, ce sera le blâme tombant après dix-huit années de services irréprochables. Mais, surtout, ce sera le désaveu d'une politique de la « Sécu » qu'il considérait comme seule capable de sauver l'Institution à laquelle il avait voué toute sa vie, toute son intelligence, toutes ses capacités. L'institution à laquelle il devait, lui le « *fils d'ouvrier* », sa promotion sociale.

La nouvelle année commence : tous, et Lucet le premier, s'attendent à un télex du ministère annonçant le retrait d'agrément, ou, au moins, le début de la procédure entamée à cette fin. Or, Mme Questiaux ne s'exécute pas. Son geste serait si arbitraire, si contraire à l'équité et à la raison, qu'elle tergiverse quelque peu. Remords? Sûrement pas. On ne saurait voir, dans ce retard, que l'attente tactique du bon moment.

Mais les communistes s'impatientent. Le 4 février 1982 doit se réunir le Conseil d'administration de la Caisse. Les trois délégués de la C.G.T. y accourent, avec la rage au cœur. Et, adoptant une attitude destinée à forcer la main du ministre, ils quittent la séance après avoir déclaré que Lucet « *aurait dû recevoir la sanction correspondant à ses actes : le retrait de l'agrément et le licenciement* ». Avec les trémolos d'indignation dans la voix qui caractérisent le langage communiste, ils proclament que :

« devant la carence actuelle, les administrateurs C.G.T. ont décidé de se retirer et de ne pas siéger au sein du Conseil ».

Carence ? Vous avez dit carence ? Carence administrative ? C'est au fond le ministre qui est touché par l'accusation.

Le mot, automatiquement répercuté le lendemain par *La Marseillaise,* a dû frapper de stupeur la si docile Mme Questiaux. A moins que le coup n'ait été convenu entre elle et ses conseillers pour présenter sa félonie comme la conséquence du « mécontentement populaire ».

Quoi qu'il en soit, le coup de semonce a un effet presque instantané : le 10 février, le directeur du cabinet du ministre, Daniel Fabre, communique au président de Laroche, sur papier à en-tête de Mme le ministre elle-même, qu'on a « décidé d'engager la procédure de retrait d'agrément à l'encontre de M. Lucet, directeur de votre organisme » :

« CAB/12 — RÉPUBLIQUE FRANÇAISE

« *Ministère*
de la Solidarité Nationale
Le Ministre

Paris, le 10 février 1982

Le Ministre de la Solidarité nationale
à
Monsieur René LUCET,
Directeur de la Caisse Primaire
Centrale d'Assurance Maladie
des BOUCHES-DU-RHÔNE

« J'ai l'honneur de vous faire connaître que j'ai décidé d'engager à votre encontre la procédure tendant au retrait de l'agrément qui vous a été accordé, par décision du 6 janvier 1981, en qualité de Directeur de la Caisse Primaire Centrale d'Assurance Maladie des BOUCHES-DU-RHÔNE.

« Cette mesure me paraît devoir s'imposer pour les raisons suivantes :

« D'une part, vous avez assorti l'exercice de vos fonctions de procédés incompatibles avec votre qualité de gestionnaire d'un service public ; notamment, en vous entourant, aux frais de la Caisse, d' " attachés de secrétariat " aux attributions mal définies ; en vous entourant de mesures de sécurité inusuelles ; en adoptant dans un document de forme non moins inusuelle adressé périodiquement à l'ensemble du personnel de la Caisse primaire un ton sans mesure et de nature à choquer une partie de ses destinataires dans leurs convictions et sensibilités. Ces pratiques n'ont pas manqué de provoquer un profond malaise, et de nombreuses plaintes.

« D'autre part, il est ressorti de l'enquête effectuée, en novembre et décembre 1981, par l'Inspection Générale des Affaires Sociales que les mêmes pratiques, en particulier l'utilisation des collaborateurs ci-dessus mentionnés, vous ont conduit à commettre des abus et à couvrir des fraudes au plan de la gestion des deniers du budget administratif de la Caisse primaire centrale d'assurance maladie des BOUCHES-DU-RHÔNE.

« Conformément aux dispositions de l'article 19 § 1 du décret modifié, n° 60-452 du 12 mai 1960 relatif à l'organisation et au fonctionnement de la Sécurité sociale, je vous prie de me faire connaître, dans le délai de 15 jours à compter de la réception de la présente lettre, les réponses qu'appellent de votre part les observations ci-dessus formulées.

« Pour le Ministre et par délégation
« *Le Directeur du Cabinet.*
« Daniel FABRE. »

La lettre de M. Fabre, « *pour le ministre et par délégation* », appelle plusieurs remarques.

La première, c'est que, pour sanctionner Lucet, le ministre abandonne la quasi-totalité des griefs de l'I.G.A.S., et en invente d'autres.

Quelle meilleure preuve que les accusations de « *fraude* », « *abus* » et « *illégalités* » contenues dans son long rapport étaient fausses ? Indirectement, le ministre l'avoue et ratifie ainsi le vote du Conseil d'administration donnant quitus à Lucet. Des multiples imputations, le ministre n'en retient maintenant que deux. L'une à propos du recrutement d' « attachés de secrétariat aux fonctions mal définies » (4 personnes sur un effectif de plus de 3 500 employés !) ; l'autre, d'un ridicule achevé, vise « l'adoption de mesures de sécurité inusuelles » — autrement dit, la pose d'une grille de protection destinée à isoler la salle du Conseil d'administration et la direction, afin de permettre aux administrateurs de continuer à travailler en dehors de tout chantage. Or, Lucet avait eu de sérieux motifs pour installer ce système : il avait appris qu'en décembre 1977, le Conseil d'administration, réuni en séance extraordinaire à la suite d'une revendication catégorielle, s'était vu obligé de débattre sous la pression et les cris d'une foule bloquant la porte du Conseil. Lucet tenait à éviter que l'épisode ne se renouvelle et à dissuader la C.G.T. de le prendre en otage, comme un vulgaire patron.

A ces deux seuls griefs, inconsistants, et qui ne sauraient mériter en aucun cas un retrait d'agrément, le ministre ajoute un troisième, nouveau en apparence, et jamais invoqué jusque-là, mais qui est une des raisons fondamentales de la haine des communistes et cégétistes : les célèbres *lettres mensuelles*, où, sans ambages, Lucet dit son fait à ses adversaires, et parle de politique.

Relevant avec cran le défi, il y commentait, en janvier, les événements en cours, dans des termes qui ont dû paraître insupportables au ministre et à sa cour :

« D'ailleurs — écrivait Lucet — je ne sais pas si vous avez bien noté que dans le rapport de l'I.G.A.S. je suis accablé d'un nombre important de qualificatifs, mais jamais de celui d'INCAPABLE. Maigre consolation, mais consolation quand même ! D'autant que bien souvent, s'il m'arrive de perdre un procès en première instance, je me rattrape en appel. Ainsi que le disait le général de Gaulle, qui semble, depuis sa mort, avoir un plus grand nombre de vertus que de son vivant, le fait d'avoir perdu une bataille ne signifie pas la défaite. Beaucoup de mes détracteurs en ont fait l'expérience. »

Le chef-d'œuvre du mensonge le plus éhonté

Madame le Ministre ne peut supporter tant d'indépendance d'esprit et tant d'ironique ténacité chez un agent qu'elle voudrait au garde-à-vous. Neuf mois durant, les autorités ont chargé Lucet de mille péchés, sans mentionner ses lettres au personnel : le ministre préférait farder le teint politique de l'affaire sous des couleurs administratives. Mais au moment de porter le coup final, soit que, les « prétextes » s'avérant trop minces, il ait fallu en ajouter d'autres, soit qu'une inadvertance révélatrice ait laissé filtrer la vérité, le ministre exhale sa rancune contre « le ton sans mesure, de nature à choquer une partie des destinataires » des lettres de Lucet.

Jamais, même pour la forme, le ministère et ses hommes à Marseille n'ont jugé « sans mesure » et « choquante » la campagne de calomnies, de mensonges et d'injures personnelles engagée par communistes et cégétistes contre le directeur de la Caisse... Bien au contraire, le ministère l'a alimentée sous cape, en acceptant, sans protester, que l'on communique à la presse du P.C. les correspondances entre le ministère et la Présidence de la Caisse.

Le 11 février, la C.G.T. distribue à profusion un tract « A tous les assurés sociaux des Bouches-du-Rhône ». Il a trait aux « fraudes et abus de la direction de la C.P.C.A.M. ».

C'est un monument de mauvaise foi et, purement et simplement, de diffamation. On y lit par exemple : « Des centaines de millions de centimes servent à élever le train de vie d'une dizaine d'agents proches de la direction (réceptions, banquets, frais de déplacements, champagne, voyages...) et à alimenter les caisses d'une Mutuelle d'obédience patronale ».

Comme à l'accoutumée, la méthode de l'amalgame et des demi-vérités est abondamment employée dans ce petit chef-d'œuvre du mensonge le plus éhonté : « Le rapport officiel dénonce les responsables : M. Lucet, directeur général ; l'agent-comptable ; la majorité du Conseil d'administration (Patrons, F.O., C.G.T., C.F.T.C.) ». Inutile de souligner que la réponse du directeur à ce rapport n'y est point mentionnée, et que jamais Lucet n'a été accusé d'avoir commis des « abus », « fraudes » ou malversations à son propre profit. La conclusion du tract est destinée à accentuer la pression sur les pouvoirs publics :

> « Les fraudeurs et les patrons dehors. Qu'attend le ministre pour prendre des décisions ? »

Ses réponses : Mme Questiaux n'a plus droit aux formules de politesse

Nul mieux que Lucet lui-même ne pouvait flétrir l'indignité et l'arbitraire de Mme Questiaux.

Sa réponse au ministre est un morceau d'anthologie. Les archives de notre administration ne regorgent pas de lettres écrites d'une encre pareille. Voir un ministre en place stigmatisé et cloué au pilori par un de ses fonctionnaires n'est pas monnaie courante. Mais la « douce » Mme Questiaux n'a pas dû se sentir atteinte par cette rafale aux tirs si bien ajustés. On nous permettra d'être ici un peu plus catégorique : lorsqu'on partage avec les communistes la faribole, le pouvoir, des idées, ou tout cela à la fois, on risque de laisser l'âme au vestiaire, et on partage aussi avec eux — même parfois sans s'en rendre compte — leur mépris pour tout être humain qui ne se soumet pas aux impératifs politiques du marxisme.

Voici cette admirable lettre de Lucet, enfouie, jusqu'à maintenant, dans les archives du faux ministère de la Solidarité nationale. Pièce capitale, qu'il nous faut reproduire intégralement :

« CAISSE PRIMAIRE CENTRALE
D'ASSURANCE MALADIE
DES BOUCHES-DU-RHÔNE

le 22 février 1982

RENÉ LUCET
DIRECTEUR GÉNÉRAL DE LA CAISSE
PRIMAIRE CENTRALE D'ASSURANCE
MALADIE DES BOUCHES-DU-RHÔNE
à
MADAME LE MINISTRE DE LA
SOLIDARITÉ NATIONALE

LE DIRECTEUR GÉNÉRAL
RL/AM

« J'ai bien reçu le 12 février 1982 votre lettre du 10 m'informant de votre décision d'engager à mon encontre la procédure tendant au retrait de l'agrément qui m'a été accordé le 6 janvier 1981.

« C'est avec un vif intérêt que j'ai pris connaissance des raisons motivant, selon vous, cette mesure qui, aux yeux de tous ceux connaissant notre différend, relève d'une intolérance indigne. Je suis même persuadé que cette façon de faire est loin de recueillir l'unanimité parmi vos amis politiques.

« Vous estimez que j'ai assorti l'exercice de mes fonctions de procédés onéreux et incompatibles avec ma qualité de gestionnaire d'un service public. Ma première remarque sera double :

« — D'une part, si toutes les Caisses de Sécurité sociale étaient gérées comme celle de MELUN ou de MARSEILLE dans lesquelles j'ai exercé ou exerce encore des responsabilités de premier plan, notre Gouvernement aurait peu de problèmes dans ce secteur important de la vie nationale. Votre intervention directe, d'ailleurs, pour que je ne sois pas cette année inscrit sur la liste d'aptitude aux emplois de Direction (la première fois depuis près de dix ans) souligne bien le caractère dirigé de la présente affaire.

« — d'autre part, il convient de se faire une raison, en vertu de la réglementation en vigueur, l'opportunité des mesures visées par vos soins est du ressort de ma seule appréciation conformément aux dispositions du décret du 12 mai 1960, confiant au Directeur l'organisation des services placés sous son autorité. De plus, votre représentant régional a donné son approbation sans réserve sur l'ensemble des éléments retenus, aujourd'hui à mon détriment, allant même jusqu'à opposer une fin de non-recevoir à un Syndicat qui l'avait saisi à ce propos.

« Sur le fond, les attachés de secrétariat et le dispositif de sécurité du siège ont été réglés sur des crédits votés et approuvés il y a plus de deux ans. L'embauche de ces agents a été réalisée dans des conditions régulières qui n'ont jamais fait l'objet d'observation quelconque de même que l'installation matérielle du système de protection ne fut, jusqu'à ce jour, en rien critiquée par l'Administration de Tutelle.

« Quant à leur utilité générale elle fut effective à de multiples reprises tant il est vrai que certains partenaires sociaux s'étaient habitués à l'occupation illégale de locaux publics ou aux menaces physiques et morales ayant pour but l'intimidation continue de l'encadrement.

« Cependant, le point d'orgue de votre correspondance me semble être le “ profond malaise et les nombreuses plaintes provoqués ” par ma lettre mensuelle aux 3500 employés. Je regrette particulièrement “ d'avoir choqué dans leurs convictions et sensibilités une partie de ses destinataires ”.

« Pour ma part, je n'ai nullement conscience “ du profond malaise ” qui régnerait à l'intérieur de la Caisse, aucun conflit social grave n'étant survenu depuis plus de deux ans ce qui était loin d'être le cas auparavant.

« Pour les “ nombreuses plaintes ”, également, je ne me souviens pas avoir été tenu informé de celles-ci, et il me paraît essentiel de savoir de qui elles peuvent émaner principalement.

« Tout cela est d'autant plus étrange qu'aux dernières élections des délégués du 8 octobre 1981, malgré l'aide empressée de vos proches collaborateurs (par exemple Monsieur LUCAS) et une active propagande sur le thème “ *le changement c'est la mise à la porte de LUCET* ” les partisans de cette solution se sont vu infliger par le personnel dans sa majorité absolue (+ 58 %) un revers électoral sans précédent.

« Aussi, pour respecter un des principes fondamentaux du droit français, puisque je me trouve en position d'accusé, je vous serais très obligé de porter à ma connaissance les griefs et la qualité de mes accusateurs, ces renseignements étant indispensables pour assurer normalement ma défense.

« En fait, la lettre mensuelle incriminée est fort lue et aux dires mêmes de mes adversaires, originale et bien rédigée. Elle possède, en outre, l'avantage de concourir au bon fonctionnement de la Caisse en fournissant les informations techniques utiles et en précisant les réflexions de la Direction sur les différentes questions pendantes. Vous trouverez, sous le présent pli, un tiré à part couvrant la période de novembre 1979 à décembre 1981, m'étonnant, à ce sujet, qu'un ministre partisan de profondes mutations dans les relations entre gouvernants et gouvernés me reproche la forme et le ton " inusuels " d'un document novateur à plus d'un titre.

« Pour ce qui est de la deuxième partie de vos griefs concernant l'enquête effectuée en octobre/novembre 1981 par l'I.G.A.S., j'ai déjà eu l'occasion de vous répondre dans un rapport de 28 pages sans compter les annexes. En dépit du zèle dont a fait preuve Monsieur Serniclay, le Chef de la mission de contrôle, spécialiste en matière de menaces, chantage, incitation à la délation, qui à aucun moment ne s'est soucié de la gestion du service public, j'ai fait litière point par point des soi-disant abus commis personnellement ou des prétendues fraudes exécutées par certains de mes compagnons de travail.

« Ajoutez à cela une séance de cinq heures du Conseil d'Administration, le 16 décembre 1981, dont le procès-verbal vous a été adressé avec les décisions prises en conséquence et notamment le renouvellement de sa confiance à mon égard pour que je considère inutile la fourniture de nouvelles explications qui ne seraient que des répétitions.

« Il est de notoriété publique, chiffres à l'appui, que j'ai remis de l'ordre dans le capharnaüm que constituait avant mon arrivée la Caisse Primaire Centrale des Bouches-du-Rhône.

« Ne pouvant attaquer ma gestion générale, il vous faut trouver des prétextes futiles afin de tenter d'étayer le retrait d'agrément pour faute professionnelle.

« Personne n'est dupe, y compris vous-même, et si demain je devais avoir un successeur je lui souhaite bien du plaisir entre une organisation aux multiples ramifications devenue toute-puissante à l'intérieur et des assurés sociaux à l'extérieur manifestant leur mécontentement devant la dégradation de la qualité du service qui leur était rendu.

« Je vous dirai, pour conclure, que la sanction définitive de nature à briser ma carrière professionnelle que vous envisagez de prendre me fait connaître un sentiment nouveau, vraisemblablement celui que mes parents et alliés, dont certains sont morts pour la FRANCE, ont dû éprouver lorsqu'ils sont entrés dans la RÉSISTANCE.

« Le DIRECTEUR GÉNÉRAL,
« R. LUCET. »

Postée le 22, cette lettre se croise avec celle de Michel Lombardot, datée du 23, communiquant au président de la Caisse la mesure de suspension dont Lucet a été l'objet le 19.

En voici le texte :

Marseille, le 23 février 1982

« Monsieur le Président,

« J'ai l'honneur de vous communiquer, ci-joint, copie d'une décision de Madame le Ministre de la Solidarité Nationale relative à la suspension des fonctions de Monsieur René LUCET en tant que directeur de la Caisse primaire centrale d'assurance maladie des BOUCHES-DU-RHÔNE.

« Veuillez agréer,...

« LE DIRECTEUR RÉGIONAL DES
« AFFAIRES SANITAIRES ET SOCIALES,
« M. LOMBARDOT. »

Suit le document officiel :

« *Ministère*
de la Solidarité Nationale
Le Ministre

RÉPUBLIQUE FRANÇAISE

Paris, le 19 février 1982

« LE MINISTRE DE LA SOLIDARITÉ NATIONALE

« Vu l'article 19 — III du décret n° 60 — 452 du 12 mai 1960 ;

« Considérant que les mutations auxquelles procède la direction de la Caisse primaire centrale d'assurance maladie des Bouches-du-Rhône dans les circonstances actuelles, alors qu'une procédure de retrait de l'agrément de M. René LUCET lui a été notifiée en date du 12 février 1982, créent un climat d'insécurité qui trouble la sérénité dans laquelle doit être exercée le service public ;

« Considérant que plusieurs membres du personnel de cet organisme se plaignent des mesures d'intimidation dont ils sont l'objet ;

« Considérant qu'il y a urgence à mettre fin à cette situation ;

« DÉCIDE

« M. René LUCET, directeur de la Caisse primaire centrale d'assurance maladie des Bouches-du-Rhône, est suspendu de ses fonctions avec maintien de son traitement à effet du 22 février 1982.

« *Pour le Ministre et par délégation*
« *Le Directeur du Cabinet,*
« Daniel FABRE. »

Cette décision revêt un caractère d'autant plus scandaleux quand on sait que, dans le même temps, le ministre socialiste et C.G.T. du Travail, Jean Auroux, tente d'imposer aux employeurs une procédure préalable à toute sanction, même la plus bénigne. Celle qui frappe Lucet constitue une entorse ahurissante aux règles les plus élémentaires régissant la Fonction publique. Elle intervient AVANT que le Conseil d'administration de la Caisse ait fait connaître les observations qui lui étaient demandées sur le retrait de l'agrément de Lucet. LE DÉLAI DE QUINZE JOURS QUI LUI AVAIT ÉTÉ IMPARTI PAR LA LETTRE DU 10 FÉVRIER (REÇUE A MARSEILLE LE 12), EST DONC LOIN D'ÊTRE EXPIRÉ, LORSQUE LE 19, LE MINISTRE SUSPEND LUCET SANS RESPECTER LES ÉCHÉANCES QU'IL S'ÉTAIT LUI-MÊME FIXÉES ! !

En plus, pour ce faire, il invente, purement et simplement, des faits. Il parle de « mutations auxquelles procède la direction de la Caisse primaire [...] dans les circonstances actuelles alors qu'une procédure de retrait de l'agrément », etc.

MENSONGE FLAGRANT, ÉHONTÉ : DANS CETTE SEMAINE DU 15 AU 21 FÉVRIER, AUCUNE MUTATION N'A EU LIEU A LA CAISSE. ET, EN PLUS, RENÉ LUCET ÉTAIT PARTI EN CONGÉ D'HIVER. COMMENT AURAIT-IL DONC PU PROCÉDER A CES LICENCIEMENTS IMAGINAIRES ?

Il a beau jeu de répliquer, le même jour, au ministre, avec énergie, ironie et mépris, par cette lettre qui sera son dernier acte administratif, et qui ne peut se lire, aujourd'hui, sans un serrement de cœur :

« CAISSE PRIMAIRE CENTRALE
D'ASSURANCE MALADIE
DES BOUCHES-DU-RHÔNE

le 23 février 1982

MONSIEUR RENÉ LUCET
DIRECTEUR GÉNÉRAL DE LA CAISSE
PRIMAIRE CENTRALE D'ASSURANCE
MALADIE DES BOUCHES-DU-RHÔNE
à
MADAME LE MINISTRE DE LA
SOLIDARITÉ NATIONALE

LE DIRECTEUR GÉNÉRAL

RL/FM

« Par la lettre du 10 février 1982 reçue le 12 à laquelle j'ai répondu le 22, vous m'informez de votre décision d'engager à mon encontre la procédure tendant au retrait d'agrément, qui m'a été accordé le 6 janvier 1981.

« Aujourd'hui, 23 février alors que j'avais un délai de 15 jours pour formuler mes observations conformément aux dispositions de l'article 19 & 1 du décret modifié, n° 60-452 du 12 mai 1960, vous m'adressez une notification de suspension de mes fonctions, en partant de motifs ahurissants pour qui connaît la vie quotidienne de notre Caisse.

« A ce stade, il ne fait plus de doute que votre mauvaise foi, votre parti pris, en définitive, votre volonté de nuire pour des raisons étrangères à mon activité professionnelle sont évidents.

« Vous me dites d'une part, que je procède à des mutations dans les circonstances actuelles, alors qu'une procédure de retrait d'agrément a été engagée par vos soins.

« A toutes fins utiles, je vous signale que je suis en congé depuis le 13 février et que je n'ai fait dans la semaine du 15 au 21 que deux brèves apparitions au sein de l'Organisme, me contentant, à l'extérieur, de poursuivre les négociations en cours avec certains professionnels de la santé.

« D'autre part, aucune plainte de membres du personnel ayant été victime de mesures d'intimidation n'a été portée à ma connaissance, durant cette période, ou à celle de mes adjoints présents au travail.

« Je crois, qu'une fois de plus, il est souhaitable de vous rappeler un des principes fondamentaux du Droit Français, propre à tout système démocratique, à savoir qu'il faut porter à la connaissance de l'accusé les faits qui lui sont reprochés et la qualité des plaignants, afin d'assurer normalement sa défense.

« Pour terminer sur le climat d'insécurité qui troublerait la sérénité dans laquelle doit être exercée l'activité du service public, je dois dire que, vraiment, vous y avez mis du vôtre en prenant de telles décisions, et que s'il y a quelqu'un qui doit être qualifié de fauteur de troubles, sans aucun doute possible, c'est vous-même.

« A croire que vous l'avez fait exprès pour des raisons

particulières ou pour me jeter en pâture au Parti Communiste comme signe de bonne volonté et de coopération.

« Je n'ai rien d'autre à ajouter, un procès, une longue marche commencent, seuls les plus résistants arriveront au but.

« LE DIRECTEUR GÉNÉRAL,
« R. LUCET. »

La solidarité massive de son personnel

La façon d'agir du ministre entraîne la réprobation de l'immense majorité des agents, interloqués, dégoûtés, par l'arbitraire du pouvoir central. Un mouvement de révolte naît spontanément, parmi les 3 500 employés de la Caisse qui, le mercredi 24 février, cessent de travailler et occupent les locaux, pour protester contre le limogeage de leur patron. Manifestation de solidarité rarissime en France, et qui prouve en quelle estime ses collaborateurs tiennent Lucet. Au siège de Valmante un Comité de grève est constitué. Des tracts F.O. sont distribués pour dire :

« Non au fait du prince ! »

Le 25 février, le Comité de grève diffuse un manifeste :

« Depuis 1979 nous avons un Directeur général, RENÉ LUCET et NOUS ENTENDONS LE GARDER, pour le bien des assurés sociaux et du personnel.

« Puisque depuis le 23 FÉVRIER 1982, sur ordre de Mme Nicole QUESTIAUX, il est censuré et qu'il n'a plus le droit de s'adresser à vous directement, nous le faisons à sa place.

« Un procès politique est en train d'être fabriqué à un gestionnaire compétent, efficace, humain, aimant le contact avec ses employés, comprenant leurs problèmes, essayant toujours de trouver une solution.

« Quant aux 1 900 000 assurés sociaux, ils n'ont jamais aussi bien été servis et réglés si rapidement.

« Alors, pour nous il n'y a qu'une seule sortie possible : la levée de la suspension de notre Directeur et sa réintégration dans ses fonctions. NOUS NE SOMMES PAS DES AVENTURIERS. Nous avons des familles à nourrir mais, si on ne veut pas nous laisser travailler avec des dirigeants estimés, qui ont la confiance majoritaire du personnel, quoi qu'en dise la C.G.T. (moins de 40 % des voix aux dernières élections du 8 octobre), eh ! bien TOUT EST POSSIBLE.

« Il faudra les forces de police pour nous déloger. NOUS NOUS BATTRONS et ensuite le combat ne s'arrêtera pas là.

« Les hommes n'ont pas seulement besoin de pain, il leur faut aussi la JUSTICE et la LIBERTÉ. »

Dès lors, les événements se précipitent.

La nouvelle secoue le monde ouvrier et tout Marseille la discute avec passion.

La C.G.T., elle, se réjouit et, mentant comme à l'accoutumée, annonce :

« *Lucet suspendu... Il se barricade !* »

Non seulement Lucet ne s'est pas barricadé, mais, bien au contraire, il déconseille à ses fidèles de mener des actions pouvant créer des situations de violence. *La Marseillaise,* de son côté, exhale sa joie, dans un article intitulé :

« *Le ministre engage la procédure contre Lucet.* »

Ce même jour, communistes et cégétistes s'appliquent à faire monter la température. La C.G.T. se déchaîne contre : « les illégalités sans précédent de Lucet, avec usurpation de pouvoir » ; « les fraudes et les abus de la direction de la Caisse ». Le candidat communiste aux élections cantonales, dans le IXe arrondissement de Marseille, se mêle au conflit, au moyen d'un tract de la même farine, adressé à ses électeurs.

Chacun remarque la prudente réserve du Parti socialiste. Ses leaders marseillais se gardent de prendre position pour ou contre Lucet. Appuyer ouvertement le P.C.F., la C.G.T. et Mme Questiaux (ministre pourtant « socialiste ») serait conforme aux règles de la solidarité, propres à toute coalition gouvernementale, mais contraire aux intérêts du P.S. et de Gaston Defferre. Tout le monde sait que Lucet est soutenu par une multitude de syndicalistes et d'électeurs socialistes, honnêtes. Et non, comme les communistes continuent de le crier, par un quarteron de gangsters impliqués dans les crimes de sang les plus horribles, tels que la tuerie d'Auriol.

Mais le P.S. se tait

Ce 25 février, Mme Questiaux n'a toujours pas reçu l'appui officiel du ministre-député-maire. Mais elle peut se flatter de la déclaration, reproduite dans *La Marseillaise,* de la Fédération P.C. des Bouches-du-Rhône. Sous le titre-consigne : « *Mettre hors d'état de nuire les fauteurs de troubles* », le Parti qui, chaque jour, bloque des entreprises, séquestre des patrons, se livre aux pires violences, occupe des usines, s'oppose à la liberté du travail et affirme, par C.G.T. interposée, que « l'honnêteté est un luxe que les travailleurs ne peuvent se payer », se déguise maintenant en défenseur de l'ordre. Et, comme il n'y a pas à proprement parler de désordre, il charge Lucet de tous les péchés dont les communistes sont orfèvres, quitte à lui attribuer des « provocations », des « incidents » et des « vols » inexistants. Les procureurs de Moscou ont fait école. La Fédération communiste des Bouches-du-Rhône est un de leurs bons élèves :

« [...] Sans doute aussi les provocations de M. Lucet doivent être mises en rapport avec la volonté farouche du C.N.P.F. et des autres forces réactionnaires à *rançonner*[1] la Caisse des salariés et empêcher la nécessaire réforme de la Sécurité sociale envisagée par le gouvernement.

« Pour la Fédération des Bouches-du-Rhône, il n'est pas admissible que *la bande* de l'ex-directeur exerce plus longtemps ses *méfaits.* Cela doit *immédiatement* et *impérativement prendre fin !*

« Prenant résolument en compte *la juste décision* du ministre de la Solidarité et de la Sécurité sociale, Mme Questiaux, la Fédération des Bouches-du-Rhône demande que des mesures soient prises sans délai, au plus haut niveau, afin que les décisions ministérielles soient immédiatement applicables :

« 1. Mettre hors d'état de nuire les fauteurs de troubles.

« 2. Permettre au personnel de travailler dans des conditions normales, afin que les assurés ne soient pas lésés et puissent percevoir leurs prestations. »

La C.G.T. embraye :

« Des faits d'une extrême gravité se sont produits à l'aube et dans la journée d'hier, à l'instigation du directeur... »

Le 26 sera une journée cruciale, sur tous les plans : juridique, administratif, syndical.

1. Ce mot et les suivants sont soulignés par l'auteur.

La Marseillaise appelle à la manifestation ; la C.G.T. lance tract sur tract : « *Lucet c'est fini* », dit l'un ; « *Manœuvre et coup de force — échec* », proclame l'autre ; un troisième se prononce « *Pour une réforme démocratique de la Sécurité sociale* » et, selon le dernier : « *Il faut que cesse le sabotage.* »

La C.F.D.T. prend le relais de la C.G.T.

A ce déluge de papier, F.O. répond par deux textes de ferme soutien à René Lucet. Des centaines de personnes vont et viennent autour du siège de la Caisse, où a lieu, à 15 heures, une dramatique réunion du Conseil d'administration, présidée par Jean-René de Laroche.

Les délégués de la C.G.T. n'y assistent toujours pas.

« Le quorum physique étant atteint avec quinze voix délibératives, je déclare la séance ouverte », annonce-t-il.

Représentant C.F.D.T., Claude Gensollen regrette que « les Administrateurs soient obligés de tenir leur mandat dans de pareilles conditions » [il fait allusion à la grève avec occupation des locaux]. M. de Laroche lui répond, sans tarder :

> « Tout a été fait pour que les administrateurs puissent accéder librement à la Caisse primaire et y délibérer librement. Les administrateurs n'ont pas eu de gêne notable pour entrer avec leur voiture, par la porte principale. Aucune entrave ne trouble leurs débats. »

Claude Gensollen reprend la parole. Il lit une déclaration de sa Centrale, qui « tient à siéger » pour :

> 1. « Affirmer son accord au retrait d'agrément à M. Lucet » et
>
> 2. « Désavouer l'attitude de celui-ci, qui depuis le 24 février au matin a confisqué la Caisse des Bouches-du-Rhône aux assurés sociaux et aux travailleurs ».

M. de Laroche réplique vertement :

« Je vous laisse la responsabilité de cette déclaration, je m'élève avec véhémence contre les propos que vous avez tenus, car ils sont entachés de défaut de vérité. »

Puis il passe au fond de l'affaire :

« J'ai été très surpris par la décision du ministre de la Solidarité nationale, signée par son directeur de cabinet, M. Daniel Fabre. La procédure de retrait d'agrément avait été entamée alors que le Conseil d'administration de la Caisse devait en délibérer. »

Quant aux « considérants » de la décision, il ajoute :

« J'ai pris soigneusement toutes les informations utiles à leur sujet ; je peux assurer qu'ils reposent sur *des affirmations non vérifiées*. La décision est donc sujette à caution. Par exemple le ministre fait état de " *mutations auxquelles notre direction aurait procédé* " dans " *les circonstances actuelles* ". Or, aucune mutation n'a eu lieu depuis le 10 février, et même avant. En outre, le ministre mentionne le " *climat d'insécurité* ", des " *plaintes diverses* " et des " *mesures d'intimidation* ". Rien de tout cela n'est exact, aucune plainte n'a été enregistrée. »

A ce démenti formel, Claude Gensollen oppose un piteux :

« Je ne peux mettre en doute ce qu'avance un ministre. »

Curieux argument d'autorité dans la bouche du représentant d'une Centrale qui n'a cessé, depuis qu'elle existe, de contester les actes et paroles des ministres ! Gensollen veut certainement dire qu'il ne saurait « mettre en doute » la parole d'un ministre... de gauche...

Le Conseil d'administration de la Caisse désavoue Madame le Ministre

Cette escarmouche est destinée — dans l'esprit des hommes de la C.F.D.T. — à empêcher que le Conseil ne tranche sur les questions de fond. Mais les délibérations se tiennent finalement, après que Norbert Canizares ait exprimé l' « indignation » de la C.F.T.C. :

> « Notre Centrale ne peut admettre la campagne de délation, dénigrement, intoxication, qui a conduit à la situation actuelle. Nous ne pouvons tolérer que la C.G.T. et ses séides s'érigent en experts-comptables des deniers publics. Toutes les formules mises en place, contre l'avis de la C.G.T., permettent aujourd'hui d'affirmer : un assuré de 1982 est socialement dix fois mieux servi qu'en 1979.
>
> « [...] Si notre Caisse est devenue une des trois caisses pilotes de France, ce n'est certainement pas grâce aux critiques de ce syndicat hyperpolitisé.
>
> « La C.G.T. ne désire qu'une chose, le départ du directeur général, pour organiser la pagaille comme nous l'avons connue en 1973 où les dossiers jonchaient les tables et armoires, afin de faire par la suite la litière de l'U.D.M.T. [...]
>
> « Il s'agit donc maintenant de juger sur le fond.
>
> « Peut-on condamner le gestionnaire de la C.P.C.A.M. ?
>
> « La lettre du ministère est empreinte d'un ton sans mesure que nous ne pouvons admettre.
>
> « La C.F.T.C. considère que l'intérêt général des assurés ne peut être mis en cause par une minorité [...]
>
> « Il a suffi que des frustrés de la pagaille exercent un chantage auprès du ministre de tutelle pour faire suspen-

dre un directeur, en franchissant d'un pas allègre l'espace incertain séparant la critique de la délation, avant même que le Conseil d'administration ait normalement délibéré.

« La C.F.T.C. condamne de tels agissements et méthodes d'action... Elle demande que le Conseil d'administration renouvelle sa confiance au directeur général. »

La C.G.C. et F.O. adoptent la même attitude, comme il apparaît au moment du vote des *deux délibérations* suivantes, qui donnent quitus à René Lucet pour sa gestion considérée par le Conseil comme *absolument positive*. Nous les reproduisons intégralement, en accompagnant certains passages d'explications indispensables, entre crochets :

« 1re délibération

« Le Conseil d'administration, par 13 voix contre 2 [*C.F.D.T.*] s'étonne et s'émeut de l'information qui vient de lui être donnée par son Président, selon laquelle une mesure de suspension, avec effet au 22 février 1982, a été prise par le ministère à l'encontre de M. Lucet, fondée sur le fait que des mutations et des plaintes auraient été enregistrées depuis le 10 février 1982.

« Or, depuis cette date, aucune mutation n'a eu lieu à la Caisse, aucune plainte n'est parvenue, à notre connaissance, ni au niveau de la Direction de la Caisse primaire, ni au niveau de la Direction régionale des Affaires sanitaires et sociales.

« Rien par conséquent ne paraît justifier l'urgence invoquée par le ministère.

« Le Conseil d'administration est donc persuadé que Madame le Ministre de la Solidarité nationale a été mal informée ; il constate, au contraire, que c'est cette mesure de suspension qui provoque des troubles importants à la Caisse primaire.

« Dans un souci d'apaisement et dans l'intérêt des

assurés sociaux, le Conseil d'administration souhaite que Madame le Ministre rapporte cette décision. »

L'assemblée passe maintenant au vote de la :

« 2e délibération :

« Le Conseil d'administration, par 13 voix contre 2, consulté par Madame le Ministre sur l'opportunité du *retrait d'agrément* de M. LUCET, tient tout d'abord à faire remarquer qu'il a clairement exposé sa position au terme de la réunion du Conseil d'administration qui s'est tenue le 16 décembre 1981. Cependant, il tient à nouveau à préciser les raisons de sa position :

« En 1979 et durant les années antérieures, la situation de la Caisse primaire des Bouches-du-Rhône était la suivante :

« ● délais de paiement importants atteignant 1 mois ;

« ● files d'attente des assurés sociaux aux guichets et aux caisses (2 à 3 heures d'attente en moyenne) ;

« ● soldes de dossiers en attente de liquidation ayant atteint 800 000 dossiers à certaines périodes ;

« ● climat d'insatisfaction des agents de l'organisme, révélé à l'époque par des revendications, des conflits et un absentéisme excessif (31,12 % en 1977).

« Placé devant cette situation, le Conseil d'administration se devait de rechercher la personnalité capable de diriger la Caisse de telle sorte qu'une amélioration sensible de ces éléments soit obtenue. C'est pourquoi il a choisi M. LUCET, qui était alors directeur de la Caisse de MELUN dont tous les ratio utilisés au niveau national montraient qu'elle était la mieux gérée de France.

« Monsieur LUCET a pris ses fonctions en novembre 1979 et, en faisant le bilan de deux années de gestion, sous l'impulsion du Conseil d'administration, les résultats suivants peuvent être constatés au bénéfice des assurés sociaux :

« ● *amélioration sans précédent* des délais de paiement : la quasi-totalité des dossiers déposés est liquidée *le jour même ;* [*une note établie ce 26 février à l'intention du Conseil précise que, grâce à Lucet, " il n'y a plus d'attente dans les centres de paiement ", les dossiers des assurés étant déposés ou expédiés par eux, sans recours à des tiers.* N.d.A.]

« ● *réduction exceptionnelle* des soldes de liquidation, pour l'ensemble de la Caisse : ils se situent au-dessous de 5 000 dossiers, alors que les entrées journalières ont atteint 70 000 dossiers. [*La note citée ajoute : " Acheminés vers le centre de traitement informatique, le soir du jour de leur dépôt, les dossiers sont exploités de telle manière que, au terme d'une analyse portant sur une période de neuf mois — 1.4.81 au 31.12.81 — il est démontré que : 83 à 86 % des justificatifs — décomptes ou bordereaux de règlement — sont expédiés dans les trois jours ouvrés suivant le dépôt des dossiers ; 99 % le sont dans les quatre jours ; 89 à 92 % des paiements sont expédiés sous forme de bande magnétique aux établissements financiers, dans les trois jours ouvrés suivant le dépôt des dossiers ; 96 à 98 % le sont dans les quatre jours...* » N.d.A.]

« ● recherche systématique des simplifications administratives, par exemple création de la Carte Navette qui porte toutes les informations utiles à l'ensemble des partenaires : assurés, professions de Santé, Caisse primaire, etc. ;

« ● décentralisation " administrative " permettant de traiter la quasi-totalité des questions au niveau du centre de paiement, unité de lieu de rencontre avec l'assuré ;

« ● développement du *tiers payant,* sous l'impulsion du Conseil d'administration de la Caisse [*et non plus des Mutuelles,* N.d.A.], conscient du progrès que cela représente pour les assurés sociaux et des meilleures possibilités de *contrôle* des dépenses de prestations, contrôle nécessaire à l'Institution ;

« ● amélioration des conditions de travail et des possibilités de promotion à l'intérieur de l'organisme, due à une augmentation de la qualification moyenne des agents, sous-tendue par un effort exceptionnel de formation professionnelle. Ces mesures ont engendré une amélioration considérable du climat social à l'intérieur de la Caisse, ce qui est confirmé par, notamment, une réduction sensible du taux d'absentéisme (le taux d'absentéisme maladie et A.T. a baissé, pour atteindre le chiffre le plus bas, 10,65 % en 1980).

« Il est important de remarquer que ces améliorations techniques ont été apportées dans une conjoncture d'accroissement du volume de travail et parallèlement d'économie sur les frais de gestion de la Caisse, et enfin d'amélioration très sensible du service rendu aux assurés.

« Pour ne citer que quelques exemples :

« • Le nombre de décomptes jour est passé de moins de 30 000 en 1979 à plus de 50 000 en 1982 ;

« • 6 millions de francs par an ont pu être économisés par le changement du mode de paiement ;

« • 6 millions de francs par an ont été économisés par la suppression du " Mandat Colbert " [*Avant l'arrivée de Lucet, les remboursements étaient non seulement tardifs mais onéreux, en raison, notamment de l'utilisation des " Mandat Colbert "* [1] *qui coûtaient cher, compte tenu de la masse des règlements,* N.d.A.] ;

« • le nombre de Centres de paiement est passé, de 28 en 1979 à 45 en 1982, rapprochant ainsi le service public de l'assuré. [*Cette décentralisation a facilité la remise en ordre de la Caisse : désormais, " les règlements sont rapides ; à 97 % par virement ". Lucet a permis une économie annuelle de 1 milliard et 200 millions de centimes, au seul niveau de la gestion, sans compter les gros paquets de milliards récupérés en stoppant les magouilles des Mutuelles, exposées plus avant,* N.d.A.]

« Ces résultats incontestables confirment la qualité de

1. *Mandat-Colbert :* mandat-lettre que les assurés pouvaient déposer sur leur C.C.P. ou leur compte bancaire. Ils avaient aussi la possibilité de le toucher aux guichets des postes. L'utilisation de ce système de règlement coûte fort cher en frais généraux (fabrication, envois, manipulations, etc.).

gestionnaire de M. LUCET et le Conseil d'administration considère que les reproches qui sont faits au Directeur sont sans commune mesure avec ces résultats.

« Par ailleurs, le Conseil d'administration affirme que le départ, à l'heure actuelle, de M. LUCET, entraînerait sans aucun doute des perturbations graves et préjudiciables aux 1 500 000 personnes qui bénéficient des services de la Caisse. En effet, la mise en place de l'ensemble de l'organisation n'étant pas achevée, le démantèlement de l'équipe qui a assumé son lancement ne pourrait qu'aboutir à des désordres graves.

« En conséquence et compte tenu des arguments ci-dessus, le Conseil d'administration estime que la sanction de *retrait d'agrément* envisagée par Madame le Ministre de la Solidarité nationale est totalement disproportionnée avec les reproches qui sont faits à M. LUCET et serait incompatible avec l'intérêt de l'organisme et des assurés sociaux. [...] »

A 16 h 30, la séance est levée.

Le Conseil de la Caisse n'aurait pu être plus explicite, et dans son appui à Lucet, et dans sa répudiation des manœuvres et des mensonges du ministre. Administrativement, Mme Questiaux se retrouve désavouée, pire encore, accusée publiquement de *félonie.*

Lucet en appelle à la justice

Dans le même temps, René Lucet introduit une procédure de référé devant le Président du tribunal de grande instance de Marseille, contre la décision de suspension : l'audience est prévue pour le mardi 2 mars, à 8 h 30.

La procédure fait apparaître — nous reproduisons les termes de Lucet — « *la fausseté des motifs de la décision ministérielle de suspension* ». Celle-ci est donc « *entachée d'excès de pouvoir* ». Il y a « *urgence à ce qu'elle soit rapportée, car elle est équipollente à une voie de fait* », « *elle préjudicie, par la situation ainsi créée, aux droits de la défense du requérant dans la procédure de retrait d'agrément en cours* » ; « *de plus, le service public dont est chargée la Caisse primaire centrale d'assurance maladie est atteint dans ses possibilités de fonctionnement* ».

Ayant constaté la solidarité que lui témoignent autant le Conseil d'administration que ses subordonnés, René Lucet, qui place toujours l'intérêt du service avant le sien propre, lit, à 17 heures, un communiqué — distribué aussi par tract — ordonnant aux grévistes de reprendre le travail le lundi matin, sous la direction de son successeur par intérim, le directeur adjoint Jean Delezon.

Mais, malgré cette injonction, le Comité de grève fait parvenir à tous les agents de la Caisse une lettre personnelle confirmant sa propre position. Elle leur arrive le 27.

Ainsi, le lundi 1er mars, tandis que *La Marseillaise* et la C.G.T. appellent « à la vigilance » et célèbrent « *la victoire* » que constitue à leurs yeux le « départ » de Lucet, le député communiste Guy Hermier, en guise d'avertissement, attire par écrit « l'attention de Madame le Ministre », pour la presser d'en finir avec l'affaire Lucet. En effet, le Parti redoute qu'en dernière minute — vu l'ampleur de la réaction de l'opinion publique, des employés et du Conseil d'administration de la Caisse —, Mme Questiaux recule, face à une éventuelle demande des hautes instances socialistes.

Entre-temps, l'occupation des locaux est maintenue, le Comité de grève considérant qu'il n'a pas reçu les assurances nécessaires.

De son côté, le président du Conseil de la Caisse, J. R. de Laroche, tente de faire baisser la fièvre par une lettre où il exhorte le personnel à revenir au travail, en attendant que René Lucet soit réhabilité.

Parallèlement, le directeur régional Michel Lombardot arrive au siège de la « Sécu », à 9 h 45, afin d'installer Jean Delezon à la place de Lucet. L'après-midi, il passe plusieurs heures dans l'ancien bureau de Lucet. De là, il téléphone à Mme Questiaux et rédige, suivant les instructions qu'elle lui transmet, un communiqué qui sera, en partie, diffusé par *FR3,* accompagné de nouveaux propos apaisants de l'ex-directeur. Ce texte sera lu également aux occupants de la Caisse.

Quelque peu effrayée par la réprobation et l'indignation que provoque le renvoi de Lucet, Madame le Ministre jure, par Lombardot interposé, que la sanction intervenue ne met en cause ni la « probité personnelle » ni la « compétence technique » du directeur révoqué (ce qui dément et réduit à néant les calomnies de la C.G.T. et de *La Marseillaise* communiste). A en croire Mme Questiaux, dont les accusations se rétrécissent comme peau de chagrin, René Lucet ne serait plus coupable que « d'un comportement contraire au devoir de réserve et de neutralité que l'on est en droit d'attendre d'un responsable important du service public ».

Cette phrase vaut son pesant d'or.

Mme Questiaux ne se rend pas compte qu'elle avoue ainsi sa complicité avec le P.C. Car elle reproche à Lucet de ne pas être resté « neutre et réservé » à leur égard : il est condamné parce qu'il a voulu sévir contre les détournements, rackets et chantages pratiqués par des « arnaqueurs » et « pilleurs » membres de la majorité gouvernementale. D'après cette logique, désormais tous les « *responsables importants* », reconnus « *probes* » et « *compétents* », devraient être destitués si, au lieu de se taire et d'accepter que la « Sécu » serve à enrichir la C.G.T. et le P.C., ils osaient s'y opposer, *conformément à leur devoir.*

Comment ne pas comparer une si étrange conception du service de l'Etat avec celle de René Lucet qui, diffamé et illégalement renvoyé, demande, à la même heure, que « les esprits se calment » et qui déclare

> « respecter les décisions de son ministre de tutelle, bien qu'elles lui semblent injustes et contraires à l'intérêt du service public ».

Telle est, en effet, la réaction exemplaire de ce grand commis de l'Etat, en butte à l'arbitraire d'un ministre partisan et médiatisé !

Son ultime conférence de presse : « mes relations avec Defferre »

Loin d'apporter l'apaisement voulu par Lucet, la journée du mardi 2 mars aggrave la situation. Le quotidien communiste *La Marseillaise* écrit cyniquement, que « l'ex-directeur poursuit le sabotage ». De leur côté, jouant les mouches du coche avec leur masochisme habituel (qui les a toujours amenés à une mort rapide), les « révolutionnaires » (trotskistes) de la Ligue communiste, exigent, dans une feuille volante, que « Lucet et les patrons soient mis hors de la " Sécu " ».

Le P.C. réclame, quant à lui, un changement apportant « propreté et justice ». Textuel.

Le matin, Lucet a appris que le juge des référés a renvoyé, au lendemain 3 mars à 18 heures, sa décision concernant le recours qu'il a introduit. A 15 heures, Lucet tient une conférence de presse, 8 rue des Fabres, dans les locaux de l'association « Solidarité et défense des Libertés » que son responsable, Paul Gaillet, a mis à sa disposition, et qui lui sert depuis quelques jours de quartier général. Personnalité incontestée du gaullisme marseillais, Gaillet est devenu, après le 10 mai 1981, un confident et un conseiller de Lucet. Il est à ses côtés quand celui-ci s'explique devant les journalistes Bernard Fougerollas (de l'A.F.P.) et Gabriel Chakra du *Méridional :*

> « On m'a collé une étiquette politique. Il faut savoir, avant tout, que j'ai toujours eu, c'est vrai, des sympathies gaullistes, mais que je n'ai pas été encarté dans un parti politique quelconque. J'ai soutenu l'action du général de Gaulle jusqu'en 1970, date de sa mort. Après, je me suis retiré du jeu politique. Quand je suis venu à Marseille, j'ai rencontré Gaston Defferre, premier magistrat de la ville, et maintenant ministre de l'Intérieur. Il m'a dit : " *Je connais vos antécédents, je sais qui vous êtes. Je sais que le gouvernement vous a envoyé à*

Marseille pour remettre de l'ordre dans la gestion de la Sécurité sociale, chose qui a été faite. " Gaston Defferre m'a dit — et moi je le considère comme un homme correct, un homme d'honneur : " *Lucet, si vous faites normalement et correctement votre travail, il n'y aura jamais de problème entre vous et moi.* " Et j'ai fait toujours normalement et correctement mon travail. »

Après avoir lancé des accusations contre Michel Pezet, président socialiste du Conseil régional et Jean-Jacques Léonetti député P.S. de Marseille, Lucet ajoute :

« En fin de compte, on me reproche d'avoir des idées différentes de celles du pouvoir. On est quand même encore dans un système démocratique, et je ne pense pas qu'il faille aligner tous les Français sur un modèle identique. En réalité, l'affaire se réduit à ceci : au mois d'août dernier, la C.G.T. demanda la réintégration dans leurs services d'origine de six de ses militants. J'ai répondu à Madame le Ministre Questiaux que je les avais déplacés soit pour fainéantise, soit pour absentéisme, soit pour insultes à leurs cadres. Il n'était pas question que je revienne sur cette décision, d'autant qu'elle ne les lésait en rien, quant à leurs salaires, leurs promotions et leurs domiciliations. »

Lucet souligne ensuite le recul important subi par la C.G.T. lors des élections des délégués du personnel. Et il rappelle :

« Mme Questiaux est intervenue la veille de ces élections par un télex que la C.G.T. s'est empressée de diffuser sous forme de tract. En dépit de cette manœuvre, 54 % du personnel a voté F.O. qui me soutenait à l'époque. [...] Quinze jours après, les Inspecteurs généraux de l'administration sont venus fouiller dans mes comptes et, sur 10 000 ordonnancements étalés sur deux ans et demi de gestion, ils ont réussi à en trouver *6* qui leur ont paru litigieux et qui portent sur des frais de repas entre 150 et 200 francs. [...] *Je fais l'objet de sanctions politiques. On essaiera de me salir de tous les côtés, de fouiller dans tout,* mais en réalité *ce qu'on veut c'est m'abattre pour des motifs politiques.* Et je vous dis : pas le Parti socialiste dans sa totalité, mais une aile du Parti, ces types pleins de rancœur qui sont arrivés au pouvoir en grimpant petit à petit les échelons et qui, n'ayant pu se réaliser professionnellement, cherchent à le faire par d'autres moyens. »

Le dernier coup bas sera mortel

Juste après Lucet, c'est au tour de Michel Lombardot de réunir les journalistes. Il est 17 heures. Il y annonce tout de go « *le retrait d'agrément à Monsieur René Lucet* » — retrait prononcé contre toute attente, vu le communiqué du ministère publié la veille. Lombardot a agi avec dissimulation et préméditation : quelques minutes avant de se produire en public, mais sachant fort bien ce qu'il allait dire, il avait reçu successivement André Hebraud, vice-président F.O. de la Caisse, et l'équipe des agents de la direction : il ne leur avait fait part ni de sa conférence de presse, ni du retrait d'agrément de Lucet. Enième illustration de la duplicité du ministre et de ses acolytes ! Parfaitement illustrée par cette lettre témoignage de Jean Van der Meulen du C.N.P.F., dont la douloureuse stupeur se passe de commentaire.

« 44, AVENUE D'IÉNA, 75116 PARIS
TÉL. 723.61.05

« *Le 5 mars 1982*

« Monsieur le Président,

« Certains d'entre vous m'ayant demandé ce qui avait été fait au niveau national concernant la très douloureuse affaire de Monsieur René LUCET, je tiens à vous dire les interventions que j'ai été amené à faire.

« A plusieurs reprises, je me suis entretenu avec le proche collaborateur du Ministre chargé de suivre le dossier de Monsieur René LUCET.

« Une solution avait été trouvée le vendredi soir 26 février pour traiter le dossier dans le cadre d'une instance prévue par la Convention Collective des Agents de Direction qui aurait permis ainsi à Monsieur LUCET de s'expliquer devant ses pairs et des représentants des Pouvoirs Publics.

« La saisine de cette instance devait se faire dès le retour d'un voyage à l'étranger de Monsieur de LAROCHE, Président de la Caisse Primaire des Bouches-du-Rhône, c'est-à-dire mercredi 3 mars.

« Contrairement à ce que je considérais comme un engagement de ne rien faire avant cette date, le Ministre a décidé le mardi 2 mars le retrait d'agrément et fait annoncer cette mesure à 17 h 30 d'une part à Monsieur LUCET, d'autre part à la presse locale par le Directeur Régional des Affaires Sanitaires et Sociales concerné.

« Le Cabinet du Ministre n'a pas cherché à me joindre pour m'informer de la possibilité de ce changement par rapport à la position dont nous étions convenus le vendredi 26 février.

« Je le regrette.

« Par ailleurs, le retrait d'agrément n'était pas nécessaire, Monsieur LUCET ne pouvant, étant suspendu, continuer à exercer réglementairement ses fonctions.

« Le passage devant l'instance conventionnelle permettait en revanche de prendre le temps d'examiner cette affaire très grave et de rechercher une solution humainement acceptable.

« Je vous prie de croire, Monsieur le Président et Cher Monsieur, à mes sentiments dévoués.

« J. VAN DER MEULEN. »

Remarquons encore que, suivant ses inadmissibles habitudes, contraires à toutes normes administratives, Mme Questiaux prévient le principal intéressé, à savoir Lucet lui-même, par l'intermédiaire de tiers. Ni lui-même, ni le Président de la Caisse, M. de Laroche, n'ont reçu la notification du retrait d'agrément lorsque Lombardot l'annonce aux journalistes, sur la foi d'un télex n'ayant *aucune valeur juridique*.

Il ne sera pas le maire de Marseille

Le retrait de l'agrément porte à Lucet un coup psychologique, littéralement mortel.

Il est habitué aux procédés communistes, il a vu les socialistes lui retirer, peu à peu, et sournoisement, leur appui, il a compris que le pouvoir central seconde sans pudeur le P.C.F. et la C.G.T., mais ces évidences n'ont pas épuisé son fond de candeur : il n'imaginait pas que l'on irait jusqu'à le destituer. Ainsi, la décision de Mme Questiaux, devançant le juge, et destinée à le court-circuiter, l'assomme-t-il. Malgré ses apparences, Lucet n'appartient pas à la race des hommes cuirassés d'acier qui sacrifient tout à leurs intérêts immédiats. Il est un idéaliste, étranger aux jeux cruels de la politique. Il se connaît et connaît sa vie de travail acharné. Il sait qu'il est honnête, intelligent, efficace ; qu'il a « bossé » comme un damné pour le bien du Service public, et qu'il a exceptionnellement réussi. Ses qualifications et ses résultats sont là pour le prouver — en dehors de toute mégalomanie.

Sa conduite impeccable, et les succès obtenus, lui ont inspiré, du reste, des plans ambitieux concernant l'avenir. Mais, pour les réaliser, il lui faudrait préserver une aura de respectabilité : Lucet l'ingénu n'imaginait pas que, même vaincu dans son combat contre les communistes et les cégétistes, on le mettrait à la porte comme un chien galeux.

La sanction dont Mme Questiaux le frappe lui semble donc inique — ce en quoi il a raison — et déshonorante — ce en quoi il se trompe : elle n'est, en effet, que la conséquence d'une basse intrigue ourdie par des gens au pouvoir et à laquelle personne ne peut donner crédit.

Mais, élevé dans le respect des institutions de l'Etat, Lucet s'effondre à l'idée d'être en butte à la médisance et à la méfiance publiques, fondées sur le témoignage le plus difficile à réfuter : celui du gouvernement. La calomnie n'aurait su obtenir de meilleure confirmation, le mensonge n'aurait pu rêver de plus solvable garantie !

Lucet se heurte à la question : comment surmonter un pareil handicap ?

La justice est trop lente : il lui faudrait longtemps, trop longtemps, avant de voir sa cause entendue auprès des tribunaux ; dans l'intervalle, ses ennemis vont se prévaloir de l'infamante — il la juge telle — condamnation fulminée contre lui par Mme Questiaux.

Sa « réhabilitation » lui paraît, à court terme, impossible : l'alliance socialo-communiste, au pouvoir pour six ans encore, a les moyens de la bloquer. Certes, ses compétences et son honnêteté sont reconnues, à Marseille, par tout le monde : il trouverait aisément, dans le secteur privé, un poste mieux rémunéré et plus important encore que la direction de la « Sécu » qui lui rapporte 23 000 francs par mois. Mais cette vengeance matérielle ne l'intéresse pas : il est trop droit pour vendre ses principes contre de l'argent, et bien trop orgueilleux pour échanger des responsabilités contre les sinécures.

D'ailleurs, Lucet nourrit d'autres légitimes ambitions. Il a, durant les derniers mois, durci sa position politique — sans devenir lui-même (c'est, hélas ! ce qui le perdra) un politicien marseillais.

L'injonction, il y a quelques mois, de s'inscrire au Parti socialiste l'avait indigné. Elle l'aurait obligé à collaborer avec les communistes. Trahison qu'il refuse. Depuis lors, et pour laver cet affront, il préparait un coup sensationnel. Le seul capable d'embarrasser et, peut-être, d'abattre la gauche marseillaise : il comptait se présenter, en mars 1983, comme candidat à la mairie, au nom de l'opposition libérale, contre Gaston Defferre.

Il ne s'agissait pas d'un rêve creux. Pressenti en secret à propos de sa candidature, le R.P.R. est sur le point, ce mercredi 3 mars, d'y répondre favorablement. René Lucet craint que la décision de Mme Questiaux rende cette investiture impossible. A ses yeux, la sanction qui brise sa carrière l'exclut non seulement de l'administration, mais aussi de la politique. Il n'entrevoit pas que l'on puisse être un élu important sans être un notable.

Ainsi, avant même de s'être entretenu, le lendemain, avec Paul Gaillet, le vieux militant gaulliste qui est son contact auprès de dirigeants nationaux du R.P.R., il est en proie à un désespoir qui prend le pas sur tout autre sentiment, et qui le trompe.

« Bergeron, vous, au moins, vous êtes un ami »

Mercredi 3 mars : il se réveille, comme tous ces derniers jours : fatigué par une nuit agitée, ses tourments l'ayant rendu insomniaque. Après un rapide petit déjeuner, il quitte sa villa, escorté de ceux qu'il appelle ses « garçons » : les chauffeurs musclés. A 9 heures, il est assis dans son grand bureau, au septième étage de la « Sécu ». Pour tout décor : deux tables de travail, dont une en marbre, une carte de la ville et les panneaux sur lesquels figurent les informations professionnelles intéressant chacun de ses 3 500 employés.

La matinée passe en discussions avec les grévistes qui occupent les lieux. Bien que la plupart ne le remarquent pas, il est profondément affecté. Autant pour avoir été, comme il le dit, « *jeté en pâture au Parti communiste* », que pour avoir perdu la bataille dont dépendait son avenir à Marseille.

On lui a apporté *La Marseillaise.* Les communistes chantent victoire :

« Dans les annales de la Sécurité sociale, le fait est exceptionnel et ce n'est pas à la légère que le retrait d'agrément a été prononcé. »

Certes ! Mme Questiaux n'a même pas daigné, cette fois, signifier son ukase par un écrit officiel. Ce qui est illégal. Mais ce dont elle se moque éperdument.

Quand, à 11 heures, il s'entretient au téléphone avec André Bergeron, celui-ci lui conseille de faire évacuer les locaux de la Caisse :

« Nous nous sommes mis d'accord, nous déclare Bergeron. Lucet m'a paru normal et m'a promis que tout rentrerait dans l'ordre, le jour même. Sur une autre ligne téléphonique, j'ai appelé le cabinet du ministre. Servant d'intermédiaire, je lui ai obtenu un rendez-vous à Paris, pour le vendredi après-midi, au ministère de la Solidarité. Je croyais que tout était réglé. Lucet a terminé la conversation en me disant : “ *Bergeron, vous, au moins vous êtes un ami.* ” »

Fidèle compagnon de Lucet, René Massoni nous confirme :

« J'avais l'écouteur. Tout cela est parfaitement exact. Je peux même vous préciser que, le 24 février, André Bergeron avait demandé à tous les employés des organismes sociaux des Bouches-du-Rhône de se mettre en grève pour soutenir Lucet. Malheureusement, le secrétaire général de F.O. fut court-circuité par ses instances locales, membres du P.S. Celles qui, encore après sa mort, répandent des mensonges. Par exemple, il est faux de dire que René avait accepté, le 26 février, soit six jours avant sa mort, d'être muté dans la région parisienne, à statut égal, comme simple chargé de mission de la Sécurité sociale. J'ai vécu à ses côtés, jusqu'au dernier moment, et je puis affirmer qu'il ne s'est prêté à aucun marchandage, qu'il n'a jamais baissé pavillon... »

Après cette dernière conversation avec André Bergeron, le directeur déchu s'en retourne chez lui. Il est accompagné de René Massoni et de deux chauffeurs. Ensemble, ils déjeunent rapidement, en compagnie de Françoise, sa femme.

C'est à ce moment que, pour la première fois, Lucet donne des signes évidents de fatigue. A 12 h 30, René Massoni appelle Paul Gaillet, un des rares amis susceptibles de le réconforter. Il le prie de venir d'urgence.

« Je suis inquiet, je ne l'ai jamais vu dans un état pareil », lui dit-il.

Lorsque Gaillet arrive, vers 15 heures, Lucet est allongé, épuisé, sur un divan en cuir du salon. Son sommeil est profond malgré les allées et venues de ses proches. On le réveille. Il se dresse, lisse ses longs cheveux noirs et se félicite d'avoir enfin dormi :

« J'en avais bien besoin. »

Mais, des propos qu'il tient à Gaillet, en aparté, pendant plus d'une heure, il ressort que l'homme est brisé :

« Dans dix jours, on ne parlera plus de moi. Tout ce que j'ai fait aura été anéanti. Avez-vous des nouvelles de Paris ? »

Paul Gaillet le réconforte, en lui annonçant, pour bientôt, de « bonnes nouvelles ». Mais il ne soupçonne pas que l'esprit de Lucet est déjà ailleurs. Il ne sait pas, non plus, que celui-ci a envoyé à tous les agents de direction des organismes de Sécurité sociale, une volumineuse enveloppe contenant toutes les pièces administratives afférentes au litige qui l'opposait à l'administration de tutelle.

« Sans doute voulait-il ainsi — comme dit Pierre Grépy, directeur de la « Sécu » de Charente-Maritime — faire parvenir à tous ses collègues une sorte de testament. »

« On parlera de moi, demain, à la radio et à la télévision »

Après coup, chacun se remémorera ses paroles annonciatrices de sa fin prochaine.

« Il m'a téléphoné, raconte M. Dubois, directeur de l'Union patronale des Bouches-du-Rhône. Il m'a simplement dit : " *Puisqu'il en est ainsi, on parlera de moi, demain, à la radio et à la télévision nationales.* " Franchement, j'ai pensé à tout sauf au suicide. »

Un peu plus tard, accompagné de deux chauffeurs et de René Massoni, Lucet revient à la Caisse. C'est l'heure des adieux. Il s'enferme dans son bureau et demande qu'on le laisse seul, pendant un quart d'heure. Il en ressort au bout de cinq minutes avec une déclaration, manifestement préparée bien avant. C'est son dernier message, en forme de communiqué militaire, photocopié à deux cents exemplaires. Il descend le lire avec un mégaphone et le distribuer à ses fidèles employés et amis, tous invités à « évacuer les lieux » :

« Après neuf jours de grève avec occupation des locaux, je donne l'ordre à tous les cadres et employés, grévistes ou non, de reprendre avec courage leur travail, malgré les difficultés de l'heure présente.

« Il y va de l'intérêt du Service public et des 1 900 000 assurés sociaux des Bouches-du-Rhône.

« Cette déclaration est faite à la demande de notre camarade André Bergeron, qui m'a assuré de son amitié personnelle.

« Je salue loyalement aujourd'hui la victoire de nos adversaires communistes qui, n'ayant pu nous vaincre à la base, ont su obtenir le soutien décisif du ministère de la Solidarité nationale, pour investir un bastion important.

« Les événements de demain confirmeront cette analyse.

« Je remercie tous ceux qui, gaullistes, centristes, socialistes, mes camarades de Force ouvrière et de la C.F.T.C., ont su me soutenir dans cette entreprise, tout en sachant bien qu'il s'agissait de la lutte du pot de terre contre le pot de fer.

« Plus qu'une affaire matérielle, le combat pour la Justice et la Liberté est éternel.

« Nous étions vraisemblablement en avance mais nous sommes persuadés que demain l'histoire que connaîtra ce pays donnera, aux résistants d'aujourd'hui, raison. »

Il est 18 heures. Lucet en a fini. Tandis qu'au palais de justice, le président du tribunal de grande instance se déclare « *incompétent* », dans la procédure de référé introduite par Lucet, celui-ci téléphone au *Méridional* pour transmettre son dernier texte à Gabriel Chakra. Il paraît subitement décontracté, presque soulagé. Il remonte dans son bureau, le débarrasse de ses affaires personnelles, demande que l'on fasse venir un huissier pour qu'il constate l'état des lieux, s'assure auprès de Me Serra, que ce sera fait le soir même, puis retourne à pied vers sa voiture, une Peugeot 604 noire, dont il prend le volant.

« Pour la première fois depuis son arrivée à Marseille, dit encore René Massoni. Nous nous sommes ensuite embrassés et il m'a dit : " A demain. " Je ne l'ai plus revu. »

Au 850e jour, Lucet se tue : une nouvelle affaire Lucet commence

Il arrive seul chez lui, où il dîne sans appétit. Courte conversation avec les enfants que Françoise Lucet conduit vite à leur chambre du deuxième étage. A 21 heures, l'ami Georges Denizet l'appelle de Paris. Entretien normal : ils prennent rendez-vous pour le surlendemain, vendredi. Lucet ressort chercher des cigarettes en ville. De retour à la villa, il revit à haute voix son cauchemar, entraîne sa femme dans l'interminable récit de ses déboires. Dans le petit bureau contigu au salon, il compulse fiévreusement ses dossiers. Il souffre. Horriblement. Pour la première fois, il se sent impuissant. « Que faire ? Mon Dieu, que faire ? »

Lucet se lève, se rassied, arpente la pièce, boit un verre d'eau, rejoint sa femme. Confidente de toujours, elle l'écoute, silencieuse. Que faire ? Oui, que faire ? Que lui dire ? Que lui conseiller ? Elle est elle-même si fatiguée. Très tard, elle le persuade d'aller se coucher, au premier. Il emporte avec lui une masse de papiers qu'il continue de brasser.

5 h 48 : il lui demande de bien vouloir aller lui chercher un verre d'eau minérale à la cuisine. Elle y va.

5 h 50 : une première détonation sourde retentit, suivie d'une autre, plus forte. Après un temps d'arrêt, Françoise Lucet se précipite : spectacle horrible. Le corps de son mari, la tête ensanglantée, gît sur le lit. Il est mort. En combattant qui ne se rend pas : « *Pour la Liberté.* »

Le 850e jour pointe et, avec lui, une nouvelle affaire Lucet commence.

7

La seconde « affaire Lucet » : complot contre un mort

« Mort suspecte »...
par le biais d'une procédure vraiment suspecte

Devant le corps sans vie de son mari, Françoise Lucet est assommée, défaite, désemparée. L'odeur et la vue du sang qui a jailli sur le mur et le plafond, cette vision d'apocalypse qui vient de la frapper de plein fouet, après tant d'années de bonheur, tout cela la paralyse, lui fait perdre ses réflexes et la notion du temps. Appeler la police ? Oui, bien sûr, mais après avoir prévenu les seules personnes capables de l'aider à faire face, les seuls amis qu'elle possède à Marseille. Elle ne se rend pas compte que, désormais, les exécuteurs de son mari n'hésiteront pas à utiliser contre lui, contre elle, chaque fait et geste, dans la mesure où ils apporteront une quelconque consistance au doute dont on enveloppe toujours les suicides gênants ou accusateurs. Elle téléphone donc en priorité à Paul Murraccioli, un des quatre secrétaires à tout faire. Celui qui habite le plus près. C'est à 6 h 11 que le planton de service à l'Evêché, l'hôtel de police de Marseille, note son appel :

> « Venez vite ! Mon mari s'est suicidé. Je suis Madame Lucet, 17, allée des Ormeaux. »

6 h 17 (« *selon les policiers* ») : la nouvelle est répercutée aux marins pompiers qui dépêchent sur place le médecin-aspirant Fellmann.

6 h 27′38″ : le même appel est enregistré sur la bande ordinateur des pompiers de la caserne Saint-Pierre. Un fourgon en part, avec quatre personnes à bord, à 6 h 29′35″.

6 h 36 : le conducteur du fourgon signale son arrivée au P.C. des pompiers. Elle a lieu en même temps que celle de Paul Muraccioli. Françoise Lucet les reçoit sur le pas de la porte. Elle balbutie des mots confus :

> « Je ne sais pas, je ne sais pas... Je n'en ai jamais vu. »

6 h 37 : arrivée du docteur Fellmann qui, à 6 h 45, délivre l'acte de décès.

Dès lors, les « bavures » et anomalies de toutes sortes vont aller bon train. Suivez-nous bien.

Lucet est mort, atteint par deux balles ayant pénétré dans la « région auriculaire droite ». Son « corps était couché en chien de fusil sur le côté gauche, le bras droit étendu, paume en dessus, un revolver de calibre 38 spécial étant posé dans sa main ». De deux choses l'une : ou bien le suicide était *patent* ou bien il prêtait à *suspicion.* Or, ce matin-là, on annonce que « le suicide ne paraît faire aucun doute » [*dépêche A.F.P.*]. Mais, le lendemain, sur une réclamation du commissariat du quartier Saint-Barnabé — où est située la villa — l'aspirant Fellmann est prié d'établir un rapport. Le formulaire administratif ne lui laisse que trois possibilités : « *mort suspecte* », « *mort accidentelle* » ou « *mort naturelle* ». Les deux dernières possibilités ne correspondant pas, il coche donc la mention « *mort suspecte* ». Pourquoi ?

> « *Parce que je n'avais pas le choix.* D'habitude, je ne fais pas de rapport parce que, des morts, j'en “ fais ” quinze par jour. »

« *Mort suspecte* » ? Grâce à cette formule de pure routine, servant seulement à exclure les deux autres, les spécialistes de l'intoxication des masses pourront maintenant faire planer le doute à propos d'un suicide qui, en un rien de temps, a pris la dimension d'un drame national.

« Tous les niveaux de l'Etat avaient été alertés »

Au-delà des partis de l'opposition, c'est tout le monde syndical, traditionnellement hostile aux usages de la C.G.T. et du P.C.F., qui s'enflamme littéralement.

> « Est-ce qu'un seul parti, un seul syndicat, peut faire la loi ? » a immédiatement demandé le secrétaire général des Cadres F.O. des Organismes sociaux.

Dénonçant « les comportements scandaleux de certains membres du cabinet du ministre », l'Union régionale F.O. des Bouches-du-Rhône — à dominante socialiste — assure de son côté « qu'elle ne se laissera jamais intimider par les continuateurs du stalinisme, ni par les irresponsables qui leur servent d'auxiliaires ».

André Bergeron accuse :

> « Mme Questiaux a demandé à me voir. Je lui ai répondu : “ *Je ne me sens pas en état. Nous verrons plus tard. Quand nous aurons enterré notre ami.* ” »

Bouleversé par l'issue de « la campagne de dénigrement dont René Lucet a été la cible et qui l'a poussé au suicide », André Bergeron met en cause « tous les niveaux de l'Etat » qui « avaient été alertés ».

Secrétaire général de l'Union départementale F.O. des Bouches-du-Rhône, Marc Borgna fustige la C.G.T. et le P.C. qui, dans *La Marseillaise* parue à l'heure où Lucet se donnait la mort, s'acharnaient encore et en ces termes sur l'ennemi terrassé :

> « Enfin, aujourd'hui, la majorité des travailleurs de la Caisse primaire respire une *bouffée d'air pur :* dans tous

les centres, c'est la détente : il ne faut pas oublier qu'on vient de vivre 29 mois de répression... »

« *Mort suspecte* » ? Le P.C.F. et la C.G.T. auront tôt fait d'utiliser la formule appliquée aux décès par balle — qu'il s'agisse d'un suicide ou d'un crime — pour dérouter l'opinion. D'autant que la C.G.C., suivie par une pléiade d'autres organisations, associations, groupements, partis politiques, s'en prend à « la chasse aux sorcières qui, déclenchée par le gouvernement avec le soutien de la C.G.T. et de la C.F.D.T., vient de faire sa première victime ».

> « Ce suicide, ajoute la C.G.C., est la dernière manifestation d'un homme qui s'est efforcé de combattre le sectarisme et l'intolérance qui marquent trop souvent le comportement des ministres. »

Depuis lors, communistes, socialistes, cégétistes et leurs courroies de transmission habituelles ne cesseront d'embrouiller l'affaire avec un unique dessein : salir Lucet et, par ricochet, sa femme, ses amis, ses collaborateurs, certains services de la « Sécu » de Marseille et même la majorité du Conseil d'administration de celle-ci. D'abord en diffusant la rumeur qu'il s'agit en réalité d'un meurtre. Ensuite, quand les faits auront infirmé définitivement cette affabulation, en attribuant à Lucet des motifs de suicide non politiques, mais purement crapuleux.

Jeu macabre, infâme

Tout commence après ses obsèques qui ont donné lieu à une imposante manifestation de deuil, non seulement à Fontainebleau, mais partout en France. Craignant, à cause des élections cantonales en cours, que ce premier exemple de « chasse aux sorcières » sanglante ne continue d'avoir des répercussions fâcheuses pour la majorité, les cercles proches du pouvoir mettent tout en œuvre pour désamorcer la bombe. C'est Michel Caciotti, le sempiternel ennemi de l'ancien directeur au sein de la Caisse qui, au nom de la C.G.T., demande l' « *ouverture d'une enquête sur les circonstances de la mort de René Lucet* ». La presse de gauche, à commencer par *Le Matin de Paris* et *La Marseillaise,* emboîte le pas. Le bruit s'amplifie, la rue et les radios en rajoutent et — simple coïncidence — le parquet de Marseille annonce, le 16 mars, que :

« pour faire toute la lumière, un collège d'experts va être désigné à la suite des rapports de police, d'expertises balistiques et du médecin légiste qui font apparaître des divergences d'interprétation sur les circonstances exactes de la mort de René Lucet ».

Selon *Le Quotidien de Paris* (qui n'a, bien sûr, pas été démenti), c'est « sur ordre de la chancellerie » que le procureur a pris cette décision. Renaud Rosset et Hervé Laumont, auteurs de la remarquable enquête effectuée par le journal de Philippe Tesson, vont encore plus loin. Ils affirment :

« Le parquet de Marseille s'est donc rangé à l'avis de sa hiérarchie alors que, de son propre chef, il n'aurait certainement pas entamé une telle procédure, estimant qu'il n'y a aucune contradiction dans les divers rapports qui lui ont été soumis.

« Bref, l'important n'est pas tant d'analyser ces contradictions que d'affirmer à la presse qu'elles existent ou pourraient exister afin qu'elle s'en fasse bruyamment l'écho . »

Jeu macabre, infâme.

1. *Le Quotidien de Paris,* n° 717, mercredi 17 mars 1982...

Manipulations et truquages, pour de faux rebondissements

Nous épargnerons ici à nos lecteurs — nous réservant le droit de le faire plus tard, dans un autre ouvrage concernant la justice — tous les détails des faux rebondissements judiciaires ourdis, à Paris, dans les allées du pouvoir, tout au long des mois qui ont suivi le suicide de Lucet. Quel crédit pourrait-on accorder à des documents et informations puant la manipulation et le truquage ? On ne peut cependant passer sur l'essentiel. La décision, le 16 mars, de confier à « deux collèges d'experts nationaux » (trois médecins légistes et trois experts en balistique) un second examen, à Paris, de l'arme et du corps de René Lucet, est intervenue en même temps que la publication, par la presse, de documents couverts par le *secret.* C'est par motard — pourquoi se gêner ? — qu'à l'heure du laitier, ce 16 mars, un des ministres les plus intéressés par l'affaire fait porter, à plusieurs journalistes parisiens haut placés, des extraits — bien sélectionnés — des pièces qui justifieront, tout à l'heure, l'annonce par le ministère de la Justice d'un « *complément d'information* » et, par le procureur de Marseille, la désignation des six experts nationaux cités. Ces pièces ont été envoyées, pour information, par le parquet de Marseille, aux services compétents du gouvernement.

L'une, datée du 10 mars, émane des docteurs Mariotti et Mazaud, médecins légistes, qui ont autopsié le corps de Lucet. L'autre (du 9 mars) provient du laboratoire interrégional de la police scientifique de Marseille chargé de l'expertise balistique. La troisième (non datée) porte la signature du commissaire de police Serge Marza qui tire, en sept points, les « *conclusions* » de l'ensemble.

Le tout est reproduit, le jour même, dans les colonnes de plusieurs organes. Opération réussie. Elle permet d'entretenir le suspens dont les foules sont si friandes : suicide ou crime ?

En effet, les médecins légistes développent une « *hypothèse* » selon laquelle le premier projectile ayant fait « long feu » est resté dans le canon de l'arme, mais des gaz brûlants ont provoqué une hémorragie et le choc a projeté le corps. Seulement blessé, Lucet a pu tirer un deuxième projectile qui a poussé le premier, par compression des gaz contenus dans l'intervalle les séparant. Sans se toucher, les balles ont pénétré le crâne simultanément en faisant éclabousser le sang accumulé. (Celui qui a maculé la tapisserie et le plafond.)

En bref, donc, René Lucet aurait tiré une première fois, en se blessant non point par balle, puisque celle-ci ne serait pas sortie du canon, mais seulement avec le feu résultant de la fusion de la poudre contenue dans la cartouche. Blessure non fatale, au niveau du conduit auditif et du tympan. Seulement choqué, il aurait pu ajuster une seconde fois son 38 spécial sur le même trou — deux centimètres — de son oreille droite, appuyer de nouveau sur la détente et se tuer cette fois de deux balles : la première étant expulsée du canon par la pression des gaz précédant la seconde.

Les experts de la balistique écrivent cependant :

1. Qu' « aucun élément technique ne permet de préciser si l'une des munitions a fait long feu ».

2. « Cependant, il est certain que la première balle a été expulsée normalement du canon et n'a pas été poussée par la seconde. »

Le tout pouvant signifier, aux yeux d'un profane, que René Lucet n'a pu se tirer lui-même deux balles, les médecins écrivant de leur côté, que « les lésions cérébrales produites par les deux projectiles ont été considérables et ont entraîné la mort immédiate ».

Jeudi 18 mars : *Le Quotidien de Paris* remet les choses à leur place :

> « [...] aucun de nos confrères n'a jugé utile de publier le très officiel et septième paragraphe du rapport des enquêteurs [*les conclusions du commissaire Marza*], qui est pourtant le plus important, puisqu'il constitue la

conclusion globale de l'enquête de police, la synthèse des arguments en faveur de la thèse du suicide et de ceux qui contredisent cette thèse.

« Or que dit la fin du rapport sous le numéro 7 ? que l'hypothèse développée par les médecins légistes apporte une explication à toutes les interrogations et rend le suicide parfaitement plausible. Or seul le rapport balistique contredit cette analyse.

« Il est regrettable que pour la parfaite information de leurs lecteurs, *Le Monde* et *Le Canard enchaîné* aient négligé de citer un passage aussi important — du rapport de police. Mais peut-être ne souhaitaient-ils pas que la thèse du suicide apparaisse " plausible " ? »

Marseille, le 25 mars : le bureau de l'A.F.P. annonce :

« Un nouveau rebondissement dans l'affaire Lucet a été enregistré jeudi avec la décision du procureur de la République, M. Albert Vilatte, d'ouvrir une information pour rechercher " *par tous les moyens utiles, les causes de la mort* " de l'ancien directeur de la Caisse primaire d'Assurance maladie (C.P.C.A.M.) des Bouches-du-Rhône.

« C'est-à-dire que les policiers marseillais devront répondre à la question controversée : *un homme peut-il se suicider en se tirant deux coups de feu dans la tête ?* Les premiers experts l'avaient exclu... »

L'A.F.P. révèle, sur indication du parquet, que le collège des experts nationaux désignés le 16 mars, conforte, renforce, l'hypothèse des premiers médecins légistes. Dans leur rapport remis, ce 25 mars, au procureur Vilatte, ils disent en effet avoir constaté :

« la poursuite des fonctions vitales élémentaires après le premier coup de feu, sans pouvoir établir les structures nerveuses intéressées par le premier coup de feu, et par conséquent, exclure la possibilité d'une réitération du geste de tir ».

Pour l'A.F.P. « C'est on ne peut plus net ».

On s'acharne maintenant sur la veuve

Mais pour le pouvoir, ce n'est pas suffisant. A Melun, les détectives du ministère de la Solidarité nationale recherchent encore, dans la comptabilité de la « Sécu », la plus petite preuve contre la gestion de Lucet, à l'époque où il en était le directeur. Car, à Marseille, ils n'ont toujours rien trouvé de croustillant. Côté justice, un magistrat instructeur, Mlle Bernadette Augé, est chargée d'une « information destinée à établir les causes de la mort de René Lucet ».

Des dizaines de témoins seront entendus et Françoise Lucet soumise à plusieurs interrogatoires et reconstitutions. Les questions qu'on lui pose à répétition, les gestes qu'on lui demande de refaire dix, vingt, cinquante fois, ses déclarations — toujours les mêmes — qu'on enregistre sur les lieux mêmes du drame, à grand renfort de publicité, lui donnent évidemment à penser — ainsi qu'au public — qu'elle est plus un suspect qu'un témoin.

Courageuse, intelligente, Françoise Lucet évite de trop manifester son indignation. Cet acharnement lui inspire un total mépris. Non, on ne la verra pas pleurer. Elle a compris, dès le 4 mars, qu'il lui faudra désormais encaisser les coups à la place de son mari.

Mais, lorsque le moment viendra de régler l'affaire, il faudra bien, tout de même, que les autorités expliquent les erreurs graves commises lors de la découverte du corps de René Lucet. Si sa mort était vraiment « *suspecte* » — chacun sachant au départ que deux coups de feu avaient été tirés —, pourquoi a-t-on autorisé le nettoyage de la chambre dans les heures qui l'ont suivie ? Pourquoi avoir omis de procéder à l'habituel test dermique à la paraffine qui aurait permis de déceler des traces de poudre sur la main droite de Lucet ? Pourquoi, au lieu de cela, avoir pris en priorité ses empreintes digitales — ce qui pouvait attendre — et lui avoir ensuite lavé la main, de telle sorte que ce test ne pouvait plus être fait de manière concluante ?

Respectueux du corps judiciaire et de l'indépendance du magistrat instructeur chargé de la seconde « affaire Lucet », nous ne disons rien, ici, qui puisse influencer sa décision. Cependant, l'intime conviction d'un juge n'exclut pas la nôtre. La loi nous permet de la faire connaître, à condition de ne pas nous écarter de notre devoir de vérité, d'énoncer des faits prouvables et non des ragots, voire des imputations injustifiées et de mauvaise foi.

Le Canard s'égare et patauge dans les marais du P.C.

Pour conclure, nous citerons deux exemples qui illustrent parfaitement notre certitude du complot monté contre Lucet, vivant et mort.

Le premier nous est fourni par un article du *Canard enchaîné,* le 19 mai 1982. Sous le titre : « *Du nouveau dans l'affaire Lucet — la question à deux milliards* », le *Canard* patauge — une fois n'est pas coutume — dans les marais du P.C. Soyons objectifs, lisons intégralement :

> « Deux milliards de centimes. C'est le total des sommes dont la brigade financière de la P.J. de Marseille recherche la trace ou la destination précise, et dans la comptabilité de la Sécu des Bouches-du-Rhône, et dans les comptes bancaires personnels de René Lucet. L'enquête sur les causes et les circonstances de la mort du directeur de la Caisse d'assurance maladie prend donc une nouvelle direction et plusieurs flics marseillais se sont, récemment, rendus en Suisse pour vérifier si René Lucet n'y possédait pas quelques biens.
>
> « Cet argent baladeur n'a pas été perdu pour tout le monde. Ainsi les " financiers " de la P.J. ont constaté

que René Lucet, en utilisant la procédure des marchés de gré à gré, avaient commandé, pour le compte de la Sécu, d'importants travaux à des entreprises bidons. Lesquelles n'avaient pas d'autre garantie commerciale qu'une boîte aux lettres, et même parfois, n'employaient qu'un seul salarié. Les travaux commandés n'ont jamais été effectués mais ils ont été payés...

« Du coup, les enquêteurs policiers (et quelques autres curieux au Palais de justice de Marseille comme au ministère de la Justice) se demandent de plus en plus sérieusement s'il n'y a pas un lien direct entre la mort mystérieuse de René Lucet (même s'il s'est vraiment suicidé) et ses paiements douteux. Le sujet a d'ailleurs été abordé la semaine dernière au ministère de la Justice, où le nouveau procureur de Marseille, Pierre Truche, avait été convoqué.

« Autre bizarrerie qui intrigue les enquêteurs marseillais : depuis plusieurs mois — et chaque mois — le compte bancaire personnel de René Lucet était curieusement crédité de 10000 francs. Un remboursement de la Sécurité sociale ? »

En réalité, peut-être abusé — le *Canard* ne fait là que reprendre certaines des vieilles calomnies qui avaient valu à *la Marseillaise* d'être condamnée pour diffamation (cf. supra, pp. 101 à 109).

Reprenons point par point cet article largement cité par la télévision. Comme le dit un grand policier de Marseille, ce journal « a intérêt à changer son réseau d'informateurs ». En effet :

1. Jamais la brigade financière de la P.J. de Marseille n'a été chargée d'une pareille enquête.

2. Elle n'a pas compétence sur les comptes de la « Sécu ».

3. *Toutes* les autorités compétentes de Marseille démentent formellement *toutes et chacune des fables,* ici évoquées, relatives aux « *causes et circonstances de la mort du* *directeur* », et *tout* ce qui a trait, dans cet article, et d'autres de la même veine, à des prétendues fraudes et malversations. D'ailleurs, le meilleur démenti est donné par le compte rendu succinct des réunions de la « Commission de contrôle ayant examiné les comptes de l'exercice 1981 de la Caisse primaire d'assurance maladie des Bouches-du-Rhône »[1] :

« La Commission de contrôle s'est tenue les 19 avril et 11 mai 1982 pour examiner les comptes de l'exercice 1981 de la C.P.C.A.M. des Bouches-du-Rhône.

« A chacune de ces deux réunions dix administrateurs ont été présents.

« Une remarque préliminaire du président de la commission a mis en relief le fait que depuis 1979, il y avait eu une diminution de la part des dépenses de gestion de la Caisse dans l'ensemble de ses dépenses (dépenses de gestion et de prestations).

« Les dépenses de gestion représentaient en 1979 : 6,08 % du total, en 1980 : 5,94 %, en 1981 : 5,82 %.

« Tant par la présentation qui a été faite à la Commission de contrôle des comptes de l'exercice 1981 par Monsieur l'Agent comptable que par les réponses que celui-ci a données aux questions posées par Messieurs les Administrateurs, membres de la Commission, que par les sondages réalisés sur les comptes ou les sous-comptes qui ont fait l'objet d'un contrôle approfondi avec fourniture, examen, et vérification des pièces comptables, ce contrôle sur la régularité et sur l'authenticité des comptes a fait apparaître que ceux-ci étaient tenus de manière irréprochable... »

Passons maintenant aux marchés de gré à gré que *Le Canard* — après le P.C.F. et la C.G.T. — sort de son gésier. La Commission de contrôle met les choses au point. Pour 1981 :

1. Nous tenons ce document et, surtout, plusieurs autres encore plus péremptoires, à la disposition de nos lecteurs, *Le Canard* et *Le Matin de Paris* compris. Qu'on nous fasse confiance : personne ne sera déçu.

« La liste de ces marchés a été fournie aux membres de la Commission avec indication des montants et des entreprises contractantes.

« Des sondages ont de plus été réalisés dans les dossiers comptables qui ont permis de vérifier l'existence et la régularité des pièces comptables, notamment des factures, voire de marchés écrits.

« Au cours de la discussion, M. Caciotti, *administrateur C.G.T.,* a reconnu que la décision de recourir à ces marchés de gré à gré, avait fait l'objet d'un vote unanime [*y compris donc celui du représentant de la C.G.T.*] des membres de la Commission des locaux [...] et que l'engagement de la dépense n'était pas contesté par lui, pas plus que les opérations comptables relatives à ces marchés ou que la réalité des travaux effectués.

« Cet administrateur a toutefois considéré, comme M. Gensollen [*C.F.D.T.*] et à la différence des huit autres administrateurs, qu'il y avait " irrégularité comptable ", puisqu'il s'est refusé ensuite, sur ce point, de signer l'approbation des comptes.

« [...] Pour chacun des points litigieux, sur la question de savoir si l'agent comptable avait correctement appliqué les textes en vigueur en matière de paiement — lecture ayant été donnée en séance de l'article 49 du décret n° 59-819 du 30 juin 1959 — la Commission s'est prononcée positivement par un vote par huit voix contre deux.

« Compte tenu des déclarations de M. Caciotti et de ses votes, le Président de la Commission lui a demandé s'il pouvait affirmer et démontrer que d'après l'une quelconque des pièces comptables vérifiées en Commission de contrôle, l'Agent comptable avait procédé à des paiements irréguliers parce que :

« ● les ordres de paiement n'auraient pas été signés ou auraient porté la signature de personnes n'ayant pas qualité pour l'ordonnancement ;

« ● les créances n'auraient pas été valides,

« ● l'imputation de la dépense aurait été incorrecte,

« • les crédits n'auraient pas été disponibles.

« Sur aucun des quatre éléments cités ci-dessus et qui reprennent les énonciations du décret du 30 juin 1959 sur les obligations imposées à l'Agent comptable, M. Caciotti n'a pu apporter une réponse positive. »

« En conséquence, la Commission de contrôle [...] *approuve,* à la majorité, par huit voix contre deux, sans aucune restriction, ni réserve d'aucune sorte, les comptes de l'année 1981 de la Caisse primaire d'assurance maladie des Bouches-du-Rhône qui lui ont été présentés par Monsieur l'Agent comptable. »

4. Enfin, le dépôt *curieux* de 10 000 francs par mois dont aurait bénéficié Lucet est lui encore une « *pure invention* ».

Pan sur le bec !

Salir sa mémoire
pour lui ravir sa victoire posthume

20 mai : mieux placé que quiconque pour savoir que les « révélations » du *Canard* sont, de la première à la dernière ligne, un tissu de bobards, *La Marseillaise* assure, à la une :

> « *Lucet : les policiers recherchent deux milliards de centimes.* »

Même rengaine. Le quotidien communiste transcrit, sans le citer, *Le Canard,* sachant très bien d'où proviennent ses ragots. Mais, là où *Le Canard* reste vague, *La Marseillaise* fait une référence directe aux marchés de gré à gré passés par la Caisse avec Dominique Venturi. Question d'entacher davantage Lucet qui n'est plus là pour se défendre, tout en menaçant indirectement les defferristes. Car si le P.C. n'a aucun élément à fournir sur les rapports Lucet/Venturi, il se pourrait qu'il soit informé sur ceux, existant ou ayant existé, entre le même Venturi et la mairie de

Marseille (cf. supra pp. 130 à 148). Allez savoir ! En tout cas, que personne ne s'avise, de ce côté-là de contrarier la campagne mensongère du P.C.F. contre Lucet et les siens.

A Marseille, toutes les autorités savent que les documents comptables de la Caisse, dûment approuvés, ratifiés et épluchés en outre par l'Inspection générale des affaires sanitaires et sociales (I.G.A.S.), documents à la disposition de tout un chacun — et que nous avons minutieusement consultés — prouvent de la manière la plus irrécusable :

- d'abord que les montants des marchés de gré à gré conclus par Lucet ont porté sur des chiffres conformes à la loi (cf. supra p. 147) ;
- ensuite, qu'ils ont tous été exécutés ;
- puis, que les sociétés en question existent bel et bien, et que celle de Venturi n'est qu'une parmi tant d'autres ;
- enfin que le volume de ses affaires avec la Caisse est réduit, les contrats passés ne faisant apparaître aucun passe-droit, aucune irrégularité.

Les deux exemples que nous venons de citer suffisent à démontrer que le complot contre Lucet continue, en attendant la fin de l'instruction et le vote des lois tendant à légaliser ce que le suicidé de Marseille avait combattu : la mainmise du P.C.F., de la C.G.T. et des Mutuelles sur la Sécurité sociale. Avec toutes les pratiques illégales qu'elle comportait. De toute façon, quelles que soient les conclusions du juge Augé, les conspirateurs ne rangeront pas leurs couteaux au vestiaire. Car salir la mémoire de ce mort est le seul moyen de lui ravir sa victoire posthume.

POST-SCRIPTUM

« Le coup de pied au cul ascensionnel »

Paris, le 2 juin 1982 : ce que nous pressentions vient d'arriver. Procureur général d'Aix-en-Provence, Marcel Guilbot est *limogé*. Sans autre forme de procès. Le plus haut magistrat des Bouches-du-Rhône est, plus exactement, placé en « congé spécial ». Normal.

En poste à Aix depuis 1975, Marcel Guilbot est sanctionné dans le cadre de l'affaire Lucet, la presse officielle de gauche l'ayant accusé d' « *avoir refusé de prendre en compte les aspects obscurs du décès de René Lucet* ». Crime impardonnable. Car, commente *Le Figaro :*

« En vérité, tous ceux que contrariait la possibilité du suicide estimaient que le parquet aurait dû prendre beaucoup plus au sérieux l'hypothèse d'un meurtre. Ce qui, dans un premier temps, aurait dégagé la responsabilité de ceux tenus pour les responsables moraux de ce suicide, en l'occurrence le syndicat C.G.T. et le ministre Nicole Questiaux. »

Qui a signé le renvoi du procureur général ? Un grand homme de justice et de loi : Me Robert Badinter, avocat au barreau de Paris, garde des Sceaux, ministre de la « Justice » qui, le 31 mars, avait déjà « *muté-promu* » à Paris le procureur de la République de Marseille, Albert Vilatte, subordonné intègre de l'intègre Marcel Guilbot.

« *Mutation-promotion* » ? C'est ce que, dans leur jargon de palais, nos magistrats ont coutume d'appeler : « *le coup de pied au cul ascensionnel* ». Journal de Gaston Defferre, *Le Provençal* a eu au moins le mérite de le reconnaître sous la plume d'Alex Panzani, ancien de *La Marseillaise :*

« (...) Une chose est certaine : la décision envisagée par la chancellerie de nommer le procureur de la République de Marseille à la Cour d'appel de Paris ne constitue pas une promotion. Il y a quelques semaines sa nomination comme procureur général de la Cour d'appel d'Aix-en-Provence était considérée comme une éventualité sérieuse. Dès lors, personne ne pourra s'empêcher d'établir un lien entre ce que certains considéreront comme une " *disgrâce* " et l'affaire Lucet. (...) »

Le procureur de la République un jour, son supérieur direct le lendemain, le tout avant que le magistrat instructeur ne se prononce. « *En toute indépendance et selon son intime conviction* » ? Me Badinter sait au moins s'y prendre pour créer un climat propice à une bonne administration de la justice. D'ailleurs, c'est Georges Deljean, son directeur de cabinet, qui succède à Aix au procureur général Marcel Guilbot. Compliments.

Antimarxiste, social-démocrate et grand bourgeois, Me Badinter ne saurait cependant — et en aucun cas — être confondu avec le P.C.F., la C.G.T. et la camarade ministre Nicole Questiaux. Ce grand plaideur trouvera — nous n'en doutons pas — les mots pour expliquer son mariage contre nature de « la carpe et du lapin ». Itou pour *Le Matin de Paris* qui, revêtant ce jour — et pour la énième fois — la casaque du P.C.F., déverse sur Lucet un torrent de boue rouge, afin de terminer le travail du *Canard* et de *La Marseillaise.* Ignorant, bien sûr, la révocation injustifiable du procureur général Guilbot, *Le Matin* lui aussi assimile Lucet à un corrompu. Il oublie seulement qu'un corrompu ne se suicide pas...

Les vraies couleurs de Mme Questiaux

Certains organes de presse ont réclamé la démission de Mme Questiaux. A quoi bon ? Un ministre rouge de plus ou un de moins, cela ne changerait rien à l'affaire. Que Nicole Questiaux demeure donc là où elle est. Mais sous les couleurs qui sont vraiment les siennes.

Les siennes ?

Le 30 avril 1982, soit 57 jours *après* que Lucet se soit suicidé, Madame le Ministre de François Mitterrand persiste et signe. Elle écrit une lettre officielle (mais évidemment non publiée) à tous les présidents et directeurs régionaux de la « Sécu » :

(...) « Il a été confié à plusieurs agents d'encadrement exerçant dans les organismes de la Sécurité sociale, *et adhérents à la C.G.T.,* une mission d'étude temporaire. Je vous prie de trouver ci-joint des *lettres de mission* qui leur ont été adressées » (...).

Adressées ? Oui, mais quand ?

Ces « *Ordres de mission* », tous signés « *Nicole Questiaux* », ont été adressés aux « *cadres de haut niveau appartenant à la Confédération générale du travail* » [C.G.T.] plus de deux mois auparavant : « *le 22 février 1982* ».

Le 22 février 1982 ? C'est ce jour-là que « *René Lucet est suspendu de ses fonctions* » par « *décision du ministre de la Solidarité nationale* ».

Le 4 mars 1982, 10 jours après, René Lucet a tout compris : il a tout vu, tout lu, tout entendu. Il se tue... nous laissant le soin de révéler, pour l'histoire, les secrets de son exécution politique.

Le 2 juin 1982.

ANNEXE I

Quelques fac-similés du rapport *confidentiel* de l'inspecteur des Finances François Heilbronner (24 juillet 1979). Demandée au ministre du Budget, Maurice Papon, par Simone Veil, ministre d'Etat, ministre de la Santé, cette enquête confirme toutes les observations et accusations graves faites par René Lucet, après son arrivée à la direction de la Sécurité sociale des Bouches-du-Rhône. *(Cf. supra pp. 25 à 52 et 121-122 notamment).* Le ministère des Finances révèle ici l'existence d'un authentique racket des professions de Santé.

MINISTÈRE DE L'ÉCONOMIE ET DES FINANCES

INSPECTION GÉNÉRALE DES FINANCES

NOTE

IN - 7 071 237 0

S O M M A I R E

.../.

4/ DES PRATIQUES TRES ANORMALES

72 Le développement des mécanismes du tiers payant s'est fait de façon anarchique, en fonction souvent de considérations locales ou de problèmes de personnes. Il y a donc une grande variété des mécanismes et des types de convention.

73 Mais certaines pratiques qui paraissent très critiquables se retrouvent assez fréquemment pour mériter une étude approfondie. Ces pratiques sont :

- les ristournes ou remises sur honoraires ;
- les limitations de concurrence ;
- le remboursement précédant le paiement des soins ;
- les incitations à la consommation médicale.

a) Les ristournes ou remises sur honoraires

74 Dans de nombreuses conventions passées par des Mutuelles avec les professions de santé, le tiers payant assuré par la Mutuelle est assorti d'un engagement du prestataire de soins d'abandonner à celle-ci une partie de ses honoraires. Il peut s'agir de 2 ou 3 %, mais parfois de 5, 10 voire même 20 %. Un recensement précis est difficile car les conventions passées par les Mutuelles sont rarement communiquées aux Caisses de Sécurité Sociale. D'autre part, les prestataires de soins hésitent à se plaindre des ristournes qui leur sont demandées.

75 Mais le nombre des constatations faites, malgré ces difficultés de recensement, laisse penser que la pratique des ristournes est associée au tiers payant dans la majorité des

conventions mutualistes. On en donnera ci-dessous quelques exemples :

	Taux de ristourne
UGM Nice/Pharmacies	2 %
Caisse d'Action Sociale EDF Hérault/Pharmacies	2 à 3 %
Caisse d'Action Sociale EDF Gard/Pharmacies	2 à 3 %
Caisse d'Action Sociale EDF Aude/Pharmacies	3 %
Mutuelle d'Alès/Infirmiers	3 %
Union des Sociétés Mutualistes de Dunkerque/ Dentistes	3 %
Caisse d'Action Sociale EDF Aude/Cliniques Honoraires	3 %
Mutuelle Agent EDF Bordeaux/Pharmacies	3 %
Caisse d'Action Sociale EDF Aude/Radiologie	3 à 4 %
Caisse d'Action Sociale EDF Aude/Cliniques Frais de séjour	4 %
Mutuelle Agent collectivités locales Bordeaux/ Pharmacies	4 %
Mutuelle PTT Grenoble/Radiologie	4 %
Mutuelle PTT Grenoble/Laboratoires	4 %

.../.

	Taux de ristourne
Fédération Nationale Des Mutuelles fonctionnaires Région Parisienne/ Kinési - ort	4 %
Caisse d'Action Sociale EDF Hérault/Radiologie	4 %
Mutuelle PTT Hérault/Kinési	4 %
Mutuelle Agentsde la Sécurité Sociale Bouches-du-Rhône/Kinési	4 %
Caisse Unique chirurgicale et Médicale Hérault/ Kinési	5 %
Mutuelle chirurgicale Cevenole/Infirmiers	5 %
Mutuelles des Alpes Maritimes en général	5 %
Union Mutualiste de la Seine-Maritime/Radiologie	5 %
Union Mutualiste de la Seine-Maritime/Médecins	5 %
Société Mutualiste des Bouches-du-Rhône/Pharmacies	5 %
Maubeuge/Radiologie	5 %
Maubeuge/Dentistes	6 %
MGEN Deux-Sèvres/Kinési	9 %
Union Départementale de Marseille/Opticiens	10 %
Union Mutualiste Travailleurs Vaucluse/kinési	10 %
Caisse d'Action Sociale EDF Gard/Opticiens	10 %

.../.

	Taux de ristourne
Mutuelle des travailleurs Hérault/Kinési	10 %
Union Des Sociétés Mutualistes Bassin Sambre/ Infirmiers	10 %
IPCASMO (Saviem)/Laboratoires	10 %
Union Départementale Mutualiste des Travailleurs Nice/Opticiens	10 %
Union Départementale Mutualiste des Travailleurs Marseille/Kinési	20 %
Union des Sociétés Mutualistes des Bouches-du-Rhône/Kinési	20 %
Union mutualiste des Travailleurs Alpes Haute-Provence/Kinési	20 %
Mutuelle Départementale du personnel CEA Haute-Provence/Kinési	20 %

En dehors de ces cas précis, des chiffres de ristournes de 5 à 10 % pour la radiologie et de 5 à 20 % pour les laboratoires sont fréquemment cités.

76 Ces ristournes posent plusieurs graves problèmes de principe.

.../.

Il y a d'abord une infraction aux règles de la sécurité sociale. Quand une ristourne est retenue par la Mutuelle ou automatiquement reversée par le praticien, ce dernier est conduit à signer une feuille de maladie pour un montant qu'il n'a pas effectivement et totalement perçu. Or c'est sur ce montant majoré que la Sécurité Sociale calcule ses remboursements.

77 Bien plus, quand la ristourne est faite au malade (Note 1), il y a même un réel détournement au détriment de la Sécurité Sociale qui est appelée à rembourser plus que ce qui a été payé par le malade et reçu par le praticien. Sans compte l'infraction que constitue au regard du code de déontologie toute ristourne au malade.

78 On peut même considérer que la situation est identique. et l'infraction aussi grave, quand la ristourne est faite à la Mutuelle et non au malade. Car la Mutuelle du fait précisément de son objet mutualiste est une représentation de ses adhérents. Les ristournes qui lui sont faites bénéficient normalement aux adhérents.

79 Il y a, en second lieu, les doutes qu'appellent certaines ristournes particulièrement élevées. On peut à la limite comprendre qu'un laboratoire, pour qui les investissements peuvent être très lourds et qui peut espérer une évolution décroissante de ses coûts, puisse avoir intérêt, contre une ristourne même

.../.

(Note 1) - C'est le cas par exemple de la ristourne de 10 % demandée par l'Institut de prévoyance assurant les cadres de la SAVIEM de Rouen. Et aussi de celle de 9 % demandée par la MGEN des Deux-Sèvres aux Masseurs Kinésithérapeutes.

élevée à s'attacher une clientèle. Mais pour d'autres profession de santé où les mêmes problèmes d'investissement ne se posent pas, des ristournes de 20 % apparaissent, il faut le dire, difficilement, compatibles avec l'exercice normal des professions de santé et avec le respect des règles de cotation des actes.

80 Et puis enfin, il y a tous les problèmes que pose, notamment sur le plan déontologique, le partage d'honoraires.

Sans doute les remises ou ristournes sont-elles le plus souvent désignées sous le terme de "participation aux frais de gestion". Les mutuelles font valoir que le service du tiers-payant impose la confection et le suivi des dossiers des assurés et que cette charge de gestion est lourde. Mais cet argument appelle plusieurs remarques.

81 D'abord il semble difficile que ces frais de gestion - dans une mutuelle normalement gérée - atteignent 5 ou 10 % du chiffre d'affaires. Il ne s'agit en effet que de frais supplémentaires dus à la pratique du tiers-payant, et qui s'ajoutent - pour les Mutuelles qui sont sections locales - aux frais de gestion ordinaires, payés par les Caisses de Sécurité Sociale au prix de 17,47 francs par décompte. Par rapport aux charges de gestion ordinaires (rassemblement des pièces, vérification, liquidation) dont le coût total est de l'ordre de 7 % de la dépense, le seul fait de payer le médecin au lieu de rembourser le malade ne paraît pas une charge nouvelle importante. Au pire, il pourrait s'agir de 1 à 2 % de la dépense de santé.

82 Mais même à ce niveau, la question peut se poser de savoir s'il est légitime d'en imposer la charge aux prestataires

Et surtout on peut craindre qu'une généralisation éventuelle du tiers payant ne change la nature de notre système de santé et en substituant progressivement au paiement à l'acte, des formules de paiement à la fonction, ne contribue à le rendre - surtout en période de forte démographie médicale - plus coûteux et moins efficace.

A PARIS, le 24 juillet 1979

L'Inspecteur des Finances

F. HEILBRONNER

ANNEXE II

1. « Rapport de l'Inspection générale des Affaires sanitaires et sociales (I.G.A.S.), sur certains faits graves relevés dans la gestion administrative de la Caisse primaire centrale d'Assurance maladie (C.P.C.A.M.) des Bouches-du-Rhône. Document " présenté le 3 décembre 1981, pour M. Raymond, F. Santucci et P. Serniclay, membres de l'Inspection générale des Affaires sociales ". »

2. En date du 14 décembre 1981, la réponse de René Lucet, directeur général de la C.P.C.A.M., au rapport de l'I.G.A.S.

(Cf. supra, chapitre 6)

1. RAPPORT SUR CERTAINS FAITS GRAVES RELEVÉS DANS LA GESTION ADMINISTRATIVE DE LA C.P.C.A.M. DES BOUCHES-DU-RHÔNE, EN DATE DU 3 DÉCEMBRE 1981.

INSPECTION GÉNÉRALE
DES AFFAIRES SOCIALES

RÉPUBLIQUE FRANÇAISE

PARIS, LE 3 DECEMBRE 1981
14, AVENUE DUQUESNE - 75700 PARIS
TÉL. : 567.55.44

R A P P O R T

sur

certains faits graves relevés dans la gestion administrative de la C.P.C.A.M. des Bouches-du-Rhône

---

L'attention de l'I.G.A.S. a été attirée sur des anomalies constatées dans certains comptes de la Gestion administrative de la C.P.C.A.M. des Bouches-du-Rhône, tant par l'autorité régionale de tutelle

loi. C'est pourquoi ils ont été signalés au directeur départemental du travail et de la main d'oeuvre et ont donné lieu à un procès-verbal d'infractions dressé par un inspecteur du travail le 29 octobre 1981.

CONCLUSION

Compte tenu de l'ensemble de faits relevés dans la gestion administrative de la caisse primaire centrale des Bouches-du-Rhône la mission d'inspection générale estime opportun de mettre en cause les responsabilités suivantes :

1) celle de l'agent comptable qui n'a pas utilisé, comme la loi lui en fait obligation, les moyens d'oppostion qu'elle lui offrait
2) celle du directeur général, ordonnateur des dépenses, qui non seulement est responsable directement d'abus manifestes, mais encore a couvert de son autorité les fraudes commises par des agents de la caisse
3) celle du conseil d'administration, qui n'a pas exercé les pouvoirs de contrôle qui lui sont dévolus par la loi.

M. RAYMOND P. SANTUCCI P. SERNICLAY

Membres de l'Inspection Générale
des Affaires Sociales

INSPECTION GÉNÉRALE
DES
AFFAIRES SOCIALES

RÉPUBLIQUE FRANÇAISE

PARIS, le 3 décembre 1981
14, Av. Duquesne - 75700 Paris
Tél. : 567.55.44

RAPPORT
sur
certains faits graves relevés dans la gestion administrative de la C.P.C.A.M. des Bouches-du-Rhône

L'attention de l'I.G.A.S. a été attirée sur des anomalies constatées dans certains comptes de la Gestion administrative de la C.P.C.A.M. des Bouches-du-Rhône, tant par l'autorité régionale de tutelle que par un administrateur membre de la Commission de contrôle émanant du Conseil d'Administration.

1° *Les constatations sur l'utilisation des comptes 641 et 661.*

11. L'examen de l'état des virements de compte à compte arrêté à la date du contrôle a permis de constater que le compte 661, « Frais de mission et réception », dont la dotation initiale en 1981 s'élevait à 200 000,00 F atteignait, par le jeu de créditements successifs, la somme de 587 000,00 F, le dernier virement datant du mois d'août 1981. En extrapolant sur un rythme de dépenses mensuelles de 587 000,00 × 12 : 8, on peut estimer que le montant annuel des dépenses inscrites à ce compte se serait élevé à environ 880 000,00 F soit un quadruplement de la *dotation initiale.*

12. La constatation précédente a incité à examiner l'évolution du compte 661 pour les exercices 1979 et 1980.

Des documents remis par l'agent comptable il ressort que le compte 661 est passé de *1978 à 1979.*

- de 26 752,06 F à 76 143,91 F soit une augmentation de *184,63 %.*
- de *1979 à 1980* de 76 143,91 F à 421 552,92 F soit une augmentation de *453,63 %.*

Pour tenir compte de l'extrapolation évoquée précédemment il pourrait passer de *1980 à 1981.*

• de 421 552,93 F à environ 880 000,00 F soit une augmentation de *109 %*.

Le compte 661 se trouverait ainsi multiplié par 33 entre 1978 et 1981.

13. Une telle évolution nécessitait donc une étude approfondie.

C'est ainsi que la mission a mis en évidence une répartition très particulière des parties prenantes au compte 661.

En effet, huit personnes seulement, au 13 octobre 1981 ont utilisé *32 % du total des dépenses (145 057 F sur 460 073)* et 72,5 % du crédit initial de 200 000,00 F.

Il s'agit de :

MM. Lucet, Directeur Général	pour	77 791,28 F
Devilleneuve, Directeur Adjoint.	pour	21 792,45 F
Dochier	pour	13 038,20 F
Chabert	pour	4 312,30 F
Cuello	pour	10 766,72 F
Muraccioli Marc (Yacinthe) ...	pour	5 478,53 F
Muraccioli Paul	pour	4 828,14 F
Schembri	pour	7 049,70 F
Total		145 057,32 F

14. Dès lors, compte tenu du caractère des constatations, il devenait nécessaire de procéder à l'étude du compte 641 « Frais de voyages et de déplacements ».

Cet examen a montré que, pour la période du 1er janvier au 31 mai 1981, les mêmes personnes avaient aussi perçu des sommes importantes qui s'ajoutant aux sommes déjà relevées donnent les totaux suivants :

	Compte 661	Compte 641	Total
MM. Lucet	77 791,28	(1)	77 791,28
Devilleneuve ...	21 792,45	12 575,77	34 368,22
Dochier	13 038,20	13 203,56	26 241,76
Chabert	4 312,30	21 255,50	25 567,80
Cuello	10 766,72	44 969,28	55 736,00
Muraccioli M. ..	5 478,53	33 537,91	39 016,44
Muraccioli P. ..	4 828,14	35 146,50	39 974,64
Schembri	7 049,70	54 094,61	61 144,31

(1) M. Lucet bénéficie d'un abonnement à Air Inter qui est réglé directement par l'Agence Comptable et n'a jamais demandé de remboursement au titre du compte 641.

L'analyse des pièces justificatives fait apparaître :

151. des abus du Directeur Général et de son équipe

152. des fraudes de la part de quelques membres du personnel

153. la responsabilité du Directeur Général et de l'Agent comptable à l'égard de cette fraude et la carence du conseil d'administration.

151 — *Des abus du Directeur Général et de son équipe :*

L'examen des pièces justificatives de paiement pour les dépenses du Directeur Général montre que celui-ci n'hésite pas à inviter un nombre important de personnes aux frais de la Caisse au point que le montant des dépenses au 13-10-81 atteignait 77 791,28 F soit environ 100 000,00 F pour l'année, dans un style de réception qui incluait cigarettes et champagne (pièce de paiement n° 164).

Recevant un administrateur de la C.N.A.M.T.S., il l'emmenait à Monte-Carlo où il le traitait au restaurant, ainsi que ses chauffeurs (pièces 164, 158 et 161). On remarquera que les justifications de ces repas ne comportent que des indications vagues, sans nom des convives. Le contrôle est rendu impossible de ce fait. Figurent simplement des mentions comme :

« Evêché »,
Préfecture de Police,
Préfecture Bouches-du-Rhône,
Conseil Régional,
Groupe Majorité du Conseil Général,
Mairie de Marseille,
Ministère des Affaires Sociales,
I.G.A.S., etc.

Si le total des sommes considérées au regard du total du budget de la Caisse peut apparaître comme extrêmement faible, il n'en demeure pas moins que, rapportées à une personne, elles traduisent un abus certain dans les circonstances actuelles.

En outre, il fait installer, le mois de son arrivée à la Caisse, des grilles galvanisées avec manœuvre électrique pour isoler la direction de manifestants éventuels, coût 22 132 F (Ordre de Paiement 48 du 28-12-1979).

Il acquiert et fait poser un ensemble de sonorisation et un équipement caméra vidéo en décembre 1980 au Centre de Valmante, siège de la Direction Générale, pour 61 583,59 F (pièce n° 881 du 3 mai 1981).

Il acquiert en 1981, sur les fonds de la Caisse, alors que semble-t-il les véhicules manquent, une voiture Peugeot 604 Turbo dont l'usage lui est réservé, et dont le prix aurait pu permettre l'achat de deux ou trois voitures.

Par ailleurs, le jour même de son arrivée à la Caisse, il engage quatre personnes comme chauffeurs, qui sont ensuite promus très rapidement « attachés de secrétariat » dans des conditions très discutables. Le personnel de la Caisse les considère généralement comme des gardes du corps et comme les hommes de confiance du Directeur Général.

Ce sont ces quatre hommes qui se sont livrés aux abus et fraudes signalés ci-dessous.

On peut considérer comme abusive la pratique consistant à rembourser des frais de taxi à des chauffeurs (pièces 2093, 1842, 1913, 1920, 1797, 1682, 1459, 1228).

On peut aussi se demander comment M. Lucet pouvait autoriser le remboursement à des personnes au rôle mal défini (Chabert et Corteggiani) de nuits d'hôtel à 185 F à l'hôtel Napoléon, 3 étoiles à Fontainebleau (pièces 139 et 1275), ou mieux encore, qu'il autorise le même Chabert à se faire rembourser une chambre à l'hôtel 4 étoiles N. N. Baltimore à Paris pour 300,00 F la nuit (pièce 1684).

On est aussi en droit de se demander pourquoi M. Lucet, Directeur de la Caisse de Marseille, se faisait rembourser le 31-12-1980 une réparation sur une R.16 de la Caisse, en Suisse. A ce sujet on peut s'interroger sur le bien-fondé administratif de ce déplacement, d'autant que l'agent comptable a refusé le paiement d'une autre partie de la facture.

De même, il est constaté que les chauffeurs utilisent fréquemment leur véhicule personnel, *pour effectuer des déplacements dont le rapport avec l'activité de l'organisme paraît* très douteux si l'on se réfère à la destination du déplacement (Lille, Clermont-Ferrand, Perpignan, etc.).

152 — *Des fraudes de la part de quelques membres du personnel :*

152.1 — *Des « chevauchements » relevés par l'agent comptable.*

Quatre personnes engagées comme chauffeurs puis promues ensuite à la fonction mal définie d' « attaché de secrétariat », au secrétariat du Directeur Général ont fait l'objet de contrôle de l'agent comptable. Ce sont :

MM. SCHEMBRI Marcel, MURACCIOLI Marc (Hyacinthe), CUELLO Serge, MURACCIOLI Paul.

Si pour ces personnes, en 1981, on rapproche la date des repas qu'ils ont pris et dont ils ont été remboursés sur le compte 661, des remboursements forfaitaires qu'à leur demande on leur a remboursés sur le compte 641, on trouve des doubles paiements qui ont amené l'agent comptable à en déterminer la masse, et à en demander le remboursement.

C'est ainsi que pour ces « chevauchements » les remboursements au titre du compte 661 s'élèvent, du 1-1-1981 au 31-5-81, à :

CUELLO	12 chevauchements-récupération 3 094,20
MURACCIOLI P.	9 chevauchements-récupération 3 247,00
MURACCIOLI M.	12 chevauchements-récupération 3 170,60
SCHEMBRI	15 chevauchements-récupération 3 208,80

152.2 — *Des remboursements de frais de repas injustifiables.*

En effet, une analyse plus fine des pièces de paiement montre que pour le même jour les intéressés dont les noms suivent se sont faits rembourser :

Le 26-1-1981 :
CUELLO-SCHEMBRI : 14 repas, dont 2 factures du même restaurant (facturées à 10 pour le compte 661 et 4 pour le compte 641).
Le 12-2-1981 :
CUELLO-SCHEMBRI : 11 repas (7 pour le compte 661 et 4 pour le compte 641).
Le 27-2-1981 :
CUELLO-P. MURACCIOLI : 13 repas (9 pour le compte 661 et 4 pour le compte 641).
Le 13-4-1981 :
CUELLO-SCHEMBRI : 9 repas (5 pour le compte 661 et 4 pour le compte 641).
Le 21-4-1981 :
CUELLO-SCHEMBRI : 8 repas (4 pour le compte 661 et 4 pour le compte 641).
Le 23-4-1981 :
Paul et Marc MURACCIOLI : 8 repas (6 pour le compte 661 et 2 pour le compte 641).
Le 29-5-1981 :
CUELLO-MURACCIOLI (les 2 frères) : 13 repas (7 pour le compte 661 et 6 pour le compte 641).

Les fonctions de chauffeurs exercées par les intéressés ne peuvent en aucun cas expliquer le nombre de repas remboursés pour une même journée.

Il n'est pas exclu qu'une partie des factures produites à l'appui des demandes de remboursements soit de fausses factures obtenues de commerçants complaisants. Seules les instances judiciaires et fiscales pourraient faire la lumière sur ces pratiques.

D'autres contrôles ont montré que les intéressés ont fréquemment *demandé et obtenu, simultanément pour un même jour*, le remboursement d'indemnités forfaitaires de déplacement (compte 641) et des factures de restaurant (compte 661) : l'impossibilité matérielle d'être simultanément à Marseille et en déplacement est bien révélateur du *caractère frauduleux de ces opérations*.

Exemples :

• MURACCIOLI Paul : Remboursement de repas à Marseille et deux indemnités forfaitaires pour les dates suivantes :
— 16 janvier 1981, 23 janvier 1981,
— 27 février, 6 et 30 avril, 29 mai.

• MURACCIOLI Marc : mêmes constatations pour les :
— 2, 3 et 4 février, 31 mars, 9, 14, 23 et 28 avril,
— 29 mai.

• CUELLO Serge : mêmes constatations pour les :
— 12, 15, 22, 23 janvier,
— 2, 6, 12, 27 février,
— 31 mars, 13 et 21 avril,
— 25 et 29 mai, 11 juin,
— 25 août et 2 septembre.

• SCHEMBRI Marcel : mêmes constatations pour les :
— 26 janvier, 2, 4, 10, 12, 16 février,
— 19, 31 mars, 3, 13, 16, 21, 24, 27 avril.

La même catégorie de fraudes a aussi été relevée en 1980.

Le caractère systématique de ces faits montre qu'il ne s'agit pas d'erreurs, mais *d'actes qualifiables pénalement,* d'autant que l'on relève, pour un déplacement à Lille des repas pris à Marseille ; pour un déplacement à Paris, des repas pris à Nice ou la production de factures de restaurant pour des jours fériés (repas du 15 août).

152.3 — *Des fraudes caractérisées sur les indemnités kilométriques.*

L'étude des états de rapprochement montre que d'autres catégories de fraudes existent. Elles portent *sur les déplacements et les indemnités kilométriques :*

ainsi : pour MURACCIOLI Marc

il indique le 13 janvier 1981 un déplacement à Tarascon alors que le même jour, la même voiture part à 7 h 30 pour Clermont-Ferrand avec le chauffeur Serge CUELLO,
de même, le 9 février il réclame le remboursement d'indemnités kilométriques pour déplacement à Arles et Berre alors que SCHEMBRI se fait rembourser un déplacement le même jour avec le même véhicule pour Marignane,
de même CUELLO se fait rembourser des indemnités kilométriques et des repas pour Nice le 24 mars alors que la même voiture est censée être le même jour à Aix avec Marc MURACCIOLI qui se fait indemniser en conséquence.

Il est superflu de poursuivre cet énoncé puisque aussi bien les états joints en annexe en relatent, d'une manière exhaustive, le déroulement.

Ainsi, les chauffeurs, comme leurs véhicules, semblent doués d'ubiquité. Il est impossible d'admettre de pareils faits. Ils sont en *contradiction flagrante avec la plus élémentaire probité.*

153 — La responsabilité du Directeur Général et de l'agent comptable et la carence du conseil d'administration.

153.1 — *La responsabilité du Directeur Général et de l'agent comptable.*

Les pièces frauduleuses ont été ordonnancées par le Directeur Général ou par M. MIRALLES, sous-directeur chargé du personnel.

Tous les éléments relevés à l'encontre des chauffeurs du Directeur Général sont le fruit d'une simple étude des pièces justificatives détenues par l'agent comptable, menée par la mission d'inspection générale.

Ils pouvaient donc faire l'objet du même contrôle par les services de l'agence comptable, pour peu que des instructions dans ce sens aient été données, soit par le Directeur Général, soit par l'agent comptable.

De fait, une précaution avait été prise par l'agent comptable, afin que les pièces en question ne soient pas mises entre n'importe quelles mains. Soigneusement triées, elles avaient été placées dans un coffre-fort, à l'exclusion de toutes autres. Il semble bien que l'agent comptable ait ainsi voulu éviter que des rapprochements extrêmement gênants puissent être entrepris.

Ainsi, le 6 juillet 1981, l'agent comptable écrivait au Directeur Général :

ci-joint la facturation mensuelle pour les attachés de direction (les chauffeurs).

Il faut souligner que nous leur avons déjà réglé,
a) les tickets restaurant,
b) des frais de repas 661.

Chaque mois nous devons refaire tous les calculs : « *Il faut être attentif aux regroupements qui pourraient être faits.* »

Signé CRESPIN

Il convient de remarquer que l'agent comptable sait qu'il s'agit en l'occurrence d'irrégularités puisqu'il attire l'attention du Directeur sur la possibilité gênante qui pourrait exister que quelqu'un établisse des *regroupements* (ou recoupements).

A cette note pourtant bien claire, il n'existe pas de réponse écrite du Directeur, mais une annotation de l'agent comptable qui indique :

ne pas régler,
récupérer ce qui a été payé depuis le 1-1-81.

Signé CRESPIN

On constate que le contrôle et la récupération envisagés ne portent que sur les repas du soir. Ceci est notoirement insuffisant puisque l'on note par exemple trois repas payés à *un même chauffeur* le *même jour*. De même, l'ensemble des fraudes dont le mécanisme est démontré plus haut figure dans les pièces que détient le comptable. De plus, rien n'est entrepris pour rechercher si les mêmes faits existent en 1980 et en 1979.

Dans ces conditions, la responsabilité de l'agent comptable peut être mise en cause. Il connaissait la nature des fraudes ; il n'a rien fait pour en poursuivre la recherche systématique et exhaustive.

On peut se poser la question de savoir pourquoi l'agent comptable a endossé une telle responsabilité.

Or, interrogé le 26 octobre 1981 à 17 h 20 par MM. SERNICLAY et SANTUCCI, sur sa responsabilité dans les actes frauduleux des chauffeurs, lorsqu'il signait des ordonnancements irréguliers, le sous-directeur, chargé du personnel, M. MIRALLES, devant les membres de la mission d'inspection générale, déclare qu'il a signé les états de remboursements « les yeux fermés » et que lorsqu'il s'est ouvert au Directeur Général des anomalies que contenaient les états, celui-ci lui aurait répondu « ne t'en occupe pas, ce ne sont pas tes oignons ».

Ainsi, il apparaît très clairement que *M. Lucet était au courant des faits frauduleux et qu'il les a couverts.*

Même si les sommes en cause ne sont pas considérables, il est inadmissible qu'un Directeur d'organisme social, après s'être livré à des abus lui-même, accepte aussi que non seulement d'autres s'y livrent mais encore qu'ils profitent de ce qu'ils sont « couverts » par le

Directeur pour pratiquer l'escroquerie au détriment des deniers de la Sécurité Sociale.

153.2 — *La carence du conseil d'administration.*

Par lettre du 13 février 1981 adressée au Président du conseil d'administration de la Caisse, le Directeur Régional des Affaires Sanitaires et Sociales relevait, à propos des comptes de l'exercice 1979, exercice au cours duquel M. LUCET a pris ses fonctions de Directeur Général :

II — *Imputation des frais de déplacements ou de séjour du personnel au compte concerné (compte 641 ou 661) en fonction de l'objet du déplacement.*

Le plan comptable précise que sont imputables :
— *au compte 661 :* les frais occasionnés par les réceptions organisées par l'organisme dans le cadre de sa mission ou à l'occasion d'un événement en relation avec la vie de l'organisme,
— *au compte 641 :* les remboursements de frais de transport et de séjour réglés sur état au personnel ainsi que les frais forfaitaires de déplacement à l'intérieur d'une ville.

C'est donc à tort que les frais engagés par les agents de la Caisse dans le cadre de leur mission habituelle ont été enregistrés au compte 661, au lieu du compte 641. « Il conviendra de veiller, à l'avenir, à imputer strictement ces frais au compte concerné ». (Extrait de la lettre.)

Il faut noter que ces remarques concernaient des frais engagés au cours des deux derniers mois de 1979, c'est-à-dire les deux premiers mois où M. LUCET et ses quatre chauffeurs étaient en fonction à la Caisse.

Le Conseil d'Administration était donc dès cette date dûment averti des risques que comportait l'utilisation irrégulière de ces deux comptes.

De plus, un *administrateur a refusé de signer le procès-verbal* de la commission de contrôle du 16 mars 1981, relatif à l'exercice 1980, en raison de la persistance des mêmes irrégularités comptables qui étaient susceptibles de couvrir des anomalies plus graves.

Malgré ces deux mises en garde, le Conseil d'Administration a néanmoins pris la décision d'approuver les comptes 1980. Il engageait donc ainsi sa responsabilité pleine et entière ; une attitude de rigueur de sa part aurait eu pour effet de mettre en évidence les abus et les fraudes commis, et de les stopper.

L'attitude adoptée par le Conseil a au contraire permis la poursuite de ces abus et de ces fraudes jusqu'à l'intervention de l'Inspection Générale.

2° *Les autres constatations.*

21 — *Les relations privilégiées entre la S.M.B.D.R. et la C.P.C.A.M.*

L'Inspection Générale a constaté l'existence de relations privilégiées entre la Caisse Primaire et la Mutuelle des Bouches-du-Rhône, dans le domaine des locaux et fournitures, du personnel, ainsi qu'au plan financier.

21.1 — *Locaux, matériel et fournitures.*

En application d'une convention conclue le 5 août 1981 avec la S.M.B.D.R. la Caisse Primaire a mis gratuitement à la disposition de celle-ci, dans divers centres de paiement (5 à Marseille, 7 dans le département), un local de bureau dont la surface utile est, selon la convention, de 20 m^2 sauf pour le local d'Aix Mansard où elle est « de 60 m^2 environ ». En réalité, les locaux dont dispose la S.M.B.D.R. au centre d'Aix Mansard sont d'environ 120 m^2.

En outre, des locaux de l'ordre de 80 m^2 ont été mis à la disposition de la S.M.B.D.R., en dehors de cette convention, au centre de la Canebière, à la place du centre de Formation, depuis le 5 mai 1981. Aux dires du chef de cette section S.M.B.D.R., cette mise à disposition est temporaire pendant la durée des travaux dans les locaux propres à la S.M.B.D.R., avenue Gambetta.

Du matériel entièrement amorti a été mis à la disposition de la S.M.B.D.R. par la Caisse Primaire. En outre, à la Canebière, du matériel a été livré au Centre de Formation dans les semaines qui ont précédé sa fermeture ; il est en fait utilisé par la S.M.B.D.R.

Il en est de même des imprimés et fournitures de bureau. Le service ainsi rendu doit faire en principe l'objet d'une facturation selon les formes d'une lettre adressée à la S.M.B.D.R. le 8 avril 1981. Toutefois l'enquête a relevé que les éléments nécessaires à cette facturation n'étaient pas recensés de manière exhaustive par les services généraux de la Caisse. Ceux-ci n'ont en effet plus trace de certaines livraisons de fournitures à la S.M.B.D.R., les bordereaux de commande correspondants lui ayant été retournés. Par ailleurs les fournitures ont été livrées au centre de formation de la Canebière après le 6 avril 1981, date à laquelle ce centre a été fermé et il est permis de penser que ces fournitures n'auraient pas été facturées à la S.M.B.D.R. dont on a indiqué ci-dessus qu'elle occupait les locaux du centre de formation depuis le 5 mai 1981.

21.2 — *Le personnel.*

Par ailleurs l'examen par la mission des notes adressées au Directeur de la Caisse par l'agent comptable devait faire apparaître que des liquidateurs et des contrôleurs de décomptes avaient été mis à la disposition de la S.M.B.D.R., ce que devait confirmer une visite au centre de paiement d'Aix Mansard le 29 octobre 1981.

Dans les locaux mis à la disposition de la S.M.B.D.R. dans ce centre de paiement, un employé de la Caisse primaire assurait depuis le 1er octobre 1981 des fonctions d'assistance assez proches de l'encadrement. Le suivi des statistiques journalières que tenait cet agent a permis de dénombrer 13 agents ayant effectué au total 41 journées de travail du 1er au 28 octobre 1981, pour le compte de la S.M.B.D.R. Le chef du centre de paiement d'Aix Mansard a en outre indiqué qu'il avait mis une de ses employées à la disposition de la S.M.B.D.R. pendant 4 jours au mois d'août 1981.

Il est permis de se demander le but poursuivi par la direction de la Caisse en mettant ainsi du personnel à disposition, gratuitement, à la S.M.B.D.R., de même, la formation d'agents de la S.M.B.D.R., assurée soit par la venue d'agents de la Caisse, soit par la participation à des stages organisés par la Caisse ne fait également l'objet d'aucune procédure de remboursement.

21.3 — *Les relations financières.*

1) L'avance permanente.

Actuellement, les avances de fonds mises à la disposition des sections locales ne doivent pas être supérieures à deux jours de dépenses.

Or l'avance, dont disposait la S.M.B.D.R. au 30 novembre 1981 (2 400 000 F) correspondait à plus de 8 jours de dépenses, le montant de cette avance n'ayant pas été reconsidéré pour tenir compte des transferts de dossiers intervenus depuis mars 1981.

A la suite d'une remarque faite à ce sujet au moment de l'enquête le montant de l'avance a été ramené à 840 000 F soit 3 jours de dépenses.

2) Le problème des indus.

Les prestations payées indûment par les sociétés mutualistes restent à la charge de celles-ci à qui il appartient de les récupérer sur les assurés qui en ont bénéficié.

Or la S.M.B.D.R. ne remboursant la Caisse primaire que lorsque l'assuré a lui-même remboursé, la Caisse a lors d'un contrôle de la section mutualiste, évalué le préjudice subi (indus à recouvrer que la S.M.B.D.R. ne lui a pas remboursés) à environ 1 000 000 F pour les années 1975 à 1979 inclus.

Dans une lettre commune du 10 décembre 1980 le Directeur et

l'agent comptable de la Caisse Primaire ont demandé au Directeur de la S.M.B.D.R. les dispositions comptables mises en place pour la comptabilisation des indus et les régularisations qu'il envisageait de faire.

Après une visite à la S.M.B.D.R. le 19 décembre 1980, au cours de laquelle il avait constaté la mise en place depuis mars 1980 d'une comptabilisation des indus conforme, pour l'essentiel, à la réglementation, l'agent comptable de la Caisse Primaire demandait à la S.M.B.D.R. de prendre toutes dispositions pour comparer les évaluations de l'arriéré faites par les deux parties (lettre du 22 décembre 1980).

Dans une note du 22 décembre 1980 au Directeur, l'agent comptable rendait compte de la situation et indiquait que pour l'arriéré la S.M.B.D.R. pourrait difficilement contester l'évaluation du préjudice de 1 000 000 F. Le 29 avril 1981, le Directeur précisait à l'agent comptable que la S.M.B.D.R. devait fournir par écrit une réponse à ces observations.

L'agent comptable ayant, en mai 1981, reparlé de cette affaire au Directeur celui-ci lui aurait indiqué de laisser les choses en l'état.

Cette attitude diffère de celle suivie, dans le même domaine, avec le Grand Conseil de la Mutualité (U.D.M.T.). Le système d'enregistrement des indus par cette section mutualiste paraissant peu fiable, la Caisse Primaire avait été conduite à évaluer à 548 000 F, le préjudice subi pour les années de 1975 à 1979 inclus et à 200 000 F pour les 10 premiers mois de 1980.

Une note du Directeur à l'agent comptable ayant indiqué « cette section locale est celle qui nous pose problème. En conséquence, il convient de recouvrer le montant des indus non récupérés sur les factures remboursements ». Des lettres très fermes furent adressées au Grand Conseil de la Mutualité et la somme de 748 000 F récupérée le 7 novembre 1980. Le 9 décembre 1980, 200 000 F devaient être restitués au Grand Conseil, le vérificateur ayant relevé que les sommes afférentes à l'année 1980 avaient déjà été reversées à la Caisse Primaire.

On peut dès lors s'inquiéter des motifs qui ont conduit la Direction à montrer l'autre attitude à l'égard de la S.M.B.D.R. en différant la répétition des indus évalués à 1 million de francs.

2.2 — *Des imputations abusives au compte « Session de formation ».*

L'examen, par la mission d'inspection générale du compte G A 63.209 a montré que sur ce compte ont été imputées les dépenses suivantes, au titre de l'exercice 1980 :

Ordre de paiement	Réunion de travail	
n° 2	du 23.1	25 772,00 F
n° 3	du 20.2	18 792,60 F
n° 4	du 23.7	20 405,00 F
n° 6	du 2.10	15 136,00 F
n° 7	du 9.10	12 150,00 F
n° 9	du 5.11	13 241,00 F
n° 10	du 13.11	4 642,00 F
	TOTAL	110 128,60 F

Même si l'on admet comme circonstance éventuellement atténuante le fait que ces repas étaient offerts à du personnel cadres et agents de maîtrise de la Caisse, il convient de se demander si ces manifestations étaient bien nécessaires à la bonne marche de l'organisme.

En tout état de cause il faut noter que le libellé exact du compte est :

« session de formation » (loi du 16.7.71)

« — s'y imputent les dépenses afférentes aux sessions de *formation du personnel* réglées à des *sociétés privées* dans le cadre de la loi du 16 juillet 1971 sur la formation professionnelle continue ».

Il était donc impossible d'imputer sur ce compte des repas servis au personnel.

Il y a là une faute de gestion du Directeur Général en sa qualité d'ordonnateur. De même, la responsabilité de l'agent comptable qui aurait dû refuser le règlement de ces factures doit-elle être mise en cause, d'autant qu'aucune liste de participants à ces repas ne figure à l'appui des factures et que l'ordre de paiement n° 7 ne comporte même pas de facture.

2.3 — *De graves irrégularités en matière d'indemnités pour congés payés non pris.*

Le plan comptable des organismes de Sécurité sociale prévoit l'ouverture d'un compte (n° 61 601) pour la comptabilisation des indemnités correspondant à des congés payés dus mais qui n'ont pu être pris en raison de la cessation de fonctions des agents concernés.

Jusqu'en 1980, la Caisse Primaire Centrale d'Assurance Maladie des Bouches-du-Rhône a comptabilisé ces indemnités au compte « Salaires » (n° 6110).

Le compte 61 601 « Indemnités pour congés non pris » n'a été ouvert qu'à la suite d'une intervention de l'agent comptable consécutive au contrôle à postériori de la paye.

Dans les premières notes échangées à ce sujet entre l'agent

comptable et le Directeur (16-19 juin 1980) était non seulement posé le problème de l'imputation comptable et de la disponibilité des crédits budgétaires, mais aussi celui de la régularité de certains versements. L'agent comptable se proposait en effet de récupérer des sommes versées à tort, mais le Directeur avait repoussé cette éventualité en justifiant les mesures prises par ses soins, par *leur caractère exceptionnel et par l'intérêt du service.*

Après que la Direction Régionale des Affaires Sanitaires et Sociales eut approuvé l'inscription des crédits nécessaires au compte 61 601, mais en observant que l'indemnité de congé non pris ne serait accordée qu'aux agents titulaires quittant l'organisme (lettre du 10 octobre 1980) l'agent comptable intervient de nouveau pour signaler au Directeur l'illégalité du versement de certaines des indemnités en cause, celles-ci ayant été versées à des agents toujours en fonction dans l'organisme (notes des 3 décembre 1980 et 8 septembre 1981). Cependant faute pour lui d'avoir eu recours, préalablement au paiement desdites indemnités, à la procédure de réquisition prévue par le décret, du 30 juin 1959, il est douteux que l'agent comptable ait dégagé toute sa responsabilité à cet égard.

Dans une note récente du 15 septembre 1981, le Directeur de la Caisse qui considère que la loi est respectée indique cependant qu'il fait procéder à une étude cas par cas et qu'il procédera, s'il y a lieu, aux régularisations nécessaires.

Les indemnités litigieuses versées à des agents qui n'ont pas pris leurs congés annuels et qui les ont cumulées avec leur salaire ont été versées à compter du mois de mai 1980.

La mission avait constaté que les « 4 chauffeurs » en avaient bénéficié et les recherches effectuées à partir de cette constatation, qui ont porté sur les bordereaux de saisie des éléments de la paye (année 1981) et les documents fournis par le service du personnel à l'agence comptable permettent de chiffrer les indemnités illégalement versées à

241 096,77 F pour 41 agents en 1981
128 302,92 F pour 27 agents en 1980

Ont notamment bénéficié de ces indemnités de congés non pris :

— Le Directeur Général (9 148,61 F en 1981),

— Le chef de service des relations humaines (6 547,75 F en 1980 et 10 067,25 F en 1981),

— Les quatre « chauffeurs » (1 763,58 F en 1980 et 4 026 F en 1981) [1].

Il y a d'ailleurs lieu d'observer que pour ces derniers, les indemnités ont été versées en mai 1980 et mai 1981, soit immédiatement après le début de la période normale des congés qui, selon la convention

1. Le montant de 1763,58 F était le maximum possible du fait de leur arrivée à CPCAM en novembre 1979.

collective est fixée du 1er mai au 30 septembre. Il en a été de même pour l'indemnité versée en mai 1980 au chef du service des relations humaines qui en 1981 a perçu son indemnité avant même la période normale des congés (indemnité versée en avril 1981). Il n'était donc pas possible de savoir à cette date que les intéressés ne prendraient pas leurs congés.

On peut également s'interroger sur la justification tirée de « l'intérêt du service » donnée au versement de certaines indemnités, s'agissant en particulier de celles versées à *4 permanents syndicaux.*

Ajoutons en outre qu'un rapprochement de la liste des bénéficiaires de celles des délégués du personnel ou syndicaux semble indiquer une « préférence partisane » puisque plusieurs représentants F.O. en font partie (dont 3 permanents), un C.F.D.T. et aucun C.G.T.

Ces divers éléments, notamment la date de versement et le versement des indemnités de congés payés non pris à des permanents syndicaux font peser sur cette pratique *une forte présomption de fraude.* Des investigations plus approfondies permettraient d'en établir vraisemblablement la réalité et d'en cerner l'ampleur. Indépendamment de l'éventuel aspect frauduleux, ces versements n'en constituent pas moins une violation de la loi. C'est pourquoi ils ont été signalés au Directeur Départemental du Travail et de la Main-d'Œuvre et ont donné lieu à un *procès verbal d'infractions* dressé par un inspecteur du travail le 29 octobre 1981.

CONCLUSION

Compte tenu de l'ensemble des faits relevés dans la gestion administrative de la Caisse Primaire Centrale des Bouches-du-Rhône la mission d'inspection générale estime opportun de mettre en cause les responsabilités suivantes :

1) celle de l'agent comptable qui n'a pas utilisé, comme la loi lui en fait obligation, les moyens d'opposition qu'elle lui offrait,

2) celle du Directeur Général, ordonnateur des dépenses, qui non seulement est responsable directement d'abus manifestes, mais encore a couvert de son autorité les fraudes commises par des agents de la caisse,

3) celle du conseil d'administration, qui n'a pas exercé les pouvoirs de contrôle qui lui sont dévolus par la loi.

M. Raymond, F. Santucci, P. Serniclay,

Membres de l'Inspection Générale
des Affaires Sociales.

2. LA REPONSE DE RENE LUCET, DIRECTEUR GENERAL DE LA C.P.C.A.M., AU RAPPORT DE L'I.G.A.S 14 DECEMBRE 1981.

REPONSE

au RAPPORT sur

certains faits graves relevés dans la gestion administrative
de LA CAISSE PRIMAIRE CENTRALE d'ASSURANCE MALADIE des BOUCHES-du-RHONE

Présentée par :

René LUCET
Directeur Général

au

CONSEIL D'ADMINISTRATION

en date du 16.12.81

PREAMBULE

Je tiens à préciser que le document considéré a été rédigé par mes soins à partir des éléments de réponse fournis par mes collaborateurs.

Je revendique l'entière responsabilité des ordres et instructions qui ont pu être donnés par moi-même ou mes délégataires, la gestion de l'Organisme relevant de ma compétence pleine et entière, conformément aux dispositions de l'article 14 du décret du 12 mai 1960.

MARSEILLE, le 14 décembre 1981

Si ce n'est pas aujourd'hui je suis sûr que demain il me sera rendu justice du travail accompli.

Les responsables de l'actuelle machination entreprise à mon encontre peuvent compter sur ma détermination pour y parvenir.

LE DIRECTEUR GENERAL,

R. LUCET

REPONSE AU RAPPORT SUR

certains faits graves relevés dans la gestion administration de la Caisse Primaire Centrale d'Assurance Maladie des Bouches-du-Rhône

Présentée par René Lucet, Directeur Général
au
Conseil d'Administration
en date du 16.12.81

PRÉAMBULE

Je tiens à préciser que le document considéré a été rédigé par mes soins à partir des éléments de réponse fournis par mes collaborateurs.

Je revendique l'entière responsabilité des ordres et instructions qui ont pu être donnés par moi-même ou mes délégataires, la gestion de l'Organisme relevant de ma compétence pleine et entière, conformément aux dispositions de l'article 14 du décret du 12 mai 1960.

Marseille, le 14 décembre 1981.

INTRODUCTION

Il est indiqué que l'attention de l'Inspection Générale des Affaires Sociales (I.G.A.S.) a été attirée sur des anomalies constatées dans *certains* comptes de la gestion administrative de la C.P.C.A.M. des B.-du-R., tant par l'Autorité Régionale de Tutelle que par un Administrateur, membre de la Commission de Contrôle émanant du Conseil d'Administration.

En effet, à l'occasion du Conseil d'Administration du 26 mars 1981, M. Caciotti, Administrateur, chef de file du Groupe C.G.T. ; membre de la Commission de Contrôle, a fait état de faits qu'il considérait comme irréguliers (annexe n° 1).

Le compte rendu dudit Conseil reprend donc les différents points qu'il a abordés alors :

1) Paiement irrégulier d'un Directeur Adjoint,

2) Refus de ratifier certains postes du Budget de Gestion Administrative,

3) Imputation inexacte de certaines dépenses,

4) Problème au niveau des locations et de la formule des marchés de gré à gré,

5) Dépenses engagées et jugées inutiles,

6) Abus de pouvoir du Directeur.

Il convient de souligner que c'est en partant de ces considérations particulières s'inscrivant dans tout un contexte de lutte d'influence, plus que jamais actuel, que les Membres de l'I.G.A.S. sont venus examiner *certains* comptes de la gestion administrative de la C.P.C.A.M. des B.-du-R.

Pour ce qui concerne l'intervention de l'Autorité Régionale de Tutelle, nous verrons les remarques qui ont été faites alors, (...)

Avant d'examiner point par point le document considéré en suivant le schéma de l'I.G.A.S., pour faciliter la compréhension, il faut noter que le rapport en cause utilise plus d'une *douzaine de fois* les termes de « fraudes, manœuvres frauduleuses » et même celui « d'escroquerie ». Ainsi, rien que sur le plan de la forme, la volonté de nuire est tellement évidente, compte tenu de l'insignifiance des éléments retenus, qu'il est clair que l'enquête faite relève essentiellement d'un règlement de comptes téléguidé à partir *d'idées préconçues, parisiennes et partisanes.* C'est ce que nous allons démontrer tout au long de notre réponse, car tout ce qui est consigné dans ce rapport qui se voudrait explosif s'explique. *Aucune fraude ou intention de fraude n'est à retenir.*

1. Les constatations sur l'utilisation des comptes 641 et 661

Avant d'aborder le fond du sujet, il est indispensable de rétablir les définitions exactes de chacun de ces comptes.

— *Compte 661 :* Missions et réceptions.

Le plan comptable annoté précise :

« Sont imputés à ce compte, les frais occasionnés par les réceptions organisées par l'Organisme dans le cadre de sa mission et à l'occasion d'un événement en relation avec la vie de l'Organisme. »

Ainsi, cette définition est très large. Elle ne comporte pas de restriction dans la mesure où les dépenses ainsi engagées et imputées sont en relation avec la vie de l'Organisme.

Aucune précision n'est donc donnée quant à la forme que doivent revêtir les pièces de dépenses relatives à ce compte.

— *Compte 641 :* Frais de voyages et de déplacements du personnel.

Le premier alinéa de la définition de ce compte est le suivant :

« Sont imputés à ce compte les remboursements de frais de transport et de séjour réglés sur état au personnel ainsi que les frais forfaitaires de déplacement à l'intérieur d'une ville. »

Notre Convention Collective détermine très exactement les conditions dans lesquelles ces frais peuvent être remboursés. Ils tiennent compte à la fois des horaires pendant lesquels les agents se trouvent en déplacement et d'un montant forfaitaire pour chacune des vacations ; une vacation par repas, deux vacations pour un découcher.

Le barème varie selon qu'il s'agit d'un déplacement pour des agents d'exécution, des agents d'encadrement ou des agents de direction.

11. Le rapport fait état de prévisions de dépenses au compte 661 qui se monteraient à environ 880 000 F, soit un quadruplement de la dotation initiale.

Cette estimation est fausse.

Le montant de la dépense du compte 661 s'élève au 10.12.81 à 530 744,73 F.

Le crédit global du compte à ce jour est de 537 000 F.

12. Compte tenu du montant de la dépense ainsi indiquée ci-dessus, l'augmentation pour 1981 par rapport à 1980 est de 26 % et non de 109 %.

L'évolution du compte considéré s'explique, pour ce qui concerne le fond, par la nécessaire remise en ordre effectuée à la C.P.C.A.M. des B.-du-R. à propos de laquelle il était indispensable d'intervenir auprès de nombreux tiers ou organisations dont l'action avait une influence directe sur la bonne marche de notre Organisme (Autorités Politiques, Publiques, Syndicats Professionnels de tous ordres, Etablissements Sanitaires et Sociaux, Sociétés de Gestion diverses, Mutuelles, etc.).

13-14. Vous trouverez en annexe les listes de bénéficiaires des comptes 641 et 661 au 30.6.81 (annexes n° 2 et 3) telles qu'elles ont été remises aux Membres de l'I.G.A.S. qui n'en ont pas tenu compte, préférant isoler *certains noms pour mieux forcer la démonstration.*

Vous y constaterez que les dépenses inscrites à ces comptes concernent bien évidemment des dépenses engagées à l'occasion de missions, réceptions, ou déplacements d'Agents de Direction, mais vous noterez également le montant des dépenses occasionnées pour des motifs autres, dont l'importance est loin d'être négligeable :

Compte 661 : *(fournitures pour réception d'ordre général, paiement du restaurant d'entreprise, réunion de travail des cadres, visites des Centres de Marseille et du Département.)*

Compte 641 : *déplacements pour diverses catégories d'agents pour : la formation professionnelle, les enquêtes, le contentieux, le bureau d'études et d'organisation, le service des opérations immobilières, etc.*

A ce sujet, d'ailleurs, il faut rappeler que les Membres de l'I.G.A.S. ont, une fois de plus, oublié de noter l'information qui leur a été communiquée, relative à l'important effort qui a été entrepris depuis mon arrivée, afin de freiner l'évolution des dépenses.

Pour les seuls frais de déplacement sur la base de l'indice 100 en 1978 on constate l'évolution suivante en francs constants

114,11 pour 1979, 112,23 pour 1980, 71,74 pour 1981

Vous trouverez ainsi un état d'évaluation en diminution des dépenses de frais de déplacement depuis 1978 (annexe n° 4), qui *contrebalance largement l'augmentation du compte « missions et réceptions »*, même avec l'embauche de « l'équipe Lucet » telle que s'emploie à la définir si bien l'I.G.A.S. en faisant une sélection orientée parmi les noms de mes collaborateurs.

Prenons un exemple : j'ai déjeuné à plusieurs reprises avec de nombreux représentants des banques marseillaises et régionales ainsi que de l'Administration des P.T.T. pour promouvoir une politique de virements. En la matière, les économies réalisées sont depuis mon arrivée largement supérieures à *10 millions de francs*.

Il est vraisemblable que les coûts des repas offerts par mes soins doivent s'élever pour ce seul secteur d'activité à 5 000 F.

De même pourquoi avoir négligé après l'avoir réclamé, l'état de mes frais de mission extérieurs au département ? Peut-être, parce que l'on a constaté que, bénéficiant d'un abonnement à Air Inter et d'une voiture de fonction, je n'ai jamais demandé de remboursement au titre du compte 641.

Ainsi, vous pouvez déterminer que si, à l'occasion de mes déplacements, j'engage des dépenses pour des frais de repas imputées au compte 661, je n'ai jamais sollicité de remboursements au titre du compte 641 qui viendraient tout naturellement en déduction du premier compte indiqué.

Le tableau joint, tel qu'il a été établi, montre que l'on pourrait faire sur ces déplacements une diminution d'un montant de 5 233,25 F sur le compte 661 (annexe n° 5).

151 — *Des abus du Directeur Général et de son équipe.*

Il est fait état dans ce chapitre « d'abus » qui seraient dus au fait que je n'indique pas avec précision les noms des personnes avec lesquelles je prends des repas.

Ainsi que je l'ai indiqué dans la définition du compte 661, il n'y a aucune obligation de donner d'autres mentions que celles se rapportant à une relation avec l'activité de la Caisse.

A aucun moment de ma carrière professionnelle d'Agent de Direction qui s'étale maintenant sur 10 ans, l'Agent Comptable de l'Organisme ou les Autorités de Tutelle ne m'ont demandé d'indiquer les noms des personnes avec qui je déjeune ou je dîne, car *cela est contraire aux textes et à une certaine réserve* nécessaire dans le cadre de ma mission générale de représentation de la Caisse.

Ainsi, pour reprendre l'exemple cité par l'I.G.A.S. j'ai effectivement accompagné un Administrateur de la C.N.A.M.T.S. qui assistait comme moi à un congrès informatique à Monte Carlo et je l'ai traité au restaurant pour lui expliquer la nécessité de changer notre Ordinateur Central puisqu'il avait des responsabilités importantes en la matière.

Quant au montant des dépenses engagées à ce titre par mes soins, soit environ 80 000 F pour l'année 1981, j'estime que, d'une part, cette somme est faible pour les frais généraux d'un dirigeant d'une entreprise de 3 500 salariés et que, d'autre part, j'ai dû me faire accompagner souvent par certains collaborateurs ou inviter plusieurs représentants d'une même organisation professionnelle.

En clair, je ne me suis pas nourri abusivement, dans un souci d'économies personnelles sur le compte de la Caisse; quant au champagne et cigarettes, la mesquinerie est toujours présente ! Heureusement que j'ai pris en charge à Monte Carlo les danseuses sur mes deniers personnels (impensable mais parfois l'ironie est la meilleure forme du mépris).

A propos de toutes ces dépenses, les pièces justificatives que vous pouvez consulter portent toutes des mentions qui permettent à l'Agent Comptable de vérifier que lesdits frais engagés sont bien imputables au compte en cause.

Les membres de l'I.G.A.S. précisent *quand même* que les sommes considérées ainsi dépensées sont *extrêmement faibles* au regard du Budget de la Caisse (plus de 450 millions).

L'annexe (n° 6) vous indique que les frais en cause représentent pour 1980 : 0,09 % du total des dépenses de la gestion administrative et 0,005 ‰ par comparaison sur le total des dépenses de la C.P.C.A.M.

Il en est de même pour 1981, ces dépenses arrêtées au 30.9.81 sont respectivement de 0,12 % et de 0,007 ‰.

Pour les autres digressions du même type, il peut en être fait litière :

a) j'ai fait installer un système de sécurité pour éviter les manifestations empêchant les instances de Conseil et de Décision de travailler dans le calme, loin des pressions de la foule. A l'usage, il s'est avéré que ce système a été utile à plusieurs reprises,

b) j'ai acheté en 1981, une voiture Turbo 604 Diesel (*encore un mot essentiel oublié*) dont la puissance fiscale est de 7 CV (autorisée par les circulaires ministérielles) qui permet d'allier standing, confort et économie d'énergie pour quelqu'un qui fait plus de 50 000 km par an,

c) j'ai engagé 4 chauffeurs qui ont été promus attachés de secrétariat dans les conditions prévues par le décret du 12 mai 1960 et dans le cadre de l'organigramme accepté par les Autorités de Tutelle et je ne vois pas, en l'occurrence, ce qu'il y a de discutable,

d) j'ai fait rembourser ce qui *ne* peut être considéré comme abusif des frais de taxi à des chauffeurs. En fait, cela s'est produit *8 fois en une année* dans les conditions suivantes : j'ai vraisemblablement conservé le véhicule de fonction et renvoyé le chauffeur chez lui à une heure où les bus et autres moyens de transport en commun ne fonctionnaient plus,

e) j'ai assurément envoyé à Melun et à Paris pour transporter ou rapporter du matériel et des imprimés, 2 chauffeurs de poids lourds ou de camionnettes (dont un agent de maîtrise) pour les besoins de la Caisse. De là, à leur payer un hôtel « luxe » pour coucher, il y a effectivement un rectificatif à opérer sur la base de l'indemnité de découcher qui devait leur être allouée :

2 nuits à 185 F	370,00 F
1 nuit à 300 F	300,00 F
indemnités compensatrices effectivement dues	— 256,50 F
soit	413,50 F (à récupérer)

f) j'ai effectivement fait réparer en Suisse — parce que c'est dans ce pays que la panne est arrivée — ma voiture de fonction de l'époque. Si ma mémoire est bonne, en décembre 1980, je m'y trouvais en congé avec ma femme et mes enfants (et non pour y cacher des capitaux, car ce n'était pas encore d'actualité). Un chauffeur est venu me chercher car je voulais rentrer d'urgence pour le démarrage, à compter du 2 janvier 1981, d'un certain nouveau système de liquidation des prestations. En effet, certains agents renâclaient pour commencer l'opération et il était nécessaire d'intervenir au plus haut niveau, pour une mise en place sans agitation interne,

L'Agent Comptable a procédé au remboursement de cette réparation car il a considéré, à juste titre, qu'il s'agissait là d'un événement portant sur un véhicule de la Caisse,

g) Enfin, les chauffeurs utilisent leur véhicule personnel lorsqu'il n'y a aucun véhicule de service disponible et notamment pour les longs déplacements extérieurs, sur mes instructions, dans l'intérêt de l'Institution de la Sécurité Sociale en général, ou de la Caisse en particulier. En l'occurrence, il s'agit, dans la majeure partie des cas, du transport de personnalités ayant un rapport direct avec notre activité.

152 — *Des fraudes de la part de quelques membres du personnel.*

152.1 — *Des chevauchements relevés par l'Agent Comptable.*

Une partie importante de ce rapport fait état de soi-disant abus ou d'actes frauduleux qui auraient été exercés par les 4 personnes que j'ai engagées comme chauffeurs.

Ceux-ci sont en fait des attachés de secrétariat et, à ce titre, sont chargés d'un certain nombre de missions dont l'opportunité m'appartient.

Il convient donc de considérer que c'est tout à fait normalement que ces remboursements tant au niveau du compte 661, que celui du compte 641, ont pu être effectués.

Les Membres de l'I.G.A.S. font état de chevauchements de remboursement, de frais de repas injustifiables ainsi que de fraudes caractérisées sur les indemnités kilométriques.

Il convient d'examiner les différents aspects de ce problème point par point.

Les 4 attachés de secrétariat reçoivent donc des missions constantes de ma part et pas seulement dans le cadre de l'horaire de travail habituel.

Le domaine de leur activité est très étendu et leur horaire de travail est pratiquement comparable à celui du Directeur Général, c'est-à-dire pas de 8 h à 12 h et de 14 h à 17 h.

Afin de ne pas défavoriser pécuniairement ces agents, il avait été décidé de leur accorder, dans le cadre de la Convention Collective, une indemnité forfaitaire pour les repas du soir. Or, simultanément, une évolution s'est produite dans les demandes de frais de repas au titre du compte 661.

Par ailleurs, de même que pour l'ensemble des agents de la Caisse, les intéressés recevaient des tickets restaurant.

Afin de bien situer cette affaire, il convient d'indiquer que, sur le plan pratique, les demandes de remboursement ainsi établies suivent des canaux différents.

C'est la raison pour laquelle la situation s'est déroulée progressivement et que l'Agent Comptable s'est aperçu, *à l'occasion des contrôles qu'il effectue régulièrement,* qu'à certains moments, les attachés de secrétariat avaient perçu à tort des indemnités de repas (annexes 7 et 8).

Aussi, l'Agent Comptable me décrivait le 6-7-81 cette situation et je lui ai aussitôt demandé de supprimer le remboursement des frais forfaitaires de repas du soir et de récupérer ce qui avait été perçu depuis le début de l'année.

Vous trouverez joint l'état des frais ainsi récupérés sans avoir eu besoin pour ce faire du contrôle de l'I.G.A.S., les dates en font foi (annexes n°s 9 et 10).

Donc contrairement à ce qui est indiqué sur le rapport, l'Agent Comptable a exercé dans les meilleures conditions le contrôle auquel il est astreint.

Pour les chevauchements, et sauf 6 cas particuliers qui ont échappé, il n'y a pas de situation anormale (annexe n° 11).

A ce sujet, il est important de savoir que les frères MURACCIOLI, MM. CUELLO et SCHEMBRI, forment une équipe de permanence, au service de la Direction avec une totale absence d'horaire fixe et que généralement, ils se déplacent par deux, ce qui peut motiver dans les demandes de remboursement de frais les quelques erreurs d'imputation au compte de l'un plutôt qu'au compte de l'autre. 6 doubles emplois ont été constatés sur 2 années si bien qu'il est impensable de conclure à une fraude généralisée (annexe 11 bis) à moins d'être animé de la volonté de nuire, jamais personne n'ayant prétendu, en outre, à la C.P.C.A.M. des Bouches-du-Rhône posséder le don d'ubiquité. Dommage ! Quant aux repas servis au-delà de deux convives sur le compte 661, les imputations au compte 641 ayant été récupérées, c'est à ma demande que parfois certains agents de la Caisse ont été traités par les intéressés.

Enfin, pour les voitures, il faut avoir à l'idée que le Directeur de la Caisse ne se contente pas de diriger de son bureau sis à Valmante ; il suffit de demander à tous les agents de tous les Centres et Services de la Caisse s'ils n'ont pas vu et rencontré sur leur lieu de travail le Directeur Général et ses collaborateurs à plusieurs reprises dans le cadre d'une année, de telle sorte que les kilomètres parcourus par l'ensemble de l'équipe de Direction doivent être largement supérieurs à 200 000.

Il est bien certain que dans ces conditions des erreurs de numéro de voitures ont pu se produire — 7 au total — ainsi que l'Agent

Comptable l'a fait ressortir lui-même dans ses contrôles, sans aide extérieure.

L'ensemble des constatations faites sur ce sujet est négligeable, si l'on se souvient des économies sensibles réalisées sur un plan global en matière de frais de déplacements et qu'en toute hypothèse elles ont donné lieu à récupération.

Donc, contrairement à ce qui est indiqué sur le rapport, l'Agent Comptable a exercé dans les meilleures conditions le contrôle auquel il est astreint.

Par contre, une confusion semble s'être créée dans l'esprit des Membres de l'I.G.A.S. en ce qui concerne la précaution prise par l'Agent Comptable afin que des pièces ne soient pas mises entre n'importe quelles mains.

Depuis mon arrivée, compte tenu que certains faits d'indiscrétion avaient été décelés, parmi le personnel, il a été décidé de classer séparément les pièces justificatives des dépenses imputées au compte 661.

Ainsi il faut bien comprendre que le premier paragraphe de la page 10 du rapport concerne un tri particulier opéré uniquement sur les pièces en cause et *non pas, comme il semble être dit, pour toutes les pièces de dépenses concernant les attachés de secrétariat.*

Contrairement à ce que disent les Membres de l'I.G.A.S., l'Agent Comptable a pris cette précaution pour des raisons évidentes de *discrétion* et non pas parce qu'il pourrait être gênant de faire des comparaisons. Ces comparaisons ont été faites par lui-même et m'ont été indiquées.

Il faut souligner qu'à l'occasion du contrôle du Bilan 1979, la Direction Régionale avait admis le principe d'un tel classement particulier *eu égard à la nature de ces dépenses.*

A aucun moment l'Agent Comptable n'a refusé de présenter ces pièces à l'occasion d'un contrôle tant de l'extérieur que de l'intérieur de l'Organisme.

C'est à tort que les Membres de l'I.G.A.S. remarquent que l'Agent Comptable « sait » qu'il s'agit en l'occurrence d'irrégularités puisqu'il attire l'attention du Directeur sur la possibilité gênante qui pourrait exister que quelqu'un établisse des *regroupements* (et non pour lui des « recoupements »).

Ces assertions sont inadmissibles pour un Agent Comptable dont le rôle principal est de contrôler toutes les dépenses qui sont effectuées par l'Organisme.

De plus, le Directeur a expressément dit en cas d'erreurs : *ne pas régler, récupérer ce qui a été payé.* Pour une fois le rapport de l'I.G.A.S. le mentionne page 10.

Le contrôle a donc été exercé. Les anomalies ont été constatées, la

Direction a pris conjointement les dispositions pour qu'elles cessent. *En clair, chacun a fait sérieusement son travail et des redressements ont été effectués.*

En tout état de cause, il ne peut s'agir en aucun cas de fraudes ou de malversations. Il y a eu là un débordement dont la nature n'a pu être déterminée qu'à l'occasion d'un contrôle que l'Agent Comptable effectue régulièrement 2 fois par an sur toutes les dépenses de frais de déplacement.

Mais ce genre d'affirmation calomnieuse n'est pas étonnante pour qui *a vu les méthodes employées par les Membres de l'I.G.A.S.* Ainsi, il est possible d'ajouter pour corroborer le tout que ceux-ci ont été volontairement déformés pour justifier l'accusation gratuite soulignée à la fin du paragraphe 153 concernant la complicité de fraude de M. LUCET.

4 rectifications sont à apporter :

• En premier lieu, M. MIRALLES n'a pas « déclaré », mais répondu à des questions.

• En second lieu, il n'a pas répondu qu'il signait les états de remboursement des chauffeurs « les yeux fermés », mais que ceux-ci, inclus dans la centaine d'ordres de paiement hebdomadaires soumis après vérification des services comptables à sa signature, n'avaient pas nécessité une attention particulière de sa part.

• Enfin, il ne s'est jamais « ouvert au Directeur Général » de prétendues « anomalies » puisqu'il n'a jamais été effleuré par cette possibilité, ce qui bien entendu ne peut amener la réponse attribuée au Directeur « ne t'en occupe pas ce ne sont pas tes oignons ».

• Par contre, à la question posée : n'avez-vous jamais contrôlé le bien-fondé de ces ordres de mission et n'avez-vous jamais attiré l'attention du Directeur à ce sujet ?

La réponse a bien été : NON. La vérification des missions accordées par mes Collègues de la Direction, et à fortiori par le Directeur Général, n'entre pas dans mes attributions et il ne me viendrait pas à l'esprit d'en effectuer un contrôle.

A l'évidence, le but des Membres de l'I.G.A.S. n'ayant pas été atteint, *les moyens utilisés relèvent purement et simplement du mensonge et le procédé employé est une tricherie.*

152.2 — La carence du Conseil d'Administration.

Pour ce point précis, il convient de rappeler chronologiquement les faits.

Par lettre en date du 12-2-81, M. le Directeur Régional faisait part de ses conclusions à la suite de l'examen du compte rendu financier

1979. En l'espèce, il convient de ne pas tronquer les missives selon un genre inhabituel dans notre Pays sauf aux périodes noires de notre Histoire.

Vous trouverez celles-ci en annexe (n° 13) ainsi que celles qui ont suivi.

Il convient de signaler que pour cette lettre reçue le 17-2-81, M. le Directeur Régional précise :

« *Ce contrôle m'a permis de constater des améliorations sensibles dans divers domaines.* En ce qui concerne la suite donnée aux recommandations retenues par le Comité Départemental d'examen des comptes, sur les comptes de l'exercice 78, je note :

1) *Une évolution favorable dans l'apurement des comptes.*

2) *De meilleurs résultats dans la liquidation des prestations.*

3) *Une plus grande maîtrise de l'absentéisme* du personnel *avec des taux* en diminution en maladie et A.T. et toutes *absences confondues.*

Toutefois, indépendamment des améliorations, plusieurs observations sont à formuler. »

Ainsi, dans sa lettre M. le Directeur Régional commence par féliciter la Direction des améliorations constatées dans la gestion. Suivent 3 remarques qui portent sur les points suivants :

1) *Non-respect des articles 49 et 52 du décret du 30-6-59.*

Il s'agit en l'espèce de l'affaire « Devilleneuve » qui a connu la suite que l'on sait (*problème réglé*).

2) *Imputation des frais de déplacements ou de séjour du personnel aux comptes concernés — Comptes 641 ou 661 en fonction de l'objet du déplacement.*

Le libellé de ce paragraphe, tel qu'il est reproduit dans l'annexe et dans le présent rapport, ne pouvait laisser indifférent l'Agent Comptable.

En effet, c'est une erreur de plume, puisque l'Agent Comptable *s'en est expliqué de vive voix avec M. l'Inspecteur Principal de la Direction Régionale,* il s'agit, en l'espèce, de 2 ou 3 mauvaises imputations et non pas, comme semble l'indiquer cette partie de lettre, une habitude de mauvaise imputation générale.

C'est la raison pour laquelle l'Agent Comptable dans une lettre du 19-2-81, avait répondu en ce sens (annexe n° 14).

3) *Utilisation de la procédure de cessions de crédits.*

Il s'agit là d'une mise au point tout à fait anodine.

Ainsi, contrairement à ce que laisserait penser la lecture du rapport de l'I.G.A.S. le bilan 1979 a été accepté dans les meilleures conditions (annexe n° 15).

Il convient à ce sujet de se référer à la lettre du 11-4-81 adressée par M. le Trésorier Payeur Général, Président du Comité Départemental d'examen des comptes des organismes sociaux et dans laquelle on peut lire notamment :

Sous l'impulsion d'une nouvelle équipe de Direction, la C.P.C.A.M. des Bouches-du-Rhône s'est engagée dès 1979 dans la voie d'une gestion plus dynamique qui s'est traduite notamment par :

- La mise en œuvre de structures mieux adaptées : c'est ainsi que les 3 Centres les plus importants de la Ville de Marseille ont été scindés en unités plus petites.

- La réorganisation des circuits financiers qui conduit à une limitation des paiements par caisse.

- La mise en place de techniques et méthodes nouvelles au niveau du traitement des prestations et des opérations comptables.

- La reprise en main du potentiel humain devant permettre désormais de définir les responsabilités et de réduire le taux d'absentéisme.

Le Conseil d'Administration a donc, avec raison, approuvé pleinement les orientations de la Direction Générale.

Tout porte à croire, et les résultats sont là, que cette amélioration ayant continué tout au cours de 1980 et de l'exercice 1981 la population du département des Bouches-du-Rhône est satisfaite du service rendu et jusqu'à maintenant les diverses Autorités de Tutelle avaient manifesté leur avis favorable à plusieurs reprises.

De même le rapport indique qu'un Administrateur (M. CACIOTTI) a refusé de signer le procès-verbal de la Commission de Contrôle du 16-3-81 relatif à l'exercice 80, en raison de la persistance des mêmes « irrégularités comptables » susceptibles de couvrir des anomalies plus graves.

Il convient de rétablir la réalité des faits.

A l'occasion de cette Commission de Contrôle, l'Agent Comptable, en accord avec le Président de ladite Commission, a rappelé quel était le rôle de la Commission.

Ainsi c'est au travers de cette commission que le Conseil d'Administration exerce son contrôle sur l'Agent Comptable.

Cette commission a la charge de vérifier *la comptabilité.* Elle est tenue de présenter au Conseil un rapport sur les opérations en cours, au cours de l'année écoulée et sur la situation de l'Organisme en fin d'année.

Il s'agit donc bien d'une commission qui contrôle les actes de l'Agent Comptable.

Une confusion se crée bien souvent et *d'aucuns pensent qu'il s'agit également d'un contrôle sur les actes du Directeur.*

Il est bien évident qu'en contrôlant l'Agent Comptable, on contrôle l'ensemble des opérations effectuées dans la Caisse, mais il ne peut s'agir en tout état de cause *d'un contrôle sur l'opportunité* des actes du Directeur, ceux-ci étant déterminés et contrôlés à l'occasion d'autres événements et notamment lors du vote du Budget.

M. l'Administrateur ainsi qu'un de ses collègues souhaitaient signer le rapport de la Commission de Contrôle en y faisant des réserves selon les termes qui ont été évoqués en début de cette réponse.

L'Agent Comptable ne pouvait admettre une telle manière de voir.

En effet, l'Administrateur précise bien, page 32 :

« Au niveau de l'Agent Comptable aucune remarque n'est à formuler. Il n'est nullement visé lorsque je refuse de signer le rapport de la Commission de Contrôle.

Je n'ai aucune suspicion sur les chiffres présentés et je sais que tout correspond. »

Il ajoute, par ailleurs, page 34 :

« Je fais confiance aux documents et je n'ai aucun doute sur l'honnêteté de l'Agent Comptable. »

Il précise :

« C'est sur le rôle principal de M. le Directeur Général dans le cadre de sa gestion, que je ne suis pas d'accord. »

Il s'agit bien, en vérité, d'un différend sur la politique de gestion qui ne plaît pas à M. Caciotti et, en l'occurrence, il n'y a rien de répréhensible ou d'étonnant, compte tenu des positions respectives du Directeur Général et du Groupe C.G.T.

Dans ces conditions, l'Agent Comptable n'a pas admis que Messieurs les Administrateurs signent avec réserve un document pour des raisons étrangères à sa propre gestion.

Le fait que des réserves puissent être formulées aurait dû conduire les autorités de tutelle à penser qu'il y avait des irrégularités ou des anomalies *comptables* et il n'en a rien été pendant deux ans.

De toute manière, les arguments avancés par l'Agent Comptable ont été présentés aux Membres de l'I.G.A.S. qui semblaient les avoir admis.

2. Les autres constatations

21 — *Les relations privilégiées entre la S.M.B.D.R. et la C.P.C.A.M.*

Deux conventions générales étaient signées après un dur conflit avec la Mutualité des Travailleurs et la S.M.B.D.R. les 21 janvier et 26 mars 1981.

L'objectif était de rétablir les attributions respectives de la Sécurité Sociale et de la Mutualité, la seconde ayant pris l'habitude depuis fort longtemps de se substituer à la première.

C'est dans ce cadre qu'est intervenue l'action de la C.P.C.A.M. des Bouches-du-Rhône afin de restituer le rôle majeur de notre Institution dans le département.

Faisant suite à la décision du Conseil d'Administration en date du 14-5-80 approuvée par l'Autorité de Tutelle, donnant mandat à M. le Président du Conseil et au Directeur Général de négocier la signature d'une convention avec les mutuelles gérant des sections locales, est intervenu le soutien de notre Caisse à la S.M.B.D.R. qui avait axé essentiellement sa politique sur la gestion des dossiers des assurés sociaux.

21.1 — *Locaux, matériel et fournitures.*

Une convention de mise à disposition de locaux, à titre gracieux, est intervenue le 5 août 1981 avec la S.M.B.D.R.

Il ne s'agissait pas d'une décision privilégiant uniquement la Société précitée, puisque la Caisse a été saisie au mois d'octobre de demandes identiques émanant d'autres Associations telles que la Mutuelle du Grand Conseil et la Société Mutualiste « l'Union fait la Force », qui sollicitent leur implantation dans les mêmes lieux physiques que la S.M.B.D.R. Leur demande était en cours d'étude par la recherche de locaux éventuellement disponibles (annexe n° 16).

La venue des Membres de l'I.G.A.S. qui ne semblaient pas approuver cette façon de procéder a eu pour effet de mettre un terme à l'occupation des locaux par la S.M.B.D.R. et de ne pas poursuivre les études en cours pour les autres sociétés. D'ailleurs, les locaux, maintenant vides, du Centre d'Aix-Mansard doivent être aménagés pour les services du Contrôle-Médical.

Il est exact également que les locaux de la Formation Professionnelle Canebière ont été mis à la disposition de la S.M.B.D.R. durant les travaux de rénovation de son immeuble sis « Allées Léon-Gambetta », qui se sont terminés le 31 octobre 1981. La libération de nos locaux a été effective le 13 novembre 1981.

Pour ce qui concerne le matériel, *entièrement amorti et gardé en réserve pour les besoins des Centres,* il a été mis à la disposition de cette Société, mais il importe de souligner qu'il demeurait sous la responsabilité des Chefs de Centre, qui en avaient occasionnellement l'usage.

Actuellement du matériel est toujours prêté à cette Société, comme l'indiquent les documents joints à la lettre du 24 novembre 1981, à M. le Directeur Régional des Affaires Sanitaires et Sociales (annexe n° 17).

Par ailleurs, le service rendu par la fourniture d'imprimés et d'articles de bureau a fait l'objet d'une facturation en date du 30 novembre 1981, ainsi que cela avait été prévu par lettre du 8 avril dernier, dont photocopie a été remise à Messieurs les Membres de l'I.G.A.S.

S'agissant du Centre de Formation Professionnelle Canebière celui-ci a été fermé le 6 avril 1981 et des livraisons de fournitures ont réellement été réalisées, afin d'approvisionner la S.M.B.D.R. entre la date de fermeture du Centre et le 5 mai 1981, ainsi qu'en témoignent les documents remis à l'I.G.A.S. Ces fournitures figurent sur la facture adressée, ainsi qu'il est dit ci-dessus, le 30 novembre 1981 (annexe n° 18).

Si les sigles F.P. et S.M.B.D.R. voisinent sur les demandes, c'est pour situer géographiquement le lieu de livraison.

Il est bon de préciser enfin, que le recensement des éléments nécessaires à la facturation a été *établi de manière exhaustive,* en raison du fait que les renseignements qui n'avaient pu être fournis dans un premier temps — le jour même de la demande de l'I.G.A.S. — l'ont été par la suite dans le temps du déroulement de l'enquête.

Pour terminer sur cette question, il convient de rappeler que dans les années passées, avant mon arrivée en novembre 1979, la Caisse fournissait gratuitement aux Sections Locales Mutualistes la quasi-totalité des imprimés et fournitures qu'elles utilisaient pour le service de leurs adhérents.

Donc, en la matière, rien d'anormal, si ce n'est l'interprétation tendancieuse d'éléments divers.

21.2 — *Le Personnel.*

Il en va de même dans le domaine du personnel où il était de notre devoir d'assainir une situation catastrophique à la Section Locale de la S.M.B.D.R. dont la reprise totale est prévue en mars 1982 en prenant les mesures suivantes :

- formation des agents,
- mise en place des méthodes de contrôle,
- organisation des circuits de travail et d'un outil statistique fiable,
- aide technique à l'encadrement,
- assistance en cas de difficultés ponctuelles au niveau de la liquidation.

C'est tout le sens de notre démarche et de l'accord signé et approuvé par les Autorités de Tutelle, d'autant que la Caisse a récupéré en 1980-1981 environ 100000 assurés sociaux et 80 agents venant des Sections Locales Mutualistes pour éviter des licenciements à la demande expresse des autorités préfectorales.

Pour répondre à l'I.G.A.S., sans se voiler la face, l'aide constatée en août et octobre 1981 s'inscrit bien dans ce contexte et ne saurait en rien constituer une fraude de la part de la Direction de la Caisse, puisqu'elle n'y a aucun intérêt financier si ce n'est celui moral d'avoir préservé le secteur d'activité réduit de la Mutualité non communiste dans le département des B.-du-R.

L'action menée relève en quelque sorte de la défense des minorités dans tout système démocratique.

21.3 — *Les relations financières.*

1. L'avance permanente

En effet, l'avance permanente dont disposait la S.M.B.D.R. au 30 novembre 1981 correspondait à plus de 8 jours de dépenses. Cet état de fait provient de la diminution progressive du montant des dépenses réalisées par cette Société Mutualiste pour le compte de la C.P.C.A.M. en raison du rapatriement des dossiers de la Section Locale.

Le réajustement a été effectué.

Vous trouverez à cette occasion en annexe (n° 19) l'état des avances aux sections locales mutualistes.

Vous constaterez que, pour ce qui concerne la Société Mutualiste en cause, nous avons consenti une avance égale à 6 jours et demi.

Elle est donc actuellement d'un montant de 1800000 F.

Le montant de cette avance a été calculé en tenant compte des circuits particuliers qui s'établissent entre cette société mutualiste et la C.P.C.A.M.

La procédure mise en place conduit la société mutualiste *à régler ses ressortissants alors que la C.P.C.A.M. n'a pas encore couvert ses débours.*

C'est à la suite d'une étude approfondie que nous sommes arrivés à cette avance de 6 jours et demi.

2. Le problème des indus.

Les Membres de l'I.G.A.S. ont décrit les conditions dans lesquelles nous avons été amenés à rappeler à d'autres sociétés mutualistes la procédure concernant les indus.

Pour la S.M.B.D.R. l'Agent Comptable a fait une évaluation du préjudice qui s'élèverait à 1 million de francs.

En fait, il s'agissait d'une évaluation basée sur des comparaisons avec d'autres sociétés mutualistes mais sans *fondement réel matérialisé.*

Dans ces conditions, considérant que les moyens de preuve apportés par l'Agent Comptable ne présentaient pas la fiabilité voulue je n'ai pas jugé opportun de faire récupérer cette somme auprès de la S.M.B.D.R.

2.2 Des imputations abusives au compte « sessions de formation ».

Il ne s'agit pas d'imputations abusives.

A l'occasion de ma prise de fonction à la Caisse j'ai procédé à une série de réunions opportunes.

Les dates de ces réunions sont indiquées sur le présent rapport.

Ces réunions ont rassemblé successivement l'ensemble des cadres, l'ensemble des agents de maîtrise, les responsables et leurs adjoints, les médecins, à nouveau l'ensemble des cadres, l'ensemble des agents de maîtrise en 2 séances et la formation professionnelle des cadres.

Dans tous les cas il est aisé de déterminer quelles sont les personnes qui ont participé à ces dites réunions.

Il s'agissait de contacts entre la Direction Générale et la hiérarchie de la Caisse.

Dans chacun des cas une réunion de travail nous amenait à discuter ensemble des problèmes et de l'évolution de l'Organisme.

D'un commun accord avec l'Agent Comptable, il est apparu que le montant des dépenses concernant ces réunions devait s'imputer à un compte de formation professionnelle.

A l'issue de ces réunions, la Direction rassemblait les intéressés autour d'un buffet.

Il n'est pas question, dans ces cas d'espèces, de repas.

Cette imputation de la dépense se traduisait naturellement dans le cadre de la formation.

Toutefois une erreur s'est produite et, au lieu d'imputer lesdites dépenses à un sous compte « 641 », ces dépenses ont été imputées au compte 63209, dont bien évidemment le libellé écartait une telle imputation.

En fait depuis l'Agent Comptable a procédé à de meilleures imputations.

Par contre, c'est à tort qu'il est indiqué dans le rapport qu'il n'y a pas de facture jointe à l'ordre de paiement n° 7.

Nous avons cette facture et une photocopie a été remise, en son temps, à M. l'Inspecteur Principal de la Direction Régionale qui participait à l'enquête diligentée.

2.3 De graves irrégularités en matière de congés non pris.

Pour cette affaire le rapport indique très précisément quelle a été l'action de l'Agent Comptable en l'espèce.

Il y a en effet, sur ce point, désaccord d'interprétation entre le Directeur Général et l'Agent Comptable.

Ce dernier s'est expliqué à maintes reprises et a fait part de ses arguments.

Toutefois, il ne pouvait pas, contrairement à ce qui est indiqué dans le rapport, ne pas procéder à l'ordonnancement effectué.

Il aurait fallu pour cela qu'il puisse déterminer *l'absence des services rendus*. En l'espèce, par ce terme, il faut entendre la preuve matérielle de ce que les congés n'aient pas été effectivement pris.

S'il en était ainsi, il aurait mis en cause l'ordonnancement effectué par le Directeur Général.

Il convient ici également de ramener les faits à une plus juste appréciation.

L'année 1980 a connu le redressement de la C.P.C.A.M. sur le plan de :

- la gestion des effectifs,
- la réorganisation des circuits techniques,
- la restructuration totale et la multiplication des centres.

Cette période particulièrement chargée s'est traduite pour certains agents par une disponibilité permanente dans le meilleur intérêt de l'Organisme mais au détriment de leur « confort personnel ».

Cela étant, dans le cadre de la note générale fixant l'organisation des congés, connue de l'ensemble des agents, une juste solution a été trouvée pouvant concilier à la fois la bonne marche des services et la réparation du préjudice supporté par les agents n'ayant pas bénéficié de leurs congés.

Sur le fond, s'il est exact que la législation du travail n'admet pas l'interprétation qui a été faite du droit aux congés, il n'en reste pas moins vrai que la Cour de Cassation (1.2.68 et 19.10.77) a reconnu le principe de « l'octroi de dommages et intérêts pour réparer le préjudice découlant d'une privation d'un temps de repos ».

Sans doute faut-il également préciser que tous les éléments de contrôle ont été fournis aux services comptables, afin de s'assurer que :

— d'une part, les indemnisations a posteriori correspondaient, dans tous les cas, à des *périodes de congés non pris,*

— d'autre part, le suivi rigoureux des situations permet en permanence la confirmation de leur régularité (listings mensuels justificatifs).

Enfin, l'Inspection du Travail, qui a eu à connaître cette situation, a formellement indiqué que si notre interprétation du droit aux congés constituait une infraction à la législation du travail, cette solution interne relevait d'un principe logique, qu'elle avait été demandée et admise par les intéressés et qu'elle sauvegardait leurs intérêts. En aucune façon, lors des vérifications effectuées par Mme l'Inspectrice du Travail, une quelconque allusion à une intention frauduleuse n'a été soulevée.

Sur les points particuliers cités, deux précisions peuvent être apportées :

a) Indemnités payées de façon anticipée aux 4 attachés + Chef de Cabinet

Il s'agit d'un droit acquis de 14 jours du 1er novembre 1979 au 31 mai 1980 à prendre normalement à compter du 1er juin 1980. L'indemnité leur a été payée en mai 1980 au lieu d'attendre la fin de la période, soit le 31 mai 1981.

Motif : Ces agents ont été considérés à titre exceptionnel, comme étant en mission permanente et dans l'impossibilité de prendre des congés.

Nous avons attendu que le droit soit acquis pour payer l'indemnité, puis il a été vérifié systématiquement que les congés n'ont pas été pris.

b) Permanents Syndicaux ou Délégués

Il s'agit du paiement d'un arriéré de congé portant sur les années 1978 et 1979, normalement payé en 1980 ou 1981, sur la demande des intéressés et après vérification des périodes concernées.

CONCLUSION

1 — Sur la RESPONSABILITÉ de l'AGENT COMPTABLE

L'I.G.A.S. dans sa conclusion, met notamment en cause la responsabilité de l'Agent Comptable au motif que celui-ci n'a pas utilisé, comme la loi lui en fait obligation, les moyens d'oppositions qu'elle lui offrait.

En fait, tout au long de ce rapport, *on part du postulat que les agissements dont il est question sont frauduleux.*

Pour l'Agent Comptable il n'en est pas ainsi.

Dans tous les cas, les textes auxquels il est soumis ont été scrupuleusement respectés.

En effet, l'Agent Comptable doit exécuter son activité en application du Décret du 30.6.59 et de l'Instruction J relative aux modalités d'exercice de ses attributions.

Au terme de l'article 49 du Décret en cause, il est précisé que la responsabilité de l'Agent Comptable est mise en cause s'il n'a pas vérifié, dans les conditions prévues par le présent décret et les instructions prises pour son application :

- la qualité du signataire de l'ordre de paiement,
- la validité de la créance,
- l'imputation de dépense,
- la disponibilité des crédits dans le cas où l'Agent Comptable exécute un budget partiellement ou totalement limitatif.

Or, sur tous les points que nous venons d'examiner, les conditions ont été remplies.

1) La qualité du signataire apparaît dans chacun des ordres de paiement présentés ;

2) la validité de la créance ne peut être mise en cause ; il y a en effet présence de pièces de dépenses, signature du Directeur ou de ses représentants, quant à l'opportunité et à la réalité de la créance ;

3) mis à part le point particulier concernant l'imputation des dépenses pour formation professionnelle, les imputations dans leur grande majorité ont été scrupuleusement respectées ;

4) dans tous les cas l'Agent Comptable a procédé au règlement car il avait à sa disposition les *crédits nécessaires* et suffisants dans le cadre de *l'exécution d'un budget* totalement ou partiellement limitatif.

2 — Sur la RESPONSABILITÉ du DIRECTEUR GÉNÉRAL

Il ne s'agit en fait que d'un élément supplémentaire de la bataille menée pour son éviction en raison de *motivations inqualifiables.*

En effet, ne pouvant être attaqué sur ma gestion passée (la Caisse de Melun que j'ai dirigée pendant 5 années a les meilleurs indicateurs ministériels de France) et présente (la Caisse de Marseille a opéré depuis 2 ans un redressement spectaculaire au bénéfice d'une population d'environ 1 700 000 personnes) :

• *les assurés sociaux sont payés dans un délai moyen d'une semaine avec un taux de rejets inférieur à 2,5 %,*

• *les Centres de Sécurité Sociale peuvent régler tous leurs problèmes* (affiliation, renseignements, paiements, accidents du travail, invalidité, etc.) et ont été multipliés par 2 ; les conditions de travail du personnel ont été sensiblement améliorées par une politique de rénovation immobilière,

• la qualification des agents (technique et matérielle) s'est accrue dans des proportions supérieures à la moyenne nationale de telle sorte qu'*aucun conflit social grave ne s'est produit depuis novembre 1979,*

il fallait bien essayer de trouver un prétexte quelconque pour parvenir aux fins susvisées.

Il faut dire tout simplement que les constatations faites sont inexistantes malgré la dureté des termes employés par les auteurs du rapport qui est, en définitive, *un aveu de faiblesse.*

Il n'y a ni abus ni fraude. *Dans le cadre du budget voté par le Conseil d'Administration et approuvé par l'Administration de Tutelle j'ai engagé les dépenses que j'ai jugé opportunément utiles pour le bon fonctionnement de la C.P.C.A.M. des B.-du-R. conformément à mon rôle et à mes pouvoirs.*

Le coût de l'inspection réalisée a été de loin supérieur au montant des quelques erreurs relevées qui, de toute façon, avaient déjà été l'objet des redressements effectués par l'Agent Comptable.

Pour le reste je reprendrai les termes de ma lettre du 1er octobre 1981. *Le rapport de l'I.G.A.S. n'est qu'une péripétie de l'enjeu* de la controverse actuelle qui est purement le contrôle d'un Organisme important, chargé d'un service public qui depuis ma nomination marche à la satisfaction de la population et des autorités de notre département.

Je sais que les temps sont difficiles y compris pour des fonctionnaires soucieux de conserver leur place ou d'en prendre d'autres qui, malheureusement, ne sont pas vacantes. Je crois que pour réussir le changement en cours, ce n'est pas de zèle dont a besoin la Sécurité Sociale comme beaucoup d'autres secteurs de l'activité nationale, mais de *réalisme.*

Si ce n'est pas aujourd'hui je suis sûr que demain il me sera rendu justice du travail accompli.

Les responsables de l'actuelle machination entreprise à mon encontre peuvent compter sur ma *détermination* pour y parvenir.

LE DIRECTEUR GÉNÉRAL.

R. LUCET

Table

1. Un suicide accusateur

2. L'empire inconnu des Mutuelles

3. Un sacré nid de vipères

4. En avant toute contre les « arnaqueurs »

5. Les « marchés réservés » et « très confidentiels » des rois de la Canebière

6. Un procès de Moscou à Marseille

7. La seconde « affaire Lucet » : complot contre un mort

Post-scriptum

DU MÊME AUTEUR

LES CORROMPUS
La Table Ronde, 1971

DOSSIER S... COMME SANGUINETTI.
Éditions Alain Moreau, 1973

TOUS COUPABLES.
(Dossier O.R.T.F. — 1944-1974)
Éditions Albin Michel

LES FINANCES DU P.C.F.
Éditions Albin Michel, 1977

LA FRANCE COMMUNISTE
Éditions Albin Michel, 1978

LES SECRETS DE LA BANQUE SOVIÉTIQUE EN FRANCE
Éditions Albin Michel, 1979

LA MAFFIA DES SYNDICATS
Éditions Albin Michel, 1981

La composition de ce livre
a été effectuée par Bussière à Saint-Amand,
l'impression et le brochage ont été effectués
sur presse CAMERON
dans les ateliers de la S.E.P.C. à Saint-Amand-Montrond (Cher)
pour les éditions Albin Michel

AM

Achevé d'imprimer en août 1982
N° d'édition 7674. N° d'impression 1191
Dépôt légal : août 1982

Imprimé en France